R

Roberto Tresoldi

Riti di iniziazione

Misteri, società segrete e magia dall'antichità a oggi

De Vecchi

Per informazioni e segnalazioni:
info.devecchi@giunti.it

www.giunti.it

Via Bolognese 165 - 50139 Firenze - Italia
Via G.B. Pirelli 30 - 20124 Milano - Italia
Prima edizione: dicembre 2005
Nuova edizione: luglio 2022

MISTO
Carta da fonti gestite in maniera responsabile
FSC® C115118
FSC www.fsc.org

Stampato presso Elcograf SpA, stabilimento di Cles

Introduzione

L'uomo ha sempre cercato di mettersi in relazione con l'ambiente circostante, con i propri simili e con entità e divinità di altre dimensioni, ritenute direttamente o indirettamente responsabili di quanto avviene sulla Terra e nel Cosmo. Al tempo stesso, ha sviluppato, fin dalle epoche più remote, la profonda convinzione che esista una conoscenza più profonda di quella comunemente diffusa e condivisa da tutti, frutto proprio dell'interazione con quella dimensione spirituale che è alla base di quella materiale e che è necessario conoscere per agire efficacemente nel mondo.

Le conseguenze di questo ragionamento sono semplici: se il mondo funziona in conformità a leggi che non sono, in origine, di questo mondo, ma provengono da un'altra dimensione, e se posso conoscere queste leggi solo accettando di interagire con la dimensione spirituale, cercherò di mettermi in contatto con essa e di apprenderne le regole, per poter meglio capire e, in una certa misura, cambiare, ciò che avviene nel mondo.

Da sempre si è inoltre ritenuto che alcune persone, per loro facoltà proprie, o per essere state scelte dalle divinità, fossero in grado di meglio interagire con queste e di poter comunicare la conoscenza così ottenuta ai propri seguaci: esse sono state riverite come maestri del genere umano, in grado di elargire benefici spirituali e materiali a chi avesse la capacità, per vocazione o per iniziazione, di seguirne e metterne in pratica gli insegnamenti.

* Il comportamento rituale

Dobbiamo riconoscere che l'esigenza di interazione con l'ambiente non è solo umana, ma è caratteristica di ogni essere vivente, a partire dalla cellula, fino ai primati: ogni essere vivente realizza, nella relazione positiva con il proprio ambiente, uno degli scopi fondamentali dell'esistenza, perché sopravvive solo chi è capace di "adattarsi" all'ambiente, cioè chi riesce a trovare un equilibrio tra le proprie esigenze fisiche e psichiche e ciò che gli propone l'ambiente circostante. Tra gli elementi fondamentali di questo processo vi sono le capacità cognitive e l'organizzazione della percezione, a esse strettamente legata. Organizzazioni diverse della percezione porteranno a strategie di adattamento diverse, come dimostrano i due poli estremi: da una parte, quello della deficienza percettiva di alcuni animali, che impedisce loro di utilizzare determinati strumenti in alcune situazioni, e dall'altra quello dell'ipersensibilità dello sciamano che, utilizzando stati alterati di coscienza, riorganizza la sua visione del mondo e il proprio operato.
L'intelligenza animale – come quella umana – può essere vista in quest'ottica: uno strumento aggiuntivo che consente agli animali superiori (e all'uomo) di meglio adattarsi all'ambiente, affrontandolo senza soccombere. In questo modo si comprende come certi animali, per esempio alcune specie di pappagalli, gli scimpanzé, i delfini e gli elefanti, abbiano sviluppato strategie altamente intelligenti, condivise anche dalla nostra specie. Uno di questi è il comportamento rituale, che può essere di due tipi: *rituale riflesso*, frutto cioè di una semplice esecuzione di comportamenti innati, istintuali, e *rituale culturale*, sviluppatosi in seguito alla reiterazione di atti strutturati innovativi, che sono sembrati all'animale (e all'uomo) capaci di ottenere un effetto positivo e, di conseguenza, degni di essere trasmessi alla prole. Nel primo capitolo di quest'opera si analizzano alcuni comportamenti rituali provenienti dal regno animale e si traggono conclusioni sul loro significato e sulla loro valenza di "atti intelligenti".

✻ Il rito di iniziazione alla base della cultura umana

Dopo aver dimostrato che anche nell'animale è presente un comportamento che potremmo definire "simil-rituale" (e parliamo qui di comportamento rituale non riflesso, ma culturale, quindi determinato da atti di intelligenza), vedremo come nel rito di iniziazione sia presente una duplice funzione: quella che richiede la separazione di un individuo da un gruppo indistinto e quella che comporta la sua inclusione in un gruppo più specifico, caratterizzato da particolarità proprie, che lo rendono in qualche modo "speciale". Questo vale per i differenti livelli di iniziazione, da quelli più generici dei riti di passaggio (i passaggi da una fase all'altra della vita dell'uomo, dalla nascita, alla pubertà, al matrimonio, alla morte) a quelli più caratteristici di particolari iniziazioni (sciamano, sacerdote, guerriero, costruttore, fabbro).

Considerando che le posizioni alle quali si accede mediante queste iniziazioni sono quelle che dominano la società, ne deriva che l'ascesa sociale, il mantenimento dell'ordine e l'evoluzione di un gruppo sono strettamente legati al processo iniziatico: si può effettivamente vedere la vita di una società, attraverso il tempo, come una lunga serie di iniziazioni, che consentono di mantenere lo status quo – quindi la stabilità sociale – ma di accrescere nel contempo le conoscenze e le tecniche necessarie per far evolvere la società stessa.

Uno dei maggiori problemi dell'età contemporanea è consistito proprio nelle limitate capacità, dei centri di ricerca e di studio, di operare a lungo termine, in quanto spesso si sono basati, almeno fino all'avvento dell'età dell'informatica e della trasmissione elettronica dell'informazione, su singole personalità o gruppi limitati di persone, le cui conoscenze si perdevano con la loro scomparsa.

Alexis Carrel, medico vissuto nei primi decenni del XX secolo, ha sottolineato questo aspetto in un'opera di importanza capitale, ancora oggi di grande interesse: *L'uomo, questo sconosciuto*.

Poiché la durata limitata della vita umana non consente a nessuno di dominare tutto lo scibile, l'opera di tanti specialisti, senza una visione di insieme, rischia di andare perduta. Secondo Carrel, quindi, solo a un'associazione in grado di gestire attraverso i secoli la somma delle varie conoscenze, sarebbe possibile garantire una visione complessiva, capace di portare sia alla comprensione dell'essere umano sia a una migliore gestione dei problemi individuali e sociali.

Il sistema iniziatico, in effetti, ha consentito (e consente tuttora, dove è ancora seguito) la possibilità di mantenere le conoscenze tradizionali, arricchendole di continuo e passandole alle nuove generazioni, diventando, in tal modo, uno dei maggiori strumenti di trasmissione della cultura, anche se limitatamente ai membri del gruppo specifico. Allo stesso tempo, poiché il gruppo detentore delle conoscenze si identificava, molto spesso, con la casta dominante, o con gruppi in grado di influenzarla, queste conoscenze agivano sulla vita dell'intera società.

In questo libro abbiamo cercato di seguire il filo delle modalità della trasmissione del sapere e delle conoscenze iniziatiche attraverso il tempo e lo spazio, con numerosi esempi tratti dalla vita degli animali e dalla storia dell'uomo, partendo dagli studi sul comportamento animale, proseguendo con gli esempi di ritualità iniziatica più interessanti del Mondo Antico (Vicino Oriente, Africa ed Europa) e dell'Estremo Oriente, e terminando con i riti di iniziazione di vari gruppi umani di livello etnologico (Oceania, Americhe, Asia).

Le forme del rito

Il rito può essere definito come la ripetizione di parole, azioni e gesti strutturati che, dimostratisi efficaci in una particolare situazione, vengono reiterati in situazioni identiche o similari, con l'obiettivo di ottenere lo stesso risultato. Se alcune movenze di danza sono state associate a risultati positivi su un fenomeno desiderato, per esempio l'arrivo della pioggia, ogni qual volta si vorrà far cadere la pioggia, si ripeterà con esattezza la stessa danza. Così, se si intende procedere a un cambiamento di stato di una persona, che passa da una fase della propria vita (per esempio, lo stato laicale) a un'altra (lo stato clericale), occorrerà seguire un rito appropriato (l'ordinazione sacerdotale), composto da una serie di comportamenti, parole e azioni, senza le quali il passaggio di stato non potrebbe aver luogo. Il rito deve essere portato a termine compiutamente: infatti, la mancanza anche di un solo elemento rischia di invalidarne l'efficacia. Per questo motivo nell'esecuzione dei riti si ritrovano tradizioni molto antiche, che risalgono ai primordi della vita umana sulla Terra.

* Il rito iniziatico

Il rito iniziatico si propone come obiettivo quello di separare una persona, preventivamente sottoposta ad attenta valutazione, dagli altri membri della comunità, per associarla a una categoria più

ristretta di individui in qualche modo "speciali": classe sacerdotale, uomo medicina, veggente, guerriero, costruttore ecc.
Questa procedura si ricollega strettamente con i riti di passaggio, utilizzati da ogni comunità umana della storia per inserire armoniosamente il singolo individuo, seguito nelle varie fasi della sua maturazione psicofisica, all'interno del tessuto sociale.
Il rito iniziatico è spesso caratterizzato da una prima fase preparatoria, di espiazione e purificazione, quindi da una seconda fase di rinuncia alla condizione precedente l'iniziazione (morte rituale) e da una terza fase (rinascita) dove la persona viene inserita in una nuova categoria di individui.
Normalmente l'iniziazione è associata a una evidente predisposizione di chi viene iniziato: la vocazione (*vocatio*), che si manifesta nella tendenza a ricercare e accettare il messaggio e il comportamento tipici del gruppo ristretto al quale si vuole appartenere. La vocazione può essere interpretata come una vera e propria chiamata che viene dall'Alto, oppure come frutto dell'esperienza del mondo. Nel primo caso, essa è a volte vissuta in maniera drammatica, come visione estatica, spesso in seguito a qualche grave trauma (per esempio: combattimento con una bestia feroce, grave incidente, periodo di malattia o turbe nervose). La vocazione da sola non è comunque sufficiente a creare un adepto (seguace) completo, così come una iniziazione senza vocazione, per quanto possa essere ritenuta formalmente valida, non consente all'adepto di proseguire seriamente nel successivo percorso iniziatico. Per esempio, in numerosi popoli, una iniziazione non accompagnata da una chiamata soprannaturale non viene considerata sufficiente per confermare un candidato alla funzione di sciamano o di uomo medicina.

⁎ Ritualità religiosa e ritualità magica

Occorre distinguere tra due termini importanti, *teurgia* e *magia*.
La *teurgia* consiste nell'impetrare dalla divinità, che può sempre

rifiutarsi di dar seguito alla richiesta, un'azione in favore della persona che ne chiede l'intervento.

La *magia*, al contrario, non chiede, ma impone, alla divinità o a entità sovrannaturali, una risposta quasi meccanica alla richiesta fatta, non proponendo ma obbligando, per esempio, a un determinato comportamento.

Tradizionalmente, il problema della differenza dei due concetti viene risolto sottolineando come la *magia*, dal carattere maggiormente costrittivo nei confronti della divinità, sarebbe caratterizzata da un comportamento al di fuori dei canoni religiosi comunemente accettati e avrebbe come obiettivo la soddisfazione di specifici desideri individuali, mentre la *teurgia*, di carattere più impetrativo, cadrebbe totalmente all'interno della ritualità religiosa accettata, e sarebbe comunque rivolta al bene dei più.

Quella che abbiamo dato è una definizione riduttiva, ma è in ogni caso utile per comprendere come la *teurgia* possa eventualmente essere ravvicinata alla ritualità religiosa molto più che a quella magica. Vorremmo comunque mettere in guardia sul valore di questa semplificazione. Può sorgere, infatti, immediata un'obiezione: se si analizza la storia del pensiero tradizionale in genere, vediamo come la definizione di ciò che è magico e di ciò che è teurgico risente della visione religiosa del momento e del luogo. Ciò che per una cultura è accettato e fa parte della tradizione religiosa più comunemente diffusa, è normalmente considerato come appartenente alla sfera della religione ufficiale (o accettata) e quindi, se si tratta di rituali religiosi, questi sono avvertiti come teurgici. Tutto ciò che viene invece sentito come estraneo alla tradizione religiosa accettata, è considerato come altro, alieno e quindi magico.

Il rito iniziatico supera in parte questa contrapposizione, perché esso acquista reale importanza solo dopo che il volere della divinità si è in qualche modo espresso, tramite il processo della vocazione. L'iniziazione non fa quindi che suggellare ciò che, a livello più alto, è stato già deciso. Il rito iniziatico agisce quindi inversamente rispetto a un normale rito magico o teurgico, in quanto non è l'iniziato che impone o impetra qualcosa, ma sono gli spiriti o la divinità che, dopo aver scelto il candidato, ne evidenziano le capacità durante le prove iniziatiche, dimostrando così la sua reale comunione con il mondo sovrannaturale. Questo vale, in modo particolare, per le iniziazioni di tipo sciamanico.

⁎ Ritualità come imitazione degli dèi o degli eroi mitologici

Uno degli aspetti più interessanti delle civiltà antiche (e di quelle di livello etnologico) consiste nella convinzione che l'uomo possa avere parte attiva nell'ordinamento del Cosmo mediante l'imitazione del comportamento degli dèi, autori dell'opera di "*magia*" più grande: la Creazione. Questo implica l'esecuzione minuziosa di rituali che non possono e non devono deviare da quanto compiuto dagli dèi, pena il decadimento del loro valore.
In *fisica vibrazionale* questa concezione trova riscontro nelle cosiddette *onde di forma*, emesse, secondo i radiestesisti, da oggetti bidimensionali o tridimensionali, dai movimenti della danza e dal rituale eseguito dagli iniziati. Quindi, i gesti, i materiali usati, ciò che viene detto, devono essere assolutamente perfetti, per poter ottenere l'effetto vibrazionale voluto, così come è indispensabile che una figura disegnata, per esempio un pentacolo, debba riprodurre esattamente il suo archetipo, pena il decadimento della sua valenza energetica.
Gli esempi che provengono dalla tradizione sono numerosi. Tra questi si possono citare gli antichi grimori medievali, delle vere e proprie "grammatiche" della magia (dal francese *grimoire*, *grammaire*), che imitano spesso i manuali di esorcismo della Chiesa Cattolica e che si riallacciano ad antichissime usanze magico-religiose, la cui origine può essere rintracciata fin nel *Libro dei Morti dell'antico Egitto*. La tecnica utilizzata è quella della graduale identificazione con la divinità. Proprio come nel *Libro dei Morti* egizio, la forza costrittiva dell'azione magica dipende dal fatto che chi parla non è il mago (o il defunto), ma la divinità stessa.

Si veda, per esempio, l'inizio di questa importante opera della religiosità dell'antico Egitto: nel primo capitolo del *Libro dei Morti*, chi parla (cioè il defunto e, per lui, il sacerdote lettore), si identifica in primo luogo con il dio Thot, che presenta la sua attività sempre a fianco di Osiride e Horus e contro i loro nemici. Successivamente, Thot (cioè il sacerdote per conto del defunto) si rivolge ai conduttori delle anime perché guidino anche l'anima del defunto (che prende il nome di Osiride) nella dimora di Osiride. In particolare, egli chiede che il defunto possa ritrovare la vita come sono vivi gli dèi che abitano nell'altra dimensione: che possa quindi udire, vedere, sedersi e stare eretto come loro. Chiede quindi che egli possa entrare e uscire senza impedimenti dalla dimora di Osiride e questo mediante la recitazione di "questa formula" (cioè il testo letto). Inoltre, dichiara che non è stata trovata alcuna colpa del defunto sulla bilancia del giudizio. A questo punto, è nuovamente il defunto a parlare: augurandosi di poter essere assimilato agli dèi che abitano nella dimora di Osiride.
In epoca successiva, il *Grimorio* di Pietro d'Abano (1257-1315), opera che si propone di incantare gli spiriti dell'aria, è un altro esempio indicativo di questo processo. Il mago, dopo essersi identificato con le caratteristiche di potenza della divinità, giunge a immedesimarsi con essa, al punto che, al termine dell'atto magico, non è più il mago, ma Dio stesso a parlare tramite lui.
Tra le popolazioni a livello etnologico si cita una tradizione dei nativi Pomo, della California settentrionale, che venerano l'eroe delle origini Kuksu. L'eroe (insieme ad altri personaggi mitologici) viene rappresentato da danzatori muniti di maschere e abiti rituali, il cui scopo è quello di ripetere le azioni compiute alle origini dei tempi, mediante il rinnovamento della cosmogonia del mito.

* La morte rituale

Punto fondamentale di ogni rito di iniziazione è la morte rituale. Con questo termine si intende il passaggio da uno stato all'altro in

maniera definitiva e ciò che muore è la condizione precedente in cui si trovava la persona prima dell'iniziazione.
Come riporta il *Vangelo*, il seme deve poter morire per portare molto frutto: così il processo alchemico della morte e della putrefazione è un passaggio obbligato per le successive fasi di trasformazione e crescita della sostanza. In effetti, ciò che muore è solo la scorza superficiale, non la forza interna, spirituale, che viene invece portata in superficie dalla rimozione delle pastoie della materia che l'attanagliavano.
Come vedremo più avanti, non dobbiamo dimenticare il processo gnostico dell'emanazione che sta alla base di questa visione della vita: tutto procede dal Padre, entità spirituale al centro dell'esistenza. L'energia spirituale da Lui emanata si diffonde tutt'intorno ma, a mano a mano che si allontana dal centro, essa comincia a decadere, perdendo luminosità e trasformandosi in materia. Alla fine, quindi, la materia non sarebbe altro che energia congelata. Quest'ultima, però, non cessa di vibrare all'interno della materia stessa, nucleo energetico che contiene la sua essenza più vera: liberarla e riportarla in superficie significa liberare il suo stato più elevato.
Lo stesso deve avvenire con l'individuo che si sottopone all'iniziazione: infatti, dopo essersi purificato, l'adepto, in condizione di penitente, è spogliato, bendato e introdotto in un ambiente oscuro, che potrebbe essere anche l'interno di una bara, per simularne la morte. Si rievoca così il mito antico di Osiride, divinità egizia che muore per poi risorgere in un'altra dimensione.
In tutto questo processo l'adepto, anche se lasciato a meditare solo con se stesso, non è mai abbandonato da una guida sicura: presso gli antichi Egizi, questa guida era vestita da Upuaut (stesso aspetto di Anubi, ma con la funzione di accompagnatore), che conduceva l'iniziato, bendato, lungo un percorso ricco di ostacoli, tenendolo per mano o a braccetto.
Al termine del processo di iniziazione l'adepto, ora iniziato, non è più la stessa persona di prima: un segno, un simbolo, a volte indelebile, lo distingue dagli altri esseri umani non iniziati. Una

Misteri e iniziazione

I Misteri sono forme segrete di interazione col sacro che si basano su una iniziazione e una serie di pratiche magiche, mistiche e devozionali atte a favorire il contatto con la divinità e l'evoluzione, sia spirituale sia materiale, del partecipante.
Poiché i Misteri si rivolgono a un pubblico definito di adepti, che devono mantenere necessariamente il segreto su ciò che viene loro insegnato e che essi vedono, risulta estremamente difficile, per non dire impossibile, ricostruirne il contenuto simbolico, iniziatico e formativo. In particolare, con la scomparsa di molte tradizioni misteriche, è anche venuta a mancare la trasmissione da maestro a discepolo e da iniziato a adepto, tipica di questo sistema di conoscenza.

flagellazione rituale, per esempio, imprimeva ferite non cancellabili agli iniziati ai Misteri dionisiaci (si veda uno degli affreschi della Villa dei Misteri di Pompei); così come tatuaggi dolorosi, o altre mutilazioni, segnavano gli iniziati di diverse tradizioni, con origine in differenti aree geografiche anche molto lontane fra di loro.

* Storia e caratteristiche dei Misteri

Il termine Mistero è collegato soprattutto alla civiltà greca antica, dalla quale prende il nome (dal vocabolo *Mysterion*). I Misteri greci nascono come risultato della convergenza di tradizioni diverse: locali preindoeuropee, indoeuropee, orientali e africane.
Vi è stato un lungo dibattito sulla possibile provenienza egizia di alcune forme misteriche e religiose greche, ma, se non vi sono dubbi per alcuni periodi (probabilmente dal VII secolo a.C. e sicuramente da Talete e Pitagora in poi) è difficile avere conferme per i periodi più antichi, nonostante alcuni autori greci fossero di questa opinione. In effetti, certe usanze come il trasporto delle immagini delle divinità da un tempio all'altro, con la costruzione di vere e proprie vie sacre, costellate di fermate presso cappelle o santuari, ricordano molto da vicino il trasporto delle imbarcazioni

sacre degli dèi da un santuario all'altro, tipiche di ogni epoca della civiltà egizia.
Va rilevato, inoltre, che un aspetto caratteristico della religiosità greca è l'importanza locale del culto degli dèi con l'intervento diretto di alcune famiglie, che operano come tramite (sacerdoti, inservienti, oracoli) tra il fedele e la divinità. Si formano in questo modo vere e proprie dinastie familiari che accudiscono per secoli i templi e i centri oracolari. Qualcosa del genere deve essersi verificato anche per i Misteri, organizzati da società private (quindi al di fuori del culto ufficiale pubblico) spesso collegate a una tradizione familiare.

La terminologia

Il mondo greco utilizza, per definire i Misteri, diversi termini il cui valore semantico, a volte, si sovrappone. I problemi interpretativi maggiori sono dovuti al fatto che il termine Mistero è stato analizzato e trasmesso alla nostra cultura moderna soprattutto dalla tradizione cristiana, che ne ha modificato in parte il valore iniziale. In origine i Misteri (*ta mysteria*, in senso lato, anche se il termine veniva spesso impiegato per indicare soprattutto i Misteri di Eleusi) non erano altro che una delle varie forme previste ufficialmente dal calendario liturgico, che regolamentava la vita religiosa dei Greci. Esistevano, però, numerose varianti locali di feste e celebrazioni, quindi non si poteva parlare di un unico calendario valido per tutti, al punto che in numerose situazioni vi erano discussioni interminabili su quando determinate feste dovessero cominciare. In ogni caso non si trattava di un aspetto ozioso o puramente religioso, perché le tregue in periodo di guerra erano anche legate proprio allo svolgimento di determinate feste: proclamare l'inizio di una festa dal valore nazionale, quando il nemico era alle porte, costituiva un ottimo sistema per evitare un'invasione e una possibile sconfitta. Dal punto di vista terminologico, il concetto di Mistero (compresa la pratica rituale) viene espresso con tre termini diversi: *òrghia, teleté e myesis*. Il primo, *òrghia*, collegato con *ergon* (opera, azione), indica l'azione che subisce (o che compie) l'iniziato durante il rito. Si usa spesso il participio *orghiasmenos* (letteralmente "agito"). *Teleté* è un termine più generico, che indicherebbe i "valori religiosi", anche se a partire dall'Ellenismo comincia a indicare anche i percorsi del sapere[1]. Il terzo termine è riconducibile al verbo *myo* (il chiudere gli occhi, lo stringere le labbra) e sottolinea l'atteggiamento dell'iniziato che non svela i segreti appresi e non parla con nessuno che non sia, a sua volta, iniziato.

1. "Se *teleté* era per i Greci il completamento ovvero la perfezione conseguita attraverso la partecipazione alla cerimonia rituale, un completamento conseguibile soltanto alla fine di un itinerario e dunque un punto d'arrivo espresso anche dal nesso etimologico di *teleté* e di *teléo* con *télos*, "fine" appunto, e con *teleuté*, "fine della vita", il suo corrispondente latino era, con paradossalità ossimorica, *initia*". Scarpi, Paolo, *Le Religioni dei misteri*, Vol. I, Fondazione Lorenzo Valla/Arnoldo Mondadori Editore, Milano 2002.

Le indicazioni dell'etologia

"La struttura del cervello degli scimpanzé è sorprendentemente simile alla nostra."
JANE GOODALL

Gli studi sul comportamento animale condotti negli ultimi cento anni hanno consentito di approfondire alcuni aspetti della ritualità che ritroviamo alla base di molti comportamenti umani: si prenda-no in considerazione, per esempio, i lavori condotti sui primati (in primo luogo scimpanzé) e su altri animali dotati di elevato livello di intelligenza (come i delfini o gli elefanti)[1].
Prima di affrontare l'importante capitolo del comportamento delle scimmie antropomorfe e degli elefanti, riportiamo, a titolo esemplificativo, una breve descrizione del comportamento del più intelligente di tutti i pappagalli parlanti, il cenerino africano. Alcu-ne sue strategie di condotta ci fanno capire come le basi stesse del comportamento rituale siano da cercare proprio nell'interazione animale/ambiente, per lo meno se prendiamo in considerazione quanto riporta una nota enciclopedia italiana sull'origine del rito: "Il rito è nato, in origine, da un gesto spontaneo che ha accompa-gnato l'esplosione di un desiderio, l'espressione di un bisogno, la paura di un pericolo; e che, una volta sperimentato efficace, si ripete fedelmente, affinché l'effetto si riproduca ancora"[2].

1. Köhler, Wolfgang, *L'intelligenza nelle scimmie antropoidi*, Giunti, Firenze 1961; Goodall, Jane, *The Chimpanzees of Gombe: Patterns and Behavior*, Cambridge: Belknap Press, Cambridge, Massachusetts 1986; Goodall, Jane, *My Life with the Chimpanzees*. New York: Byron Press, 1988; Fouts, Roger, *La scuola delle scimmie,* Mondadori, Milano 1999.

2. *Enciclopedia Treccani,* voce *"Rito"*.

✻ Bill, cenerino grande parlatore

Un animale che è in grado di imitare la voce dell'uomo con atteggiamenti intelligenti non solo in apparenza (come nel caso del merlo indiano) è il pappagallo.
Diversi tipi di pappagalli sviluppano notevoli capacità comunicative utilizzando il linguaggio umano, ma senza dubbio il più impressionante di tutti è il cenerino africano.
Animale di media taglia (circa 30 cm), con le piume grigie e con la coda rossa, è stato studiato in condizioni sperimentali di laboratorio soprattutto all'università del Texas, dove un esemplare di nome Alex ha ottenuto notevoli risultati in termini di capacità espressiva e di comportamenti intelligenti. Da parte nostra, stiamo studiando da alcuni anni il comportamento di un altro cenerino africano, di nome Bill, un maschio di tre anni e mezzo nato in cattività nel quale abbiamo riscontrato diversi comportamenti rispondenti a una certa "ritualizzazione", che presentiamo di seguito come diretto contributo al tema affrontato.

Sottomissione

È noto che i lupi hanno un comportamento interessante nei confronti del capo branco o di quell'esemplare della stessa specie che, dopo un combattimento, riesce ad avere la meglio: si tratta del segnale di sottomissione, che consiste nel mostrare la gola in segno di resa. Lo stesso si è riscontrato con Bill che, dopo aver compiuto qualcosa contro le regole definite, in presenza del pericolo di essere colpito per punizione (una punizione solo minacciata, ma mai comminata!), subito si avvicina alla persona, abbassando la testa e proponendola al colpo in segno di sottomissione. Poiché la punizione non viene eseguita, l'animale rafforza la convinzione che questo dipenda dalla corretta strategia posta in essere, cioè dall'atto di sottomissione, che utilizza con sempre maggior frequenza in situazioni similari.

Ricostruzione della punizione

Per poter ottenere obbedienza nei casi di eccessiva rumorosità, a volte si è colpita la gabbia con una pantofola di lana riscontrando come il rumore prodotto sia sufficiente a intimorire l'animale, che smette di fischiare e produrre ulteriori rumori. Quando il comportamento torna a essere di disturbo eccessivo, il pappagallo se ne rende conto, si ferma e comincia a ricostruire a parole tutta la situazione già vissuta: "Bill piii, piii, papà dice NO! Papà chiama la ciabatta... ciabatta pù, pù, pù (rumore dei colpi sulla gabbia), Bill ciabatta NO, ciabatta ops (cioè, in terra)".
L'aspetto importante è che, in questo modo, l'animale può continuare a produrre i fischi indesiderati, perché interpreta tutta l'operazione come un modo per esorcizzare la possibile punizione. Si tratta di un comportamento interessante che costituisce una strategia di tipo magico: la ricostruzione verbale della situazione (che deve essere necessariamente frutto di una capacità, anche se limitata, di pensiero simbolico), con l'esito desiderato (nessun colpo di ciabatta, che deve essere invece gettata a terra), viene vissuta come in grado di modificare la realtà.

Timore dell'abbandono

Quando il pappagallo comprende che ci si allontana da lui, per uscire dal locale in cui si trova, mette in atto una serie di strategie per evitare che la cosa avvenga o per accelerare il momento del rientro. Dopo aver salutato alzando e oscillando la zampina (a imitazione della mano che saluta) e aver detto: "Ciao, ci vediamo più tardi, ci vediamo stasera", tenta di evitare che la cosa avvenga, proponendo attività ludiche alternative, tipo: "Facciamo un bel gioco?" e cominciando a proporre giochi interattivi in cui l'interlocutore deve essere necessariamente presente per dare una risposta. Uno di questi è il gioco degli animali, dove, al nome dell'animale, occorre rispondere con il verso dello stesso: "Gatto, gatto?" "Miao!"; "Cane, cane?"

"Wuf wuf!" e così via. Ancora una volta vediamo come Bill utilizzi una strategia intelligente (il gioco) per impedire il verificarsi di una situazione sentita come dolorosa e che si cerca di allontanare.

Identificazione con l'interlocutore

Si tratta di una strategia particolarmente interessante, atta ad allontanare il possibile pericolo rappresentato dagli esseri umani presenti. Quando l'animale si trova di fronte a persone conosciute, ne assume la voce (cosa che non avviene in loro assenza), ne ripete il nome e ripete qualche espressione tipica della persona. Nel caso di una donna di nome Niobe, Bill, dopo aver assunto il suo particolare timbro di voce, ripete: "Ciao pollo!", la frase con cui la donna saluta abitualmente l'animale. Quando invece è da solo, mantenendo la propria voce, Bill domanda: "Dov'è Niobe?", quindi, non vedendola, risponde: "Fuori, fuori... ciao pollo!", passando poi subito ad altro interesse.
La voce viene inoltre modificata a seconda della persona incontrata: se si tratta di un bambino o di una bambina, la voce sarà quella tipica dei bambini, se di una donna, quella femminile, altrimenti quella maschile. Oppure, nel caso di persone sconosciute, con tratti che ricordano qualcun altro (per esempio, un giovane con capelli lunghi biondi, somigliante a una ragazza con pari caratteristiche), imita la voce della persona somigliante, sia essa uomo o donna.

Altri comportamenti intelligenti

Uno dei comportamenti che lascia comprendere come gli animali possano agire secondo strategie intelligenti è quello dovuto all'apprendimento di nuovi metodi di alimentazione. Per esempio, il *macaco del Giappone*, getta i tuberi raccolti a terra in mare, per renderli più commestibili in acqua salata. Il nostro cenerino africano, parimenti, ha scoperto che il pane, o i biscotti, bagnati nell'acqua, sono più appetitosi: eccolo allora trasportare il biscotto o il pezzo di pane fino alla vaschetta dell'acqua, inzupparli ben bene e mangiarli con gusto.

Sembra che in questo modo l'animale metta in atto un processo di *captatio benevolentiae* per ingraziarsi la persona con la quale è costretto a mettersi in relazione, quasi volesse comunicare: "Sono costretto a subirti (e a volte si gonfia e trema) ma guarda, non ti sono nemico, sono come te!". La validità di questa interpretazione può trovare riscontro nel fatto che siamo di fronte a un animale che, allo stato naturale, è una preda, non un predatore, e che cerca quindi di trovare ogni modo per sopravvivere, adeguandosi all'ambiente in cui si trova. Per utilizzare un concetto piagetiano (Jean Piaget 1896-1980), saremmo di fronte a una interpretazione dell'intelligenza nella sua fase di "accomodamento", cioè un adeguamento alle necessità di sopravvivenza nel proprio ambiente.

* Le scimmie antropomorfe

Uno dei primi studi moderni sulle scimmie antropomorfe è quello compiuto da Wolfgang Köhler agli inizi del Novecento. Köhler si è interessato in particolare all'intelligenza dei primati. I risultati delle sue osservazioni, compiute presso un centro tedesco di sperimentazione su questi animali nell'isola di Tenerife, nel periodo compreso tra il 1912 e il 1916, sono stati pubblicati in un'opera di fondamentale importanza, non solo per la comprensione del comportamento animale ma anche perché essa segna la nascita di una delle scuole psicologiche più significative, quella della Psicologia della Forma (*Gestaltpsychologie*). L'opera, intitolata *L'intelligenza nelle scimmie antropoidi* è tuttora uno dei testi essenziali per la formazione dello studioso di psicologia animale e umana.
L'autore si è occupato in primo luogo del problema dell'intelligenza, chiedendosi se fosse possibile sostenere che gli scimpanzé siano dotati di un comportamento intelligente. Domanda che sorge spontanea osservando questi animali nella loro vita quotidiana, dove si riscontrano numerosi atteggiamenti simili a quelli umani che potrebbero essere indicati come intelligenti.

Per poter rispondere, è necessario definire cosa sia un comportamento intelligente: infatti, non ogni modo di agire in apparenza intelligente lo è veramente. Köhler sostiene che, per essere tale, un comportamento non deve essere immediato e istintivo, ma richiedere da parte dell'animale una risposta nuova e creativa a una situazione precedentemente non sperimentata. Gli esperimenti condotti sono studiati in maniera tale che "la via diretta verso l'obiettivo non è praticabile, ed è però lasciata aperta una via indiretta. L'animale viene posto in una situazione di questo tipo, e di essa deve avere, per quanto possibile, una percezione di insieme; può allora mostrare di quali forme di comportamento è capace, e, in particolare, se è in grado di risolvere il problema attraverso la via indiretta che gli si offre"[3].

I numerosi esperimenti condotti da Köhler, basati su questo sistema chiamato di "aggiramento", lo portano a concludere che gli scimpanzé sono effettivamente dotati di comportamento intelligente, anche se le azioni compiute non sono sempre identiche a quelle che compirebbe l'uomo. Uno dei motivi della differenza tra scimmia e uomo è da ricercare nel modo diverso con cui le due specie reagiscono nella riorganizzazione delle percezioni visive: ciò che a un essere umano può apparire evidente e immediato può non esserlo per la scimmia, che distingue alcuni particolari come indipendenti mentre altri, che continuano a essere tali per l'uomo, li interpreta come facenti parte di un insieme unico e compatto.

Non si deve dimenticare che Köhler vede nell'organizzazione percettiva uno dei punti fondamentali del processo psicologico: l'intuizione, per esempio, sorge quando le percezioni visive ricevono una nuova riorganizzazione determinata dall'effetto del tutto sulle singole parti (il cosiddetto fenomeno di chiusura, per cui non vediamo più solo singoli punti disposti circolarmente, ma una figura circolare formata dal loro collegamento).

3. Köhler, Wolfgang, *L'intelligenza nelle scimmie antropoidi,* Giunti, Firenze 1961.

Come sottolinea Guido Petter, nell'introduzione all'edizione italiana dell'opera del Köhler, il punto cardine di tutta la Psicologia della Forma è proprio costituito dalla convinzione che "le proprietà funzionali degli elementi che compongono un insieme sono subordinate alle caratteristiche della struttura complessiva di cui essi fanno parte"[4].
Nell'articolo *Note sulla psicologia dello scimpanzé*, pubblicato nel 1922 dalla rivista *Psychologische Forschung I*, pagg. 2-45, e inserito in appendice nell'edizione italiana dell'*Intelligenza nelle scimmie antropoidi*, Köhler presenta un comportamento singolare, altamente ritualizzato, degli scimpanzé, che suscita particolare interesse ai fini della nostra ricerca.
Ecco come l'autore descrive alcune movenze di danza: "Tutto il gruppo degli scimpanzé realizzava forme superiori di movimento stilizzato. Due animali si trascinano qua e là sul terreno in un gioco di lotta, e giungono in vicinanza di un palo; si vede allora che la loro furia si calma un poco e si trasforma in un movimento circolare che ha come centro il palo.
Uno dopo l'altro arrivano gli altri animali, che si uniscono ai primi, e alla fine tutta la compagnia marcia in fila indiana e in modo molto ordinato attorno al centro. Ma il loro movimento muta presto; essi non marciano più ma trottano, battendo volentieri uno dei piedi sul terreno, e posandovi solo leggermente l'altro; ne deriva un ritmo quasi rigoroso, e l'andamento di ciascuno tende a conformarsi a una stessa misura. Anche le teste prendono talvolta il ritmo dei piedi, al punto che la mascella inferiore ciondolante si alza e si abbassa col ritmo dei piedi; tutti gli animali presentano un aspetto vivace e divertito, in questo primitivo girotondo [...]"[5]. Assistiamo dunque a un comportamento dove l'ordine, il ritmo, la ripetizione, la quasi "sacralità" della situazione (da inquadrare, comunque, sempre in una dimensione ludica) suggeriscono un'interpretazione per lo meno simil-rituale.

4. Köhler, Wolfgang, *op. cit.*

5. Köhler, Wolfgang, *op. cit.*

Jane Goodall e l'osservazione degli scimpanzé

Una delle ricercatrici che ha contribuito maggiormente a rivoluzionare la conoscenza delle scimmie antropomorfe è stata Jane Goodall. Nata nel 1934 a Londra, si diploma nel 1960 come segretaria e viene incaricata dall'antropologo Louis Leaky (1903-1972) di studiare il comportamento degli scimpanzé nel Parco Nazionale di Gombe in Tanzania. Nel contempo studia etologia a Cambridge, dove ottiene il dottorato nel 1965.

Oltre a occuparsi dello studio degli scimpanzé, Jane Goodall si è impegnata in prima persona nella difesa dei primati, fondando in Africa sei riserve (santuari). Dal 1977, opera nel campo della ricerca e della protezione di questa specie un ente che porta il suo nome, il Jane Goodall Institute.

Prima dell'esperienza della Goodall, e nonostante il lavoro di Köhler, la visione che la scienza accademica aveva delle scimmie antropomorfe era molto diversa da quella odierna: incapaci di usare strumenti, senza linguaggio, prive di comportamenti culturalmente determinati, le scimmie non avevano molto in comune con l'uomo, tranne una somiglianza superficiale. Oggi sappiamo invece che gli scimpanzé, oltre a condividere il 98% del patrimonio genetico con l'uomo (quindi uno scimpanzé è geneticamente più vicino a un uomo che a un gorilla), utilizzano strumenti (almeno nove tipi diversi quando vivono in libertà), comunicano con vari segnali, con segni e con un linguaggio non verbale, hanno comportamenti altamente ritualizzati e sono forse in grado di provare sentimenti assai prossimi a quello religioso, come vedremo analizzando un caso famoso riportato proprio dalla ricercatrice inglese.

Quali sono le somiglianze tra il comportamento degli scimpanzé e quello dell'uomo? Ecco come vengono riassunte dal sito Internet del Jane Goodall Institute-Italia: "Molti aspetti del comportamento degli scimpanzé, delle relazioni sociali, delle manifestazioni emotive, dei bisogni e delle abilità intellettive, sono simili a quelle umane. In particolare, ci sono stretti paralleli tra i piccoli di scimpanzé e i bambini. Entrambi hanno una naturale propensione a fare chiasso e giocare, sono fortemente curiosi, imparano guardando e imitando e, soprattutto, necessitano di continue attenzioni e di rassicurazione. Per entrambi, il contatto fisico affettuoso è determinante per uno sviluppo sano. Diversi tratti mentali, una volta considerati prerogativa solo umana, sono stati rilevati anche negli scimpanzé: pensiero ragionato, astrazione, generalizzazione, rappresentazione simbolica e la consapevolezza di sé. La comunicazione non verbale, include il bacio, l'abbraccio, il solletico, darsi una pacca sulla spalla. Molte delle loro emozioni, come la gioia o il dolore, la paura o la disperazione, sono simili alle nostre"[6].

Il comportamento degli scimpanzé mostra capacità creative e di astrazione particolari, simili a quelle dell'uomo. Alcuni esempi caratteristici sono riportati in un video su questi primati prodotto dal National Geographic, nel quale si assiste, per esempio, a uno scontro tra alcuni macachi, particolarmente aggressivi, e un piccolo di scimpanzé. Quest'ultimo, per nulla intimorito dagli altri animali, escogita un modo per metterli in fuga: dopo aver afferrato un ramo da terra, sbattendolo a destra e a sinistra si lancia contro i macachi, gonfiandosi tutto e apparendo agli altri animali una creatura decisamente pericolosa che non conviene affrontare.

In un'altra sequenza si assiste alla meditazione di un anziano scimpanzé su un topo morto: lo studio che l'animale fa della creaturina priva di vita è impressionante e momenti di sperimentazione (sollevare il topino, cercare di farlo muovere) si alternano a momenti in cui lo scimpanzé sembra ragionare e porsi domande su ciò che vede.

La danza della pioggia degli scimpanzé

Jane Goodall ha pubblicato nel 2001 un articolo particolarmente interessante, riportato nel sito Internet del Jane Goodall Institute, su

6. Per ulteriori informazioni è possibile visitare il sito Internet indicato a fine bibliografia.

un'esperienza con gli scimpanzé da lei fatta nel 1960. Ciò che viene descritto appare forse come il comportamento più somigliante a un rituale simil-religioso mai osservato nei primati. La ricercatrice stava osservando sette adulti maschi e alcune femmine con piccoli scimpanzé sul fianco di un burrone scosceso. Gli scimpanzé avevano appena terminato di mangiare e stavano dirigendosi verso la dorsale del burrone, quando all'improvviso scoppiò un temporale. Uno dei grandi maschi, non appena vide il fulmine e sentì il rumore del tuono, quasi al manifestarsi di un segnale, si alzò in posizione eretta e cominciò a muoversi ritmicamente, da un piede all'altro. Subito dopo si lanciò verso gli alberi che si trovavano in basso, ai piedi del burrone, quindi cominciò a girare attorno a un piccolo albero spezzandone il fusto, per poi saltare sui rami e infine rimanere immobile. Altri tre maschi, uno dopo l'altro, seguirono l'esempio del primo, rompendo alcuni rami, brandendoli o lanciandoli durante la precipitosa corsa lungo il burrone, per poi saltare sui rami e ritornare di nuovo sulla dorsale, dove le femmine e i piccoli stavano seguendo il comportamento dei maschi, quindi riprendere la precipitosa corsa verso il basso.
Lo spettacolo apparve quasi magico alla Goodall, che osservava questa dimostrazione di sfida nei confronti della natura, mentre la furia degli elementi imperversava, con il rimbombo dei tuoni e l'improvviso guizzare dei fulmini. La Goodall si chiese se questo comportamento si potesse mettere in relazione con la coscienza di una forza superiore, con una qualche forma di culto o con l'esistenza di un'anima vera e propria.

* Il comportamento rituale degli elefanti

Tra gli animali dotati di intelligenza vi è senza dubbio l'elefante. Il suo comportamento è stato descritto da diversi autori, anche se a volte è difficile distinguere tra osservazioni di effettivo valore scientifico e semplice aneddotica. Una delle ragioni per cui l'elefante riesce ad avere comportamenti intelligenti, è il suo sofisticatissimo sistema di comunicazione. Numerosi suoni vengono, infatti, utilizzati nelle situazioni più diverse e spesso si hanno vere e proprie conversazioni tra i membri del branco, come dimostra la ricercatrice keniota Joyce Pool, convinta assertrice del comportamento intelligente di questi animali[7].

Recenti studi condotti con metodologia scientifica hanno inoltre dimostrato che gli elefanti hanno la capacità di comunicare a distanza di parecchi chilometri. Le frequenze emesse con i loro barriti sono nell'ordine dei 20 kHz, particolarmente adatte per viaggiare sia nell'aria sia nel suolo. Infatti, le sperimentazioni condotte negli Stati Uniti da Caitlin O'Connell-Rodwell hanno confermato che questi pachidermi, oltre a emettere suoni che raggiungono le sei miglia di distanza, producono anche vibrazioni telluriche, sia con il barrito sia con colpi di zampa sul terreno, in grado di propagarsi per venti miglia. Un sistema di ricezione posto nella zampa consente poi all'animale di trasferire la vibrazione direttamente all'orecchio.

Questo spiega come mai, in determinate situazioni, l'arrivo di cacciatori (a piedi o in elicottero), sia avvertito da branchi che si trovano a notevole distanza da quelli cacciati. Gli animali assaliti comunicano il pericolo a quelli lontani o, nel caso degli elicotteri, gli animali sentono a grande distanza le vibrazioni emesse dalle pale rotanti.

Allo stesso modo, le vibrazioni causate dal tuono che colpisce il terreno informano branchi di elefanti della caduta delle piogge in territori assai lontani da quelli in cui si trovano, spingendoli a spostarsi verso l'acqua[8].

Il comportamento conseguente all'informazione ricevuta (per esempio la fuga in zone lontane dal pericolo dei cacciatori) dimostra l'esistenza in questo animale della capacità di rappresentarsi una situa-

7. "Giorno dopo giorno misuro e confronto i richiami degli elefanti. Quanto più apprendo del modo complesso in cui gli elefanti utilizzano i suoni per comunicare l'uno con l'altro, tanto più mi convinco della loro complessità intellettuale ed emozionale". Dalla relazione presentata da Joyce Pool, etologa keniota studiosa del comportamento degli elefanti, al XXII Annual Elephant Managers Workshop (Disney's Animal Kingdom, November 9-12, 2001).

8. Lo studio è stato pubblicato dal *Journal of the Acoustical Society of America* (JASA) nel 2001.

zione di minaccia, anche se questa non è immediatamente presente (cioè visibile) e la possibilità di presagire il pericolo di morte anche se non ancora concreto: una capacità che indica come probabile una qualche forma di autocoscienza.

La ritualità funeraria

Forse l'aspetto più interessante dell'intelligenza degli elefanti è quello legato all'atteggiamento nei confronti della morte. Dopo tante leggende relative ai comportamenti rituali di questi animali nei cosiddetti "cimiteri degli elefanti", abbiamo oggi diverse prove della veridicità di alcuni di questi racconti, come hanno dimostrato diversi ricercatori contemporanei.

La studiosa Joyce Pool, per esempio, è convinta che, anche grazie alla notevole memoria di cui sono dotati, gli elefanti "sentono" la mancanza di un altro pachiderma. Secondo quanto racconta, lei stessa avrebbe assistito alla veglia funebre di elefanti rimasti accanto ai membri morti del gruppo, descrivendo le loro emozioni comunicate dai tratti del muso, dall'atteggiamento degli occhi e dalla postura. In alcuni casi, gli elefanti si sarebbero fermati in prossimità del punto in cui erano morti i loro compagni, rimanendo in silenzio alcuni minuti, prima di proseguire.

Un articolo pubblicato il 15 novembre del 2001 da Melissa Groo, ricercatrice del *Save the Elephants News Service*, riporta la storia di un incidente verificatosi ad Assam, in India, durante il quale due elefanti adulti sarebbero stati uccisi da un treno. Dopo poco tempo, un branco di cento elefanti si sarebbe spostato fino a raggiungere il luogo dell'incidente, occupando lo spazio dei binari e impedendo l'attività di soccorso ai passeggeri del treno che, in seguito all'urto, era deragliato. I pachidermi sarebbero rimasti silenziosi e tristi attorno ai compagni defunti per parecchio tempo, prima di tornarsene da dove erano venuti.

Secondo altri racconti, questi animali, quando si trovano in presenza di ossa di altri elefanti, in particolare di defunti della stessa famiglia, sembra ricordino di chi si tratta, assumendo un atteggiamento triste, raccogliendo e impilando le ossa e, a volte, circondando la zona del "cimitero" come in un rito particolare.

⁕ Conclusioni

Questa breve carrellata sul comportamento animale ci consente di comprendere come alcuni aspetti, tipici della dimensione rituale intenzionale, possano essere rintracciati, per quanto in forma solo abbozzata, già nell'atteggiamento degli animali di maggiore intelligenza, come le scimmie antropoidi, gli elefanti o alcuni tipi di pappagalli. Si potrebbe a questo punto ipotizzare che, soprattutto per quanto riguarda le scimmie antropoidi, le differenze tra animale e uomo siano da ricercare molto più in una diversa capacità di organizzazione della percezione, che determina un diverso livello di intelligenza, piuttosto che in una netta divisione qualitativa tra capacità umane e capacità animali. Dove l'organizzazione delle percezioni è simile a quella umana, i risultati di comportamento intelligente potrebbero essere considerati simili nelle due specie.
Una conferma di questa tesi è data anche da un altro comportamento del cenerino africano, di cui si è trattato all'inizio del capitolo. Messo di fronte a un programma televisivo, il pappagallo non ha dato segni di interesse se non quando lo schermo è stato posizionato secondo un'angolatura particolare. A questo punto, l'animale si è improvvisamente accorto dell'esistenza del cartone animato, che ha poi seguito con interesse e con atteggiamenti assai simili a quelli che avrebbe avuto un bambino di quattro-cinque anni. Per esempio, quando il mostro cattivo che inseguiva un coniglietto è caduto, l'animale, che alla comparsa dell'essere si era gonfiato per lo spavento, ha descritto la caduta con: "ops!", termine che per lui indicava proprio qualcosa che cade. Si sottolinea come in questo capitolo abbiamo riportato solo comportamenti che potremmo definire intelligenti, e non quelli, assai più conosciuti (corteggiamento, aggressività ecc.) che sono conseguenza dell'istinto.

Le indicazioni dell'etnologia

L'etnologia si è occupata a più riprese dei riti di iniziazione, riscontrando in particolare la somiglianza di numerose usanze rituali presenti in tutti i popoli del mondo, al di là del tempo e dello spazio. La somiglianza dei riti non deve sembrare strana: se la finalità dei riti è identica, possono essere identici o, per lo meno, simili, i metodi utilizzati per realizzarla.

Non dimentichiamo inoltre che l'uomo è caratterizzato da capacità cognitive proprie della sua famiglia (*homo sapiens*), identiche ovunque; questo significa che può conoscere il mondo, nella maggior parte dei casi, solo attraverso queste comuni capacità e non altre. L'essere umano, inoltre, vive, in genere, secondo modalità che, per quanto possano essere diversificate a seconda dell'ambiente, sono fondamentalmente simili, legate al suo sviluppo biologico e condizionate dalle necessità primarie che deve soddisfare.

✳ Il pensiero di Durkheim

Émile Durkheim può essere considerato il fondatore della sociologia, una disciplina che ha dovuto lottare duramente per ottenere la propria indipendenza. Descrivendo i fatti sociali e la loro dinamica, essa era stata infatti considerata pericolosa per l'ordine sociale, anche a causa della sua asettica raccolta di dati e dell'assenza di una va-

lutazione filosofica o morale, tipica di altre discipline (come appunto la filosofia o la morale). L'etnologia si colloca all'interno della sociologia, come sua specializzazione nella ricerca e nello studio dei fatti legati alle cosiddette popolazioni in via di sviluppo (termine oggi sostituito da quello di "popolazioni di livello etnologico").
L'importanza di Durkheim, paragonabile a quella di altri padri fondatori della sociologia, come Georg Simmel (1858-1918) e Max Weber (1864-1920), consiste nell'aver introdotto nella ricerca sui fatti sociali l'approccio sperimentale, tipico delle discipline scientifiche, con l'utilizzo massiccio di dati e statistiche. Qualora non fosse sempre possibile utilizzare in pieno il metodo scientifico nell'analisi di questi fenomeni, si utilizzerà, per lo meno, la tipica *forma mentis* della ricerca scientifica, il cosiddetto ragionamento sperimentale. Bisognerà allora considerare i fatti sociali come delle "cose" (e non come concetti o idee), quindi applicare a fondo il *principio di causalità* (un fatto è determinato da un altro fatto), infine variare i parametri sperimentali. Questo, in particolare, è possibile considerando

Il fondatore della sociologia moderna

Émile Durkheim, nato nel 1858 in Lorena da famiglia ebraica, si forma alla scuola rabbinica, ma decide di non seguire la tradizione di famiglia che spingeva i propri figli verso il rabbinato. Dopo aver studiato filosofia alla Scuola Normale Superiore, trascorre un anno in Germania e riceve nel 1887 un incarico a Bordeaux come insegnante di scienze sociali e pedagogiche. Nel 1896, fonda la rivista *Année Sociologique* e nel 1906 è nominato professore universitario. Insegnerà scienza dell'educazione e sociologia fino alla morte, avvenuta nel 1917.
Durkheim riesce a dare vita a una nuova disciplina operando con un'efficace impostazione strategica: fonda infatti la rivista l'*Année Sociologique*, attorno alla quale si coaguleranno i migliori studiosi della disciplina, che, a loro volta, occuperanno posizioni di prestigio in alcuni dei maggiori enti culturali francesi, come, per esempio, la Sorbona, l'Ecole pratique des Hautes Etudes, il College de France, l'Ecole Normale Supérieure.
Tra le opere più significative di Durkheim si segnalano: *Le regole del metodo sociologico, La divisione del lavoro sociale, Il suicidio, Le forme elementari della vita religiosa*.

l'esistenza di due tipi di variabili, quelle indipendenti (i fenomeni conosciuti) e quelle dipendenti (i fenomeni che si vogliono spiegare) e facendole interagire tra loro: modificando le variabili indipendenti, si vedrà come varieranno le variabili dipendenti.

La scuola sociologica francese, avviata da Durkheim, si è occupata a più riprese dei riti di iniziazione, nel quadro più vasto dei riti in generale. Lo stesso Durkheim ha lavorato su alcuni aspetti importanti dei riti di passaggio (dei quali parleremo più dettagliatamente in seguito), in particolare sul matrimonio, in numerosi studi, articoli e recensioni di altri libri, come *Cerimonie nuziali in Algeria* (1904), *Diritto matrimoniale ebraico* (1905), *Diritto matrimoniale in Giappone* (1905), *Il matrimonio in Egitto* (1905), *Riti nuziali del Medioevo* (1913).

Partendo da una attenta meditazione sul concetto di sacro, la scuola sociologica francese divide i riti in diverse grandi categorie, che qui riportiamo parzialmente.

La prima, è quella dei *riti positivi* e dei *riti negativi*.

I *riti positivi* sono quelli che tendono ad aumentare la coesione sociale, come i riti funerari e purificatori, i riti sacrificali, quelli cosiddetti mimetici (per ottenere cose desiderate).

I *riti negativi* sono quelli che si propongono di impedire la contaminazione del sacro col profano: si tratta dei riti di iniziazione (che separerebbero alcune persone dal gruppo), quelli che rendono un territorio sacro (per esempio gli edifici sacri, contrapposti a quelli profani), quelli relativi ai giorni festivi, distinti da quelli comuni, le pratiche ascetiche.

Una seconda grande divisione è quella dei *riti magici* e dei *riti religiosi*, di cui abbiamo trattato parlando di *magia* e *teurgia*.

Dal punto di vista funzionale, i riti possono essere distinti in *riti mimetici* (o omeopatici), e *riti simpatici* (o contagiosi).

I primi operano in base al principio che il simile agisce sul simile (una tradizione che si è trasferita, *mutatis mutandis*, all'alchimia, quindi alla spagiria, branca iatrochimica dell'alchimia, che l'ha trasmessa a sua volta all'omeopatia odierna). Sono *riti mimetici* quelli legati alle pratiche di caccia, pesca, agricoltura e al tentativo

di evitare effetti negativi dei fenomeni atmosferici o astronomici.
Un esempio classico di *rito mimetico* è quello dei cacciatori della preistoria che, prima di partire per la caccia, crivellavano di colpi di lancia o di freccia le immagini di animali raffigurate nelle pitture rupestri: per la legge di omeopatia, colpire l'immagine significa anche colpire ciò che è rappresentato, quindi indebolire l'animale che si sarebbe cacciato successivamente.
I *riti simpatici* (o contagiosi) si basano sul principio che la parte agisce sul tutto e che il contiguo influenza il contiguo. È il caso specifico del trattamento di una persona mediante un suo indumento, i capelli, le unghie, il sangue, oppure dell'invio del malocchio utilizzando lo stesso sistema.
Un'ulteriore suddivisione è quella in *riti diretti* e *riti indiretti*.
Sono *riti diretti* quelli che si basano su un effetto immediato dell'azione magica, per esempio su una immediata risposta a una formula magica pronunciata.
Sono invece *riti indiretti* quelli che utilizzano un tramite per ottenere l'effetto richiesto e che quindi necessitano anche di maggior tempo: per esempio, un atto magico trasmesso mediante un'entità spiritica, oppure trattando un oggetto, che diventa il mezzo per influenzare qualcuno che verrà a contatto con esso.
I risultati della scuola sociologica francese sono assai importanti, soprattutto se inseriti nel contesto storico e culturale dell'epoca, ma non sono oggi ritenuti sufficienti a spiegare e qualificare i vari riti come si presentano nella ricerca etnografica più recente. Da alcuni decenni si preferisce distinguere i riti in tre grandi categorie: *riti di passaggio*, *riti di partecipazione* e *riti propiziatori*.

⁕ Dimensione sacra e profana in Mircea Eliade

Eliade è un autore importante per la comprensione del mondo religioso, magico e mitico: la sua profonda conoscenza della filosofia occidentale, unita a quella delle religioni orientali e del pensiero

Un grande studioso di religioni comparate

Mircea Eliade è principalmente un filosofo e uno storico delle religioni. Nato a Bucarest nel 1907, durante l'infanzia sviluppa uno spiccato interesse per le scienze naturali, che trasforma però presto in passione per lo studio delle religioni comparate, la filologia e la conoscenza delle lingue. A diciotto anni conosce già, oltre al rumeno, sua lingua madre, il francese, l'inglese, il tedesco e l'italiano. Studia filosofia all'Università di Bucarest, laureandosi con una tesi sui filosofi del Rinascimento, da Marsilio Ficino a Giordano Bruno. In seguito, cogliendo l'opportunità offerta da una borsa di studio, si trasferisce in India, dove vive per quattro anni, approfondendo il sanscrito e la storia della filosofia indiana. Rientrato a Bucarest nel 1932, scrive la tesi di dottorato sullo Yoga che viene discussa nel 1933. Dal 1933 al 1940 Eliade insegna storia della filosofia all'Università di Bucarest, come assistente di Nae Ionescu, noto ideologo di destra. Proprio a causa dei suoi legami con Ionescu, Eliade, che durante la guerra serve nell'esercito romeno all'estero, non può più rientrare in Romania, dove è stato instaurato un regime comunista. Si trasferisce a Parigi dove, grazie all'amicizia con Georges Dumézil (1898-1986), ottiene un posto come insegnante di storia delle religioni alla Sorbona, seguito da insegnamenti in altre università europee. Dal 1958 al 1986, anno della sua morte, è titolare della cattedra di Storia delle Religioni a Chicago. Tra le numerose opere scritte da Eliade si citano: *Il mito dell'eterno ritorno*, assai importante per la distinzione tra uomo religioso e non religioso sulla base della concezione del tempo (eterogeneo e omogeneo); *Il sacro e il profano, la natura della religione*, dove si presenta la differenza tra dimensione sacra e dimensione profana del tempo e dello spazio; *Storia delle idee religiose* ed *Enciclopedia della religione*; *Sciamanesimo: tecniche arcaiche di estasi*.

mitico e religioso di tutto il mondo (ne è prova la bella antologia *From Primitives to Zen*) gli consentono di affrontare i temi di maggior importanza dell'esperienza religiosa. L'opera sullo sciamanesimo costituisce, inoltre, il primo tentativo di affrontare in maniera globale questo fenomeno che ha importanza capitale nella comprensione del mondo magico e medianico.

Proprio in quest'opera ponderosa i primi quattro capitoli sono dedicati al fenomeno dell'iniziazione sciamanica: dai metodi di reclutamento, alle malattie e i sogni iniziatici, all'acquisto dei poteri sciamanici, all'iniziazione vera e propria.

Iniziazione e reclutamento sciamanico

Lo sciamanesimo è un insieme di tecniche incentrate fondamentalmente sull'estasi, presente in ogni parte del mondo. L'Asia centro settentrionale è la regione dove esso ha mantenuto caratteri conservativi particolarmente interessanti, e proprio su questa regione si sono concentrate le ricerche degli studiosi russi e tedeschi del XIX e del XX secolo che hanno attirato l'attenzione di Eliade. Il termine sciamanesimo giunge nelle nostre lingue, attraverso il russo, dalla parola tungusa *shaman*, forse proveniente dal *pali* (una delle lingue sacre dell'India, derivata dal sanscrito) *samana*.

Il reclutamento dei nuovi sciamani avviene sempre secondo due vie: ereditariamente o per vocazione singola. In realtà, entrambi gli elementi devono essere presenti, perché anche quando si eredita la funzione di sciamano dal padre (presso alcuni popoli, dal nonno, affinché il figlio possa accudire il padre dedito alla sua professione), occorre che vi sia una qualche forma di legittimazione dall'alto (visione, comportamento abnorme attribuito alla presenza degli spiriti) perché la tribù accetti il nuovo sciamano. Si può così sostenere che ciò che è determinante è la vocazione, mentre la trasmissione della funzione per via ereditaria può anche mancare.

Normalmente i futuri sciamani sono scelti tra persone che hanno determinate caratteristiche psichiche e fisiche: deve esser presente nel bambino preso in esame una qualche forma di comportamento deviante rispetto alla norma, per esempio una eccessiva sensibilità nervosa, il desiderio di rimanere solo, la fuga in luoghi solitari, visioni e sogni particolari, stati mentali patologici, crisi epilettiche (il che potrebbe giustificare anche la trasmissibilità per via ereditaria della funzione sciamanica).

Quando queste caratteristiche vengono riscontrate in un bambino (o, in determinate tribù, in una bambina), questi viene seguito fin verso l'età di tredici anni, quando viene affidato a uno sciamano anziano per essere istruito nell'arte della visione, nella genealogia della tribù, nella mitologia e così via.

La "visione" sciamanica

Una caratteristica di questa "visione", che corrisponde a una vera e propria vocazione, con una iniziazione voluta dagli spiriti, è il cosiddetto spezzettamento del corpo dello sciamano: lo sciamano vede a volte gli antenati, o altre entità, oppure, come tra gli eschimesi, un animale come l'orso, che ne fanno a pezzi il corpo, e che a volte lo cuociono e lo divorano, ricostruendolo in un secondo momento con carne e organi nuovi. In alcuni casi non si tratta di una semplice "visione", ma di uno stato patologico, per esempio dovuto alle ferite provocate da un animale feroce o da una caduta, oppure da una malattia, che sottopone il candidato a una vera e propria sofferenza fisica. Si tratta di concezioni antichissime, come dimostra il fatto che sono presenti ovunque nel mondo (dagli eschimesi agli aborigeni australiani).

Elemento fondamentale è comunque la "visione" che deve indicare sia allo sciamano anziano sia alla tribù che il ragazzo è veramente adatto alla professione sciamanica: senza la visione e il conseguente contatto diretto con gli spiriti, non si ha la possibilità di seguire questa strada e la tribù scarta definitivamente il candidato.
In genere, l'iniziazione degli sciamani non avviene al momento stesso della cerimonia che viene così definita. Infatti, il candidato è già stato iniziato attraverso i suoi contatti con gli spiriti ed è già stato abbondantemente istruito dallo sciamano anziano.
La cerimonia di iniziazione non è altro, allora, che una dimostrazione pubblica delle capacità sciamaniche vere e proprie e può presentare forme diverse, anche se legate ad alcuni concetti base. Tra questi, la capacità di resistere alla sofferenza e alle intemperie, come nel caso di alcune prove dei Manciù. Questi, d'inverno aprivano nove fori nel ghiaccio e lo sciamano doveva entrare nel primo, per nuotare sott'acqua fino al secondo, riemergere, per immergersi nuovamente nel terzo e così via, fino all'ultimo. In caso di successo della prova, egli poteva considerarsi confermato, perché, sostiene Eliade, produrre calore a volontà è prova del valore del *medicine-man* (uomo medicina).
Altri rituali comportano invece l'importante cerimonia dell'Ascensione al Cielo. Questa avviene, per esempio, dopo che il "padre-

sciamano" è salito su un tronco di betulla, ne ha inciso la corteccia e ne è ridisceso, dopo di che i giovani candidati salgono a loro volta sulla stessa pianta e, mentre salgono, cadono in estasi, dimostrando le loro capacità sciamaniche.

⁕ Interpretazione moderna dello sciamanesimo

Ci permettiamo a questo punto di presentare una nostra tesi interpretativa dello sciamanesimo. Lo sciamanesimo è fondamentalmente una via d'interazione tra più dimensioni e lo sciamano, tramite l'utilizzo di tecniche che consentono di superare le barriere dei cinque sensi, è un mediatore tra la nostra dimensione individuale e quella esterna a noi.

Dobbiamo partire dal concetto di "uomo-antenna" per cui ciascun essere vivente, e gli esseri umani non fanno eccezione, interagisce con gli altri esseri viventi e con l'ambiente anche mediante la capacità di inviare e ricevere informazione a distanza per vie diverse da quelle normalmente conosciute.

L'esempio classico è quello del *rabdomante* e del *radiestesista*, che interagiscono con l'ambiente attraverso un duplice canale: uno più propriamente fisico, che consente loro di entrare in risonanza con determinate sostanze o con altri esseri umani, posti a distanza relativamente breve, e uno, ancora difficile da identificare, che permette loro di entrare in contatto con qualsiasi cosa anche a distanze inimmaginabili. Quale sia questo secondo canale, che viene attivato quando il primo, maggiormente fisico (per lo meno secondo la nostra visione scientifica del mondo) non è più in grado di agire, non è dato sapere con sicurezza, anche se si potrebbe cominciare a comprendere qualcosa di più utilizzando le teorie più recenti della fisica (*meccanica quantistica* e universo come *ologramma*).

Va sottolineato che il *radiestesista* deve essere in grado di fare il cosiddetto "vuoto mentale" per poter ricevere le sue risposte, cioè eliminare il controllo esercitato dalla sua parte razionale, per lasciar

parlare solo la parte inconscia, proprio come lo sciamano può agire da tramite solo se cade in trance, sottraendosi al controllo della sua parte razionale e liberando le forze dell'inconscio, interpretate come entità spirituali.
Ora, ciò che viene percepito del mondo esterno, deve essere necessariamente trasformato in concetti comprensibili per il ricercatore. In pratica, "sentiamo" qualcosa, quindi lo interpretiamo secondo la nostra visione del mondo, frutto della nostra esperienza e della cultura che ci è stata trasmessa.
Ecco quindi che lo sciamano, così come il mistico, nei suoi viaggi estatici agisce come potentissima antenna emittente e ricevente, in grado di percepire molti aspetti del reale ancora poco conosciuti: per questo motivo, al suo risveglio (o quando altri, presenti alla seduta, ne registrano i messaggi) reinterpreta le proprie esperienze estatiche nei termini culturali che gli sono propri.
Avremo così, per esempio, i mistici musulmani che vedono ciò che è in linea con il Corano, mentre quelli cristiani solo ciò che dice la loro religione. Allo stesso modo alcuni sciamani vedono spiriti, animali, forme, eroi e colori che conoscono dalla loro tradizione, mentre altri percepiscono altri personaggi ed entità che fanno parte del loro mondo culturale.

✻ Il significato dei riti di passaggio

Come vedremo ancora nei capitoli sull'iniziazione in estremo Oriente e Nuova Guinea, così come in quello sui nativi americani, l'etnologia ha contribuito in maniera determinante a identificare i riti di iniziazione, classificandoli e cercando di inquadrarli all'interno dei riti di passaggio.
I dati della ricerca etnologica e le interpretazioni date dalla storia delle religioni formano un utile sistema di riferimento, mediante il quale è possibile analizzare molti aspetti ancora poco conosciuti della tradizione iniziatica.

Van Gennep e la teoria dei riti di passaggio

Tra gli studiosi di etnologia di maggior spicco vi è senza dubbio Van Gennep. Di origine tedesca (nasce a Ludwigsburg nel 1873) Van Gennep vive in Francia e in Svizzera, dove ricopre per un breve periodo la cattedra di antropologia, dedicandosi a studi di etnologia e folclore. Morirà vicino a Parigi nel 1957. I risultati delle sue ricerche in ambito etnologico (condotte non tanto sul campo, quanto a contatto diretto con le ricerche di altri etnologi) trovano una sistemazione geniale nell'opera *I riti di passaggio*, pubblicata nel 1909.

Il testo *I riti di passaggio* è un'opera rivoluzionaria e su di essa si sono formate intere generazioni di etnologi. Basti dire che ancora oggi, a quasi cento anni dalla pubblicazione, le sue tesi sono considerate dalla maggior parte degli antropologi del tutto attendibili.
Cosa sostiene Van Gennep? Se traduciamo il suo pensiero nei nostri parametri moderni, potremmo affermare che ogni società si basa su un duplice movimento: uno *centripeto* e uno *centrifugo*.
Quello *centripeto*, che porta alla coesione del gruppo sociale, è costituito da tutto ciò che consente alla società di conservare il proprio status quo e di trasmetterlo alle generazioni successive.
Quello *centrifugo*, porta invece alla formazione di numerose entità indipendenti all'interno dell'organizzazione sociale. Entità a loro volta differenti fra di sé e costituite da una propria struttura che si contrappone sia alle altre sia a quella della società nel suo insieme.
Il concetto base è quello della divisione: la società deve, in effetti, fare i conti con l'esigenza delle sue unità particolari di mantenere una propria autonomia, e con quella che essa ha di non autodistruggersi, dividendosi all'infinito.
Questa duplice tendenza, *centrifuga* e *centripeta*, deve essere quindi tenuta sotto controllo e regolata con una serie di norme, cerimonie e regole, di tipo positivo (ciò che si deve fare) e di tipo negativo (ciò che non si deve fare, i tabù), che consentano di mantenere il tutto in equilibrio. Fondamentalmente, quello che deve essere tenuto in equilibrio e sotto controllo, è la trasformazione da uno stato all'altro del

singolo individuo, nella sua personale evoluzione biologica e culturale. In un sistema che non vuole, in fondo, modificarsi, ma mantenere la propria struttura di sempre, ciascuno deve, infatti, trovare una sua giusta collazione, nel processo di maturazione e crescita. Per questo motivo, sono codificati momenti particolari che consentono all'individuo di affrontare in modo equilibrato e controllato i suoi passaggi: per esempio, dalla pubertà, al fidanzamento, al matrimonio, oppure dalla gravidanza, al parto, alla nascita del bambino, o ancora dalla vita alla morte e così via.

Il concetto dinamico di trasformazione è di fondamentale importanza. Poiché l'essere umano è in costante trasformazione, occorre consentirgli di effettuare questi passaggi in modo il più possibile controllato e indolore. Avremo allora varie fasi dei riti di passaggio: una fase precedente (per esempio, la concezione), una fase neutra (in questo caso, la gravidanza) e una fase successiva (la nascita del bambino).

Secondo Gennep, la prima grande differenziazione in una società è quella tra dimensione sacra e dimensione profana, che rappresenta anche l'ultima grande differenziazione presente nella società contemporanea. Mentre nelle civiltà a livello etnologico (semicivilizzate, secondo Gennep) la maggior parte dei riti rientra nella dimensione del sacro, in quelle moderne essi si perdono nella dimensione profana. È sua la teoria secondo la quale quanto più civile è un popolo, tanto minore è l'influsso della religione sui suoi usi e costumi: cose che altrove sarebbero di pertinenza della sfera del sacro (il passaggio dal territorio di un popolo a quello di un altro, il passaggio da una fase all'altra della vita, quella da un ruolo sociale a un altro) diventano totalmente profane nelle civiltà moderne.

L'unica cosa che non può essere cambiata è la trasformazione da uno stato all'altro. Se voglio passare da stato profano a stato sacro, ho bisogno di cerimonie di passaggio particolari, valide ancora oggi: un sacerdote deve essere ordinato - così come un bambino deve essere battezzato - secondo precisi rituali, che, per alcune religioni (si pensi, per esempio, al battesimo cristiano) risalgono a epoche antichissime.

I riti di iniziazione nel Vicino Oriente antico e in Egitto

⁕ I Sumeri

La civiltà sumerica costituisce forse una delle forme più antiche di civiltà attestate, insieme con quella egiziana antica e con quella cinese.

È particolarmente significativo che il documento più importante di questa civiltà, trasmessoci in numerose edizioni prima dai Sumeri, quindi dai Babilonesi e dagli Assiri, sia la cosiddetta *Epopea di Gilgameš*, un racconto che, narrando le vicende di un eroe dell'antichità, costituisce al tempo stesso la più antica attestazione di un viaggio iniziatico. Probabilmente il racconto era utilizzato durante le cerimonie religiose per rappresentazioni sacre e non è improbabile che potesse essere usato anche per veri e propri riti di iniziazione.

Vari elementi contribuiscono a sottolineare la valenza iniziatica del viaggio.

In primo luogo, l'obiettivo cercato, cioè l'immortalità, che costituisce una chiara trasformazione di stato: da quello umano dei mortali a quello sovrumano degli immortali. Si tratta però di una trasformazione che non è data a tutti, ma solo a coloro ai quali gli dèi vogliono concederla.

L'Epopea di Gilgameš

Il nostro eroe, Gilgameš, incontra un uomo di nome Enkidu, col quale, sebbene in un primo momento lo abbia combattuto come un nemico, stringe una forte amicizia.

In seguito all'uccisione del Toro del Cielo e del mostro Khumbaba, signore del bosco dei cedri, causata da entrambi ma voluta soprattutto da Enkidu, gli dèi furibondi decretano che uno dei due debba morire, e la scelta cade su Enkidu. La morte dell'amico suscita in Gilgameš un'emozione profonda e l'eroe decide di compiere un viaggio alla ricerca di Utnapištim, "colui che gli dèi avevano preso con sé dopo il Diluvio; e lo avevano posto a vivere nella terra di Dilmun, nel giardino del sole; a lui solo fra gli uomini avevano dato vita eterna"[1].

L'obiettivo di Gilgameš è quello di conoscere il segreto dell'immortalità, per evitare a se stesso e agli altri uomini la fine dell'amico carissimo.

Il viaggio alla ricerca di Utnapištim presenta pagine di intenso significato iniziatico, come l'attraversamento dell'oscurità all'interno della montagna e l'arrivo nel giardino splendente di luce. Gilgameš "traversò la montagna seguendo il cammino del sole verso levante. Quando ebbe percorso una lega, l'oscurità si fece fitta intorno a lui.

Dopo due leghe, l'oscurità era fitta e non c'era luce alcuna, nulla poteva vedere né davanti né dietro di sé [...]. Quando ebbe percorso otto leghe, Gilgameš diede un gran grido, perché l'oscurità era fitta e non c'era luce alcuna [...].

Dopo undici leghe apparve la luce dell'alba, compiute dodici leghe irruppe la luce del sole. Ivi era il giardino degli dèi; tutt'intorno a lui stavano cespugli carichi di gemme"[2].

Dopo aver convinto il battelliere Ursanabi a trasportarlo attraverso le onde dell'oceano, fino a giungere alle acque della morte, Gilgameš incontra Utnapištim, che gli rivela il segreto del Diluvio Universale e gli spiega come egli sia stato salvato da Ea e come gli dèi abbiano consentito a lui e a sua moglie di diventare immortali.

Anche nel racconto del Diluvio risuonano parole dal tono iniziatico, quando il dio Ea rivela a Utnapištim il desiderio del dio Enlil di sterminare l'umanità dicendo: "Uomo di Šuruppak, figlio di Ubara-Tutu,

1. Sandars, Nancy K. (a cura di), *L'epopea di Gilgameš,* Milano 1986.

2. Sandars, Nancy K., *op. cit.*

abbatti la tua casa e costruisci una nave, abbandona i tuoi averi e cerca la vita, disprezza i beni mondani e mantieni viva l'anima tua". Così, istruito dalla divinità, egli costruisce l'arca per mettersi in salvo dalle acque.
Utnapištim, alla fine, cede alle richieste di Gilgameš, e lo sottopone a una prova importante: l'eroe dovrà trascorrere sei giorni e sei notti senza dormire, dopo di che egli convocherà il Consiglio degli Dèi per perorare la sua causa. Ma Gilgameš non supera questa prova iniziatica, e si addormenta. Ciononostante, Utnapištim impone al barcaiolo di sottoporre Gilgameš a una cerimonia di purificazione, durante la quale dovrà essere lavato nei sacri lavacri ed essere rivestito di abiti adeguati, lasciando la sporcizia e le pelli d'animali che egli prima indossava.
Così ripulito e rivestito, portando attorno alla fronte una nuova benda, Gilgameš sta per essere rimandato indietro. Ma, per intervento della moglie di Utnapištim, viene richiamato e gli viene rivelato come dono un misterioso segreto degli dèi: l'esistenza di una pianta spinosa che cresce sott'acqua e che ferisce le mani. Se Gilgameš sarà capace di prenderla, essa potrebbe ridare a un uomo la gioventù. L'eroe cerca la pianta, la trova, la porta con sé e decide di farne dono ai vecchi della sua città, oltre che a se stesso. Inoltre, va qui sottolineato che tutta questa parte del viaggio deve essere compiuta in totale digiuno.
Ma ecco che Gilgameš, portando con sé la preziosa pianta, vede lungo il cammino un pozzo di acqua fresca e vi entra per bagnarsi. A quel punto, un serpente che vi dimorava, sentendo il dolce sapore del fiore, esce dall'acqua, lo ghermisce e se ne ciba, mutando così la propria pelle. Gilgameš, dopo tanto faticare, non potrà così godere dell'immortalità data dalla pianta miracolosa, e piange sconsolato sul proprio destino, quindi fa ritorno nella propria città, dove governerà a lungo con saggezza.
Le parole del dio Enlil, al momento della morte di Gilgameš, ci riportano nuovamente nella dimensione iniziatica.
Gilgameš ha tanto faticato per acquisire la regalità, non l'immortalità, che non è data agli uomini: "Ti venne data la sovranità, questo era il tuo destino; una vita che duri in eterno non era il tuo destino. Non essere triste in cuor tuo per questo, non essere afflitto né oppresso.
Egli ti ha dato il potere di legare e di sciogliere, di essere tenebra e luce dell'umanità"[3].

3. Sandars, Nancy K., *op. cit.*

In secondo luogo, gli incontri, che rappresentano aspetti importanti dell'iniziazione tradizionale: grazie a essi, si supera la dimensione puramente individuale, simboleggiata dalla lotta contro il nemico. Questi si trasforma, infatti, in un amico, elemento che sottolinea la dimensione socializzante dell'iniziazione: si ridimensiona l'Io e il proprio egoismo e si riconosce l'importanza degli altri.
Vi è poi l'esigenza di contribuire a ristabilire l'ordine dell'universo, uccidendo il mostro Khumbaba, gigante dalla forza bruta. Si sottolinea il fatto che il mostro abiti nel bosco, solitamente il luogo dove i giovani iniziati vengono mandati per combattere contro se stessi e le proprie paure, e che terrorizza gli abitanti della città, luogo che simboleggia l'ordine e la civiltà. Forti elementi iniziatici sono, inoltre, l'attraversamento della galleria di tenebra, all'interno della montagna, con la conseguente uscita alla luce del giorno (proprio come il titolo del *Libro dei Morti degli antichi Egizi* o *Capitoli per l'uscita alla luce del giorno*), i lavacri rituali, la vestizione e la consegna di un contrassegno magico che ricorda l'avvenuta iniziazione.

⁕ Gli antichi Egizi

Pur in presenza di numerosi indizi e alcune prove attendibili, non pochi autori di rilievo negano l'esistenza del fenomeno dell'iniziazione nelle epoche più antiche della storia dell'Egitto. Altri ancora, pur ritenendo la cosa possibile sostengono che, a causa della segretezza imposta agli adepti e agli iniziati, nulla è stato tramandato dei grandi segreti e dei misteri iniziatici degli antichi Egizi.
Dopo quanto si è detto, sia sul comportamento animale, che già prevede forme di ritualizzazione, l'apporto assai importante dell'etnologia e le nostre riflessioni sul mito di Gilgameš, risulta difficile continuare a sostenere questa tesi. In ogni caso, misteri e iniziazioni di tradizione egizia erano presenti in Grecia, per lo meno dal VII secolo a.C. in poi, e numerosi passi degli autori greci sottolineano come alcuni personaggi importanti del mondo greco, come i filosofi Talete e Pitagora,

abbiano avuto accesso alle conoscenze esoteriche degli Egizi. Bisogna, inoltre, riconoscere che non esiste civiltà al mondo in cui non vi sia una qualche forma di iniziazione. Questi riti, come abbiamo visto (e come vedremo ancora trattando, per esempio, dei nativi americani), rappresentano l'evoluzione dei classici riti di passaggio, le difficili prove alle quali si sottoponevano i giovani in antichità – o anche oggi, nelle società di livello etnologico – passando da una fase della vita a un'altra, per esempio dalla fanciullezza alla pubertà.

L'iniziazione è presente a vari livelli ovunque: nella preparazione alle diverse forme di sacerdozio, nel severo apprendistato degli scribi, nelle Corporazioni di costruttori, medici o altro, o ancora in gruppi di fedeli devoti a particolari divinità.

Max Guilmot, uno studioso collegato con uno degli Ordini tradizionali più attivi e diffusi al mondo, l'Antico e Mistico Ordine della Rosa-Croce (AMORC), in un eccellente libro, pubblicato alcuni anni or sono in Francia, ha affrontato in dettaglio il problema dell'iniziazione nell'antico Egitto, trovando diversi elementi che parlano a favore dell'esistenza di riti iniziatici. Alcuni sono soltanto possibili segni dell'esistenza del fenomeno, mentre dobbiamo arrivare a un periodo molto più vicino alla nostra era per trovare documenti che confermino l'esistenza dell'iniziazione. Siamo in piena epoca romana e il documento in questione è il papiro T32, conservato al museo di Leida, che riporta il racconto delle numerose iniziazioni del sacerdote Horsiensis. Se l'interpretazione data da Guilmot è corretta, siamo di fronte a una iniziazione basata sulla corrispondenza con i rituali per i defunti: Horsiensis, come spiegheremo più avanti, non è effettivamente morto, ma subisce lo stesso processo a cui deve sottostare l'anima del defunto nell'aldilà. Come nel caso del defunto, anche l'iniziato uscirà alla fine alla luce, avendo già vissuto la futura trasformazione in questa vita. Si tratta di una forma di iniziazione presente ancora oggi in numerosi ordini tradizionali o massonici. Una corretta comprensione dei Misteri egizi, in particolare di quelli isiaci più tardi, non è comunque possibile senza affrontare il grande mito di Iside e Osiride.

Il papiro T32

Il papiro riporta la vita del defunto, il sacerdote di Ammone Horsiensis, nato intorno al 20 a.C. e morto nel 64 d.C. Le descrizioni degli atti devozionali di Horsiensis, che avrebbe visitato numerosi templi e centri di culto, sono numerose. Uno di questi viaggi, secondo Guilmot, sarebbe particolarmente significativo perché in esso Horsiensis avrebbe ricevuto una iniziazione. Horsiensis, giunto ad Abido, riceve infatti "i fiori del signore dell'Occidente (Osiride)". Potrebbe trattarsi della corona di fiori, simbolo di vita eterna, descritta nel capitolo XIX del *Libro dei Morti*, chiamata "corona di giustificazione". Possiamo, a questo punto, chiederci come mai è data a un vivente una corona, conferita tradizionalmente a un defunto come simbolo di resurrezione. Probabilmente, il nostro personaggio si sarebbe trovato, al momento del suo arrivo al tempio, in uno stato di "morte rituale", che costituisce la prima parte del processo di iniziazione. Il papiro fa poi riferimento a una porta che si schiude in un luogo chiamato Ra-wryt (Grande portale), che potrebbe essere identificato con Abido. Il sacerdote entra simbolicamente nel Regno di Osiride e qui viene ad accoglierlo il dio Upuaut, rappresentato da un sacerdote con la maschera del dio, che introduce Horsiensis nel regno dei morti. Possiamo immaginarlo mentre tiene la mano del sacerdote di Ammone, conducendolo attraverso una distesa piena di tombe e santuari (vedi il paragrafo *La morte rituale* in questo volume).
Ad Abido vi è uno spazio che collega il Sepolcro, a Sud, al tempio di Osiride, a Nord, una costruzione all'epoca imponente, voluta da Seti I e in origine sotterranea. All'interno si trova un lungo corridoio che conduce a una sala piena di acqua. Forse fu ideato come tomba di Seti I o forse, più probabilmente, come luogo sacro dedicato a Osiride: è probabile che contenesse la reliquia del dio, forse la sua testa. Horsiensis, accompagnato dal sacerdote con la maschera di Upuaut, si addentra in un luogo sotterraneo, simile a quello dell'Osireion, le cui pareti sono piene di riferimenti di tipo iniziatico: il lungo percorso sotterraneo, pericoli terribili, la vittoria e la rinascita luminosa. Risultano qui evidenti le similitudini con quanto si è detto sull'attraversamento dell'oscura galleria nella montagna da parte di Gilgameš. Al termine del loro percorso giungono in una sala circolare, con acqua, simboleggiante il caos primordiale. Al centro della sala si trova una zona sopraelevata con un letto funebre sul quale riposa il corpo della divinità. La sala, circondata da pilastri di granito, è ricca di piante, simbolo di resurrezione. Qui Horsiensis potrebbe essere stato sottoposto a un interrogatorio rituale da parte di altri sacerdoti, quindi proclamato "giustificato" (*maa kheru*): "Allora nel Luogo Santo ti è concesso il titolo: giustificato, trionfante".

⁕ Il mito di Iside e Osiride

Il mito della regalità nell'antico Egitto è comprensibile solo se si analizza il passaggio dalle divinità primordiali dell'epoca più antica alle quattro divinità più note: Iside, Osiride, Seth e Nefti. L'ultima divinità succeduta sul trono d'Egitto prima di esse è Geb, che cede il trono al figlio primogenito, Osiride, nato a Rosetaw, nelle vicinanze di Menfi. Costui prende in sposa la sorella Iside e governa l'Egitto in maniera esemplare. Tra le sue opere vi è quella di tenere a distanza la minaccia costante delle acque primordiali, simboleggianti il Caos. Seth attacca il fratello Osiride, colpendolo al fianco mentre si trova sul Nilo nelle vicinanze di Abido e riesce così a usurparne il trono, regnando sul Paese con la propria sposa (e sorella) Nefti.
Iside, moglie di Osiride, non rassegnandosi alla morte del marito, ne raccoglie le spoglie e, con l'aiuto della sua arte magica, lo riporta in vita il tempo necessario per concepire un figlio (Horus), che dovrà vendicarlo. Osiride, dopo questo atto, risorge nell'altra dimensione, nel Regno dei Morti di cui diventa sovrano, mentre Iside genera Horus a Khemmis e lo nasconde in una palude di papiri.
Il giovane dio, dall'aspetto di falco, cresce fin quando è pronto a combattere Seth e chiedere agli dèi giustizia e rispetto dei suoi diritti di successione. Dopo una lunga diatriba, alla fine i suoi diritti saranno riconosciuti ed egli potrà finalmente governare sul Paese.
Le tradizioni del racconto sono molteplici e vanno da una trama semplice e scarna di alcuni documenti, che riprendono altri documenti molto antichi (probabilmente della V dinastia), per arrivare a un lungo racconto romanzato delle epoche più tarde. Tra i documenti più importanti per la fedeltà alle antiche tradizioni, si cita la stele di Sciabaka, faraone dell'VIII-VII secolo a.C. che aveva fatto copiare su pietra i resti di un antico manoscritto, in parte distrutto, dove si rileva come il giudizio finale sia emesso dal dio Geb che, dopo aver in un primo momento assegnato il governo dell'Alto Egitto a Seth e del Basso Egitto a Horus, se ne pente assegnando tutto l'Egitto a Horus.
In un dramma mitologico dei *Testi dei Sarcofagi* (Primo Periodo

Intermedio/Medio Regno), che potremmo chiamare *Il lamento di Iside*, abbiamo alcuni particolari aggiuntivi del mito: la dea Iside viene sorpresa da un terribile uragano e, poiché porta in grembo Horus, teme per la vita del nascituro invocando l'aiuto degli dèi, tra i quali interviene Atum. Successivamente, cambia la scena e vediamo Horus in conversazione con Atum. Il Papiro *Chester Beatty I*, conservato al Museo di Dublino, riporta la storia con ricchezza di particolari e dà un'idea delle enormi difficoltà che Horus deve affrontare prima che i suoi diritti vengano riconosciuti: in questo caso presiede l'assemblea degli dèi il dio sole Ra, che sarebbe più propenso a dare la vittoria a Seth, sebbene alla fine, dopo numerose vicende, i diritti di Horus saranno riconosciuti. Il racconto è ripreso da altri testi relativi al culto di Horus a Edfu (probabilmente di età tolemaica), sotto forma di drammi sacri, nei quali si celebra la vittoria di Horus su Seth, rappresentato come ippopotamo contro il quale egli scaglia i suoi arpioni. Si tratta di testi drammatici, con la partecipazione corale di più personaggi: il dio Thot, numerose persone, la lancia del dio personificata, Iside, i figli degli arpionisti, i figli degli abitanti della palude e gli dèi del cielo.

* Misteri isiaci

Il culto della dea Iside, diffondendosi in ogni parte del mondo antico, va incontro a importanti trasformazioni, in particolare a partire dal IV-III secolo a.C. Da questo periodo assistiamo, infatti, a una serie di contaminazioni con riti e tradizioni tipici di altri culti. In ogni caso, il processo non vale solo per Iside ma, in genere, anche per altri dèi, secondo la concezione dei greci che, poiché gli dèi erano gli stessi ovunque, essi cambiavano solo di nome nelle varie popolazioni che li veneravano.

Plutarco riferisce che Tolomeo II (283-240 a.C.) avrebbe convocato una commissione di sacerdoti, con a capo lo storico Manetone e l'ateniese Timoteo, per studiare i culti degli egizi e dei greci e per identificare i rapporti tra divinità e miti. Il risultato di questo lavoro

fu la nascita di un nuovo culto, quello del dio Serapide, che veniva venerato come Osiride (sotto forma del sacro toro Apis) dagli egizi, e come Plutone e Zeus, dai greci. In breve tempo il culto di Serapide si diffuse in tutto il mondo ellenistico e, successivamente, in quello latino, costituendo così la triade: Serapide, Iside e Horus fanciullo.
Nell'impero romano la suprema divinità era sentita come "una e trina", composta cioè da Zeus, Helios e Serapide. In Grecia il culto di Iside è attestato fin dal IV secolo a.C., mentre quello degli dèi congiunti risale al III secolo a.C. A Roma il culto isiaco deve essere giunto abbastanza presto, poiché esistevano cappelle dedicate alla dea fin dal I secolo a.C. Il massimo splendore della religione isiaca fu comunque durante l'epoca imperiale, nella quale il culto di Iside raggiunse un tale successo da poter rivaleggiare, in alcuni periodi, con gli altri grandi culti dell'epoca antica, quello di Mitra e il Cristianesimo.

L'iniziazione ai Misteri da parte di Apuleio

Apuleio è scrittore latino, nato a Madaura (attuale Mdaurush, in Algeria) nel 125 d.C., durante il principato di Antonino Pio e di Marco Aurelio. Grazie all'eredità ricevuta, circa due milioni di sesterzi, egli può dedicarsi ai viaggi e agli studi, in particolare di retorica, grammatica, poesia, letteratura, musica e filosofia. Mentre si trova in Grecia viene iniziato a numerosi culti, approfondendo la sua conoscenza su riti e cerimonie. Si unisce quindi in matrimonio con Pudentilla, madre dell'amico Ponziano. Successivamente, questi inciterà il figlio minore di Pudentilla, avuto nel precedente matrimonio, ad accusare Apuleio di magia, sostenendo che lo scrittore avrebbe sedotto la madre mediante arti magiche. Il processo, che è celebrato, probabilmente, nel 160 d.C., non sembra però causare problemi ad Apuleio, che continua la propria attività letteraria e sacerdotale, riverito e stimato da tutti. Non è conosciuta la data di morte.
Scrittore poliedrico, Apuleio si dedica a ogni genere di componimenti poetici, letterari, filosofici e scientifici. Tra le opere più note: *Le Metamorfosi* (*Asino d'oro*), in XI libri; l'*Apologia* (*Libro sulla*

Magia), contenente la sua difesa in occasione del processo per magia; *Florida*, in quattro libri (raccolta di discorsi); *De Deo Socratis*; *De Platone et eius dogmate*; *De mundo*. Alcune opere a lui ascritte, tra cui il dialogo ermetico *Asclepius*, sono invece di epoca tarda (III-V secolo d.C.). Apuleio riconosce apertamente di essere stato iniziato a diversi Misteri sia greci sia egizi, come risulta dalla sua difesa durante il processo. Riportiamo di seguito un passo del *Libro sulla Magia* dove egli accenna alle iniziazioni (*Apologia*, 55-56): "Sono stato iniziato in praticamente quasi tutti i misteri greci, e ho conservato con la massima cura gli emblemi e gli oggetti delle mie iniziazioni, presentatimi dai sacerdoti. Non sto parlando di qualcosa di strano o mai udito. Anche un semplice iniziato ai misteri del *Liber Pater* qui presente sa cosa conserva segretamente in casa, lontano da ogni sguardo profano, oggetto della sua silenziosa venerazione. Ma io, come ho detto, mosso da zelo religioso e dal desiderio di conoscere la verità, mi sono dedicato a molti diversi misteri, riti e cerimonie collegate con gli dèi".

La descrizione di una cerimonia isiaca

Il libro XI delle *Metamorfosi* rappresenta la parte più importante dell'opera, in quanto vi è descritta una cerimonia isiaca così come si svolgeva nel II secolo d.C. Esso costituisce inoltre una miniera d'oro per i continui riferimenti all'iniziazione e al suo simbolismo.

Storia di Lucio

Lucio, trasformato in asino, fugge dalla prigionia e giunge in riva al mare, dove si addormenta. All'improvviso, però, si sveglia colto da paura e rimane affascinato dallo splendore della luna. Preso dalla suggestione di quello spettacolo, e stanco delle sofferenze patite, ritenendo che il momento sia propizio, "entra in acqua e immerge sette volte il capo, come consiglia Pitagora nel caso di cerimonie sacre".

Piangendo si rivolge alla luna, divinità luminosa della notte, chiamandola Regina del cielo e identificandola con varie dee (Cerere, Venere, Proserpina...). Lucio le chiede aiuto per riprendere le sue fattezze

umane o, se non gli è concesso, almeno per morire. Si immerge quindi in preghiere e lamenti, fin quando, spossato, non cede nuovamente al sonno.
Ed ecco emergere dal mare una divinità dall'aspetto meraviglioso: ha lunghi capelli ricci, una corona di fiori sul capo e un disco luminoso sulla fronte. Due vipere la scortano, a destra e a sinistra, mentre dietro alla sua figura vi sono delle spighe. È vestita di una tunica che cambia di volta in volta i colori e ha attorno al corpo un bellissimo manto nero trapuntato di stelle, con al centro una luna luminosa, bordato di una ghirlanda di fiori e frutti. Nella mano destra tiene un sistro di bronzo che, fatto risuonare tre volte, emette un suono argentino, mentre nella sinistra regge una lucerna d'oro. Ai piedi porta calzari in foglie di palma. Questa è l'apparizione della dea, nell'olezzo dei profumi felici d'Arabia (dell'Arabia Felix). La dea misteriosa si presenta spiegando di essersi manifestata chiamata dalle sue suppliche. Lei è la madre dell'universo, *domina* di tutti gli elementi, la prima origine dei secoli, la più grande degli dèi, regina delle ombre, la prima dei celesti. Racconta che è adorata da popoli diversi con nomi differenti: i Frigi la chiamano Madre degli dèi; gli Attici, Minerva Cecropia; i Ciprioti, Venere di Pafo; i Cretesi, Diana; i Siciliani, Proserpina Stigia etc. Solo gli Etiopi e gli Egizi, però, la venerano come conviene e la chiamano col vero nome: Iside Regina. Parlando a Lucio nel sogno gli dice che, avendo pietà delle sue sofferenze, viene a lui propizia, purché, per ritrovare la salvezza, lui esegua i suoi ordini, quindi gli comunica quanto dovrà fare.
Il giorno seguente avrebbe avuto luogo la grande festa di Iside (5 marzo, festa dell'apertura della navigazione nel Mediterraneo), con la quale si sarebbero calmate le tempeste invernali e Lucio dovrà partecipare alla cerimonia in totale purezza. Al passaggio del sacerdote, che porterà alla mano destra, attorno al sistro, una corona di rose, Lucio dovrà farsi strada tra la folla, avvicinarsi a lui, quasi volesse baciargli la mano, e mangiare le rose: in questo modo si sarebbe trasformato nuovamente in un essere umano.
Gli dice inoltre di non aver timore, perché in quello stesso momento ella sta conversando in sogno con il suo sacerdote dandogli le disposizioni necessarie. In cambio, però, la dea richiede da Lucio la devozione totale fino alla fine della sua vita.
Subito svegliatosi, nel momento in cui l'alba preannuncia un giorno meraviglioso, egli si accorge che un gioioso corteo religioso, composto da

tante persone, si sta effettivamente avvicinando. È interessante, a questo punto, il riferimento al passaggio dal giorno precedente, scuro e triste, a quello attuale, mite, soleggiato, allietato dal canto degli uccelli, dallo stormire delle fronde e dal leggero rumore delle onde di un mare ormai calmo che accarezza il lido.

Il corteo è composto da diversi gruppi di persone. Il primo gruppo, non religioso, ricorda il nostro carnevale. Vi partecipano svariate persone travestite chi da soldato, chi da donna, chi da magistrato, chi da cacciatore o pescatore. Vi sono anche animali travestiti da uomini, come un'orsa camuffata da matrona e portata in lettiga, oppure un asino con le ali da Bellerofonte (il cavallo alato di Pegaso).

Vi è poi la parte più propriamente religiosa composta da donne vestite con vesti candide e agghindate con ghirlande di fiori primaverili che lanciano petali sulla via. Altre donne tengono specchi lucenti, messi al contrario dietro la schiena. Altre mostrano pettini con i quali fingono di pettinare la chioma della dea; altre ancora spargono profumi. Molti partecipanti alla cerimonia tengono in mano lucerne, torce o ceri. Come vediamo, uno degli elementi più significativi è la luminosità. Vi sono specchi, lucerne, torce, il senso è chiaro: Iside, in quanto madre delle stelle che sono in cielo, trova nella luce il suo elemento naturale e più vero. Vengono poi in ordine, nel corteo, suonatori di zampogna e di flauto, un coro di ragazzi, vestiti di bianco, infine i flautisti del dio Serapide (Osiride/Zeus) che suonano uno strumento ricurvo.

Subito dopo arrivano gli uomini e le donne iniziati ai Misteri sacri della dea. Sono abbigliati con vesti di lino candide.

Le donne portano un velo sulle profumate acconciature, mentre gli uomini hanno il capo rasato; tutti portano sistri d'oro, d'argento e di bronzo. Con loro arrivano anche i sacerdoti, in una stretta e lunga tunica di lino. Il primo porta una lucerna dalla fiamma larga, il secondo porta un altare, il terzo un ramo di palma, insieme al caduceo di Mercurio, il quarto porta una mano sinistra aperta (a simboleggiare la maggiore apertura alla giustizia della parte meno abile del nostro organismo), con una scodella a forma di mammella per le libagioni.

Seguono ora le statue degli dèi, portate dagli uomini. Prima si mostra Anubi, con il caduceo nella sinistra e un ramo di palma nella destra, poi una giovenca (a simboleggiare la fecondità della dea), quindi un sacerdote che porta la cesta mistica, contenente i simboli misteriosi del culto e infine il simbolo della dea in oro splendente, portato da un altro sacerdote. Il simbolo è rappresentato da un'urna di ridotte dimensioni, a base circolare, che riporta nella parte esteriore figure egizie e ha un'apertura a becco, mentre sul manico ansato sono avvolte le spire di un serpente che erge il proprio collo.

È giunto finalmente il momento magico della trasformazione di Lucio asino in Lucio uomo: compare, infatti, il sacerdote che porta in mano il sistro e la corona di rose. Lucio, in quel momento, sa contenersi, frenando il desiderio di lanciarsi d'impeto incontro all'uomo. Procede invece lentamente verso di lui e il sacerdote, che era stato messo sull'avviso dalla dea in sogno, tende la destra con le rose verso il suo muso cosicché Lucio possa divorare quella corona intessuta di rose deliziose. La scena della trasformazione, vero e proprio atto di magia, sconvolge la folla, che si prostra in adorazione per questo intervento meraviglioso della dea. Mentre Lucio è talmente sconvolto da quello che è successo che rimane privo di parole, senza sapere cosa fare né come comportarsi.

Il sacerdote, che è a conoscenza delle disavventure di Lucio, lo fa rivestire coprendo le sue nudità, quindi lo rassicura dicendogli che dopo tante prove è finalmente giunto al porto di pace. La Fortuna lo ha rovinato, ma lo ha anche portato alla beatitudine che è offerta dalla religione: ora, la stessa Fortuna non ha più potere su di lui, perché è stato riscattato dalla dea che è l'unica in grado di liberare dalle sue catene.

Ora, se Lucio desidera ancora maggiore protezione da Iside, dovrà iniziarsi ai Misteri. Il giovane, ascoltato il discorso del sacerdote, raggiunge i fedeli in corteo, dirigendosi con loro verso il mare, nel punto stesso in cui egli, la sera prima, si era addormentato.

Qui vengono disposti i simulacri della dea, mentre fervono i preparativi per il varo del battello egizio. Il sacerdote celebra la cerimonia della purificazione con una fiaccola luminosa, un uovo e dello zolfo e i fedeli caricano il battello con doni e oggetti votivi.

Al termine dei preparativi l'imbarcazione si allontana dalla riva e i fedeli riprendono gli arredi sacri tornando in processione verso il tempio. Qui giunti, ripongono le statue e gli arredi sacri nella cella della dea. Uno scriba (*grammatea*) invita allora i sacerdoti pastofori e legge in latino un augurio per l'imperatore, il senato, i cavalieri e il popolo romano, terminando in greco con la formula per l'apertura della navigazione (*ploiafésia*).

I presenti accolgono queste parole con un grande grido, quindi, dopo aver reso omaggio alla statua d'argento della dea, tornano alle loro

abitazioni. Ben presto, la notizia di quanto è accaduto a Lucio, giunge all'orecchio di parenti e amici, che vengono a trovarlo portandogli anche aiuti materiali. Egli si intrattiene volentieri con loro, ma poi torna a dedicarsi all'adorazione della dea, che è stata così benevola con lui.
Con questo proposito Lucio decide di affittare alcune stanze nel santuario e continua a ricevere notturne visioni, in sogno, della dea, che lo esorta a farsi iniziare subito. Il giovane però è un po' preoccupato dalla durezza della regola e dalla castità, decidendo di prendere altro tempo.
Una notte, gli appare in sogno il sommo sacerdote che gli porge il grembo della veste pieno di doni, inviatigli dalla Tessaglia, insieme con uno schiavo di nome Candido. Risvegliatosi, viene a sapere dell'effettivo arrivo di due suoi servitori che gli hanno portato il suo cavallo bianco.
Queste innegabili prove dell'attenzione della dea lo spingono a chiedere con maggior insistenza al gran sacerdote di essere iniziato, ma questi gli risponde che il giorno sarà deciso dalla dea stessa. Lucio dovrà, nel frattempo, tenersi lontano sia da un eccesso di zelo sia dall'indisciplina e dovrà astenersi da cibi non ammessi. Il giovane segue alla lettera le istruzioni, applicandosi con impegno nelle funzioni e nella preghiera.
Una notte, la dea gli indica il giorno della cerimonia, informandolo che il suo ordinatore sarà il sommo sacerdote in persona, quindi gli comunica l'importo da versare.
Il mattino successivo Lucio si alza e corre dal sommo sacerdote il quale, andandogli incontro, lo saluta calorosamente, annunciandogli che la dea ha deciso la data e ha nominato lui come officiante, quindi lo porta di fronte alla grande porta del tempio, celebra la cerimonia dell'apertura, esegue i sacrifici del mattino e prende dalla cella più segreta alcuni libri scritti con lettere sconosciute, dai quali legge a Lucio le istruzioni per l'iniziazione.
Quando giunge il momento, Lucio è portato ai bagni dove è sottoposto al normale lavacro e quindi asperso con acqua benedetta. In seguito viene ricondotto nel tempio perché possa inginocchiarsi ai piedi della dea e ricevere un insegnamento segreto.
Dopodiché, per i dieci giorni successivi, il giovane deve astenersi da alcuni cibi e bevande. Il decimo giorno, verso sera, arriva gente da ogni dove e gli fa omaggio di doni. Quindi, allontanati i profani, Lucio è rivestito di una veste di lino e viene condotto dal sacerdote, che lo tiene per mano, nella parte più interna del sacrario.
Si sottolinea l'importanza di questa immagine: come Anubi/Upuaut

conduce per mano il defunto nella sala di Osiride, così il sacerdote conduce per mano Lucio nella parte più sacra del tempio.
A questo punto l'autore si rivolge al lettore, spiegando come non sia lecito rivelare ciò che fu detto e che avvenne in seguito. Il Mistero non è svelato, ma ugualmente si accenna a quello che Lucio ha sperimentato. Il mattino, al termine della notte sacra, Lucio porta con sé dodici stole sacerdotali, poi, abbigliato splendidamente, con attorno al capo una corona di palma e nella destra una torcia, sale sul podio, in modo da poter essere ammirato dai fedeli. Quindi, tutto termina con un grande banchetto.
Terminate le cerimonie rituali, il giovane rimane ancora alcuni giorni in preghiera davanti alla statua della dea, alla quale rivolge un'ispirata preghiera di ringraziamento, quindi, preso congedo dal sommo sacerdote, considerato come un padre, torna nella sua terra.
Bastano però pochi giorni per sentirsi sospinto dalla dea a partire per Roma, dove giunge la vigilia delle idi di dicembre (12 dicembre). Il suo scopo è di poter venerare la dea nel santuario di Iside, in Campo di Marte. È trascorso ormai un anno e Lucio ha una nuova, strana, visione: la dea gli appare in sogno e gli parla di una nuova iniziazione e consacrazione. Dopo attenta meditazione, egli comprende che la nuova iniziazione è quella ai Misteri di Osiride. Infatti, il giorno successivo, in sogno gli appare un sacerdote, vestito di candido lino come gli iniziati, che, con andatura incerta (aveva un problema di ambulazione), pone i sacri arredi del dio di fronte alla casa di Lucio quindi si siede al posto di questi e dà ordine di preparare un banchetto rituale.
Svegliatosi, Lucio cerca, tra le persone che si trovano nel tempio della dea, qualcuno con le caratteristiche dell'iniziato visto nel sogno, si avvicina quindi a un sacerdote, di nome Asinio Marcello. Infatti, anche Marcello ha avuto un sogno nel quale gli è apparso il dio che lo ha invitato a procedere immediatamente all'iniziazione.
Purtroppo Lucio, avendo speso tutti i suoi averi per venire a Roma, si trova ora in stato di povertà ed è angosciato dal fatto di non poter sostenere le spese per la cerimonia dell'iniziazione, ma le visioni lo spingono con forza sempre maggiore, finché decide di vendere gran parte del suo vestiario, raggranellando quanto occorre.
Poi, per dieci giorni, si sottopone al digiuno rituale e si fa rasare il capo; alla fine di questo periodo, finalmente giunge la notte santa dell'iniziazione.

Da quel momento, a Lucio comincia ad arridere la fortuna, infatti egli ricava del danaro dalla sua attività forense, perorando cause in latino.
Ma non passa molto tempo che, nuovamente, gli dèi si fanno sentire, spingendolo a una terza iniziazione.
Questo lo rende molto perplesso, perché è convinto di aver ormai ottenuto la consacrazione definitiva. Sarà infine un nuovo sogno a chiarirgli il problema: egli deve solo rallegrarsi di poter essere iniziato più volte, perché gli altri a malapena riescono a esserlo una volta sola. Il simbolismo del tre (in egiziano antico, forma per indicare il plurale, cioè tutti) dovrebbe, infatti, garantirgli una felicità imperitura.
Inoltre, egli non può utilizzare le vesti della sua prima iniziazione, perché esse devono rimanere nel tempio dove sono state deposte.
Lucio decide allora di prepararsi per la terza iniziazione, digiuna ben oltre i dieci giorni previsti, prodigandosi per ottenere quanto occorre per la cerimonia. Infine, dopo pochi giorni, gli appare in sogno il più grande di tutti gli dèi, Osiride, che lo esorta a continuare la sua attività forense senza prestare attenzione all'invidia degli altri. Inoltre, il favore del dio lo porta a far parte dei sacerdoti pastofori e quindi a essere eletto al grado di decurione quinquennale (massima carica sacerdotale del culto di Iside).
Apuleio conclude il suo lungo romanzo raccontando che, nuovamente, Lucio si fa rasare i capelli, mostrando ovunque con fierezza questa calvizie voluta.

Abbiamo visto come fosse strutturata la grande festa di Iside e come, all'interno di essa, vi fossero chiari elementi iniziatici. Lucio, che era come morto e che è rinato, dopo aver subito una trasformazione, da bestia a essere umano, grazie all'intervento della dea Iside, viene invitato espressamente a entrare in quella santa milizia, diventando un fedele della religione di Iside, prima, e di Osiride, poi.
È il percorso di qualsiasi rito iniziatico: occorre morire all'uomo antico per nascere come uomo nuovo, e questo avviene attraverso il rito iniziatico e la preparazione della persona. Accettando le nuove regole imposte dalla religione e gli insegnamenti dell'iniziazione, chi si sottopone alla cerimonia lascia la vecchia pelle (quella dell'asino), carica di colpe e peccati, per indossarne una nuova.

Misteri e iniziazione nel mondo greco-romano

I Misteri greco-romani sono fondamentalmente di tre tipi diversi: uno, di tipo dionisiaco (o bacchico), evoluzione di antichi riti della fertilità e della natura, dove è soprattutto importante la totale dedizione fisica e psichica alla divinità, con conseguenti orge e ubriachezza, oltre a forme rituali come gare di corsa, pantomime, recitazioni drammatiche, danze, scontri di lotta.
Un altro tipo, collegato all'Orfismo, è rivolto invece all'edificazione spirituale dell'individuo, mediante forme ascetiche, canti rituali, recitazione di inni, preghiere.
Un terzo tipo, collegato a Misteri di importazione, soprattutto dall'Egitto greco-romano, o di altra origine (cristianesimo, culto di Mitra ecc.) si diffonde sia in Grecia sia a Roma, soprattutto all'epoca dell'ellenismo, diventando importante nei primi secoli della nostra era. Ne abbiamo visto un evidente esempio nel precedente capitolo, collegato ai riti di provenienza egiziana.
Le forme misteriche presenti a Roma sono, in linea di massima, le stesse che troviamo in Grecia e nel mondo ellenistico in genere, con alcune importanti eccezioni rappresentate dalle antiche confraternite religiose sulle quali abbiamo, purtroppo, pochissimo materiale e da altri fenomeni di livello locale (sciamani, oracoli).
Queste forme misteriche, contrariamente alle più diffuse religioni ufficiali, sostenevano l'immortalità dell'anima e la possibilità di

una vita dopo la morte. Presentiamo di seguito alcune delle forme di Mistero più significative, i Misteri dionisiaci, l'Orfismo, il Pitagorismo, i Misteri di Eleusi, i Misteri cristiani, quelli di Mitra e la via proposta dalla Gnosi.

⁕ I Misteri dionisiaci

I Misteri dionisiaci (o bacchici) costituiscono un capitolo fondamentale sul tema dell'iniziazione e, in ultima analisi, di questo stesso libro: vedremo infatti come alcuni comportamenti tipici dei culti dionisiaci siano tornati in auge in epoca contemporanea, fino a ritrovare la perduta gloria in grandi avvenimenti mediatici dei giorni nostri. Dioniso è stato sempre sentito dalla tradizione greca come un dio alieno, proveniente dall'esterno: il suo stesso ruolo di divinità diversa dagli altri dèi, lo porta a vivere separato da loro, in una dimensione ambigua intermedia tra vita e morte, tra lato maschile e lato femminile, dove vige la legge della trasformazione[1]. Dioniso è il dio dell'iniziazione nel senso più vero del termine: egli incarna la trasformazione dinamica dell'adepto che viene portato a essere anch'esso diverso da se stesso, alieno, per fondersi con una dimensione naturale precedente lo stato di civiltà.
L'origine della divinità può essere suggerita da alcuni suoi epiteti. Due, in particolare, sono altamente significativi: *Dendrites* e *Endendros*, "spirito dell'albero". Ritroviamo un concetto simile in un'altra divinità dell'antichità: il dio Soma della tradizione dei Veda indiani. Il *Rig Veda* riporta nel IX libro oltre 114 inni dedicati al dio che anima e vivifica il succo della pianta soma.

1. "Core e Dioniso, figure itineranti tra il mondo degli dèi dell'Olimpo e gli Inferi, che sono tendenzialmente centrifughi rispetto al sistema ordinato di Zeus, mediano tra i territori in cui l'universo era stato ripartito. Entrambi danno così forma al margine, dove si colloca la morte, e alla dinamica della trasformazione, implicata dalle loro incessanti oscillazioni tra il piano della morte e quello dell'immortalità e senza la quale gli scambi culturali e sociali non sono possibili". Scarpi, Paolo, *Le Religioni dei misteri*, Vol. I, Fondazione Lorenzo Valla/Arnoldo Mondadori Editore, Milano 2002.

La bevanda degli dèi

Il soma, per la tradizione dell'India antica, è un rimedio energizzante ricavato da una pianta di difficile identificazione. Secondo lo studioso indiano S. Mahdihassan si potrebbe trattare dell'efedra, una pianta che avrebbe le stesse caratteristiche energizzanti ed euforizzanti delle foglie della coca, *Erythroxylon Coca* (in uso soprattutto nelle popolazioni Inca) o del khat, *Catha Edulis* degli arabi dello Yemen. Si tratta di una identificazione antitetica a quella tradizionale, che vedrebbe nel soma una bevanda di tipo alcolico. Il ragionamento sembrerebbe lineare, soprattutto se lo scopo della pianta deve essere quello di dare energia e vigore: una bevanda alcolica, dopo un'euforia iniziale, conferirebbe invece stanchezza e sopore.

Le caratteristiche di questa pianta, però, non combaciano con l'identificazione del dio Soma con Bacco/Dioniso, come si ricava sia dagli altri epiteti del dio, sia dalla leggenda della sua nascita. Bacco viene infatti chiamato anche *Meilìkios* (dolce mielato) e il soma, termine ricavato dalla radice *su*, che vuol dire spremere, viene solitamente identificato con il miele, in sanscrito *madhu*.

Il miele veniva ritualmente offerto nella Grecia antica in libagione ai defunti e veniva usato anche per l'imbalsamazione, un aspetto che può giustificare l'identificazione indiana del soma con l'ambrosia (il nettare degli dèi), chiamato in sanscrito *amrita* (immortale). La nascita stessa di Bacco ci riporta alla mitologia indiana antica: la madre di Bacco è Sèmele (forse dallo slavo Zemlija, terra), principessa tebana figlia di Cadmo e Armonia e amante segreta di Zeus. Finché un giorno, Hera, moglie di Zeus, infuriata per il tradimento del marito, si traveste da nutrice e convince Sèmele a chiedere a Zeus di mostrarsi nella sua gloria numinosa, come appare solitamente a lei. Lo spettacolo è devastante, tanto che la principessa rimane incenerita dai fulmini dell'amante. Zeus riesce però a salvare il figlio ancora in gestazione e a cucirlo all'interno della sua coscia, per consentirgli di formarsi e di venire al mondo. Da questo avvenimento Bacco viene chiamato dalla tradizione *Dimètor* (con due madri), o ancora *Dithyrambos* (due volte venuto alle porte della nascita). La nascita di Soma, anch'egli cucito nella coscia del dio Indra, sarebbe quindi simile.

Si desidera insistere su questo aspetto importante della doppia nascita, perché nell'iniziazione ciò che avviene è proprio questo: chi è già nato una volta da madre naturale, durante l'iniziazione muore alla sua prima vita (si consideri l'episodio del fuoco che incenerisce Sèmele) e viene messo in condizione di poter rinascere grazie all'intervento della divinità che, in qualche modo, lo adotta e lo fa crescere all'interno della sua area di influenza (il feto cucito nella coscia). D'altra parte, diversi popoli dell'antichità (tra cui i corsi, i ciprioti, gli iberi) praticavano una forma di adozione rituale del bambino mettendo in scena la simulazione del parto da parte del padre, come racconta anche Apollonio Rodio parlando degli abitanti di Amatunte a Cipro.

L'originalità di Dioniso nell'iconografia

Dioniso viene inteso come divinità in grado di contribuire alla trasformazione dell'iniziato: ciò che prima era, ora, durante il rituale bacchico, non è più. Ma in cosa si trasforma l'iniziato? Si tratta forse di una delle questioni di più difficile soluzione: per poter rispondere, dovremmo essere degli iniziati ai riti dionisiaci ma, poiché il silenzio, in questo caso, era d'obbligo, non abbiamo alcuna descrizione dello stato dell'iniziato e possiamo solo avanzare alcune ipotesi.

Se si analizza l'iconografia delle divinità greche riportate nella pittura su vaso, rimaniamo colpiti da un particolare che, per la sua eccezionalità, dovrebbe essere significativo. Considerando che normalmente gli dèi sono riportati di profilo, così come i vari personaggi dipinti, osserviamo con attenzione il "vaso François", conservato al Museo Archeologico di Firenze. Il vaso, che fu ritrovato a Chiusi nel 1844, firmato dal vasaio Ergotimos e dal pittore Kleitias, risalirebbe al 570 a.C. Nella ricca decorazione "a figure nere" troviamo anche Dioniso, raffigurato non di profilo, come gli altri dèi ed eroi, ma con il volto rivolto frontalmente rispetto a chi guarda. Lo stesso tipo di raffigurazione è riprodotta anche su diversi piedistalli conservati in un angolo del Teatro di Dioniso ad Atene, situato ai piedi dell'Acropoli.

Ciò che ci guarda è una maschera, la maschera rituale del dio che l'iniziato indossa, durante il culto dionisiaco, trasformandosi così, letteralmente, in lui. Il cambiamento sarebbe dunque costituito dalla perdita della propria identità per assumere le caratteristiche e le prerogative del dio stesso, protetti dalla sua maschera, che consente di accedere a una dimensione extra-umana dove mito, energia vitale e stato belluino coesistono. La maschera, quindi, ha la duplice funzione di manifestare la presenza del dio e di trasformare l'iniziato nel dio stesso, secondo un procedimento magico-religioso che abbiamo già visto trattando dell'identificazione con la divinità al fine di assumerne le prerogative di potenza.

I circoli dionisiaci

Esistono fondamentalmente due tipi di circoli iniziatici in ambito dionisiaco: il *thiaso* femminile e il *simposio* maschile. Si tratta di una suddivisione tipica per la mentalità greca, dove la donna vive la dimensione religiosa in modo separato (tranne durante le grandi feste) rispetto all'uomo.

La donna venera soprattutto divinità femminili e una delle grandi eccezioni è proprio quella di Dioniso. Il ruolo della divinità nei confronti delle donne è piuttosto drammatico: opponendosi al loro ruolo naturale nella civiltà greca (donna di casa e sposa), Dioniso le costringe a trasformarsi in *oustsider*, in personaggi forsennati (le Menadi, da *maìnomai*, sono fuori di senno), che fuggono dalle proprie abitazioni per ritirarsi sui monti a celebrare i suoi Misteri, ridotte a uno stato belluino.

Il ruolo fondamentalmente ambiguo del dio, che può soddisfare sia l'esigenza del *simposio* maschile sia quella del *thiaso* femminile, trova un punto di unione nello strumento tipico della trasformazione,

L'ORIGINE DELLA TRAGEDIA

La tragedia (canto del capro, per il capro) viene fatta risalire al ditirambo, una forma di componimento poetico collegato a cerimonie funebri nelle quali si invocava Dioniso mentre una processione di persone, guidate da un *exarchon*, accompagnava l'animale sacrificale (il capro), e si disponeva attorno all'altare. Da questa primitiva funzione si giunge, attraverso ripetute trasformazioni, a una rappresentazione tenuta durante la festa di Dioniso. L'importanza di questo aspetto è sottolineata anche dall'esistenza di appositi teatri dedicati al dio, come quello situato ai piedi dell'Acropoli ad Atene, dove prendevano posto i massimi rappresentanti del suo culto e i fedeli.
Alle feste più importanti, come le Grandi Dionisie, a partire dalla fine del VI secolo a.C. dovevano partecipare (costituzione di Clistene, 508 a.C.) necessariamente gruppi di coristi di ciascuna delle dieci tribù di Atene, con un proprio repertorio ditirambico. Indubbiamente il legame tra Dioniso e la tragedia greca è assai forte: la tragedia, soprattutto nella sua fase classica, è sempre stata ritenuta uno strumento catartico, in grado di liberare, attraverso un processo di identificazione tra attori e spettatori, le tensioni a volte esplosive presenti nella psiche della gente.

il vino. In entrambi i casi avremo comportamenti finali assai simili, dove ogni controllo e ritegno vengono perduti, con le donne che infuriano sui monti e gli uomini che, ormai ubriachi, cercano di formare oscillanti processioni all'esterno del luogo dove si è tenuto il *simposio*.
Eppure, almeno in una fase iniziale, le differenze sembrano grandi: il *simposio*, al quale partecipano solo gli uomini, comincia nel più grande ordine e nel massimo rigore. Ogni cosa è ripulita e resa splendente, ghirlande di fiori impreziosiscono gli ambienti, il vino viene distribuito con attenzione, combinato con acqua, vengono innalzate preghiere al dio, mentre l'equivalente di un maestro delle cerimonie segue tutto con attenzione. Poi, poco per volta, l'ordine cede il posto al disordine dovuto alle libagioni eccessive e la forza del dio prende il sopravvento.
Inoltre, in entrambi i casi, oltre al vino interviene anche la musica, il canto e la danza: in particolare, per le Menadi, l'uso del tamburello,

del flauto e dei timpani, tenuti alti sulla testa, contribuisce a creare una situazione simile alla trance, già favorita dalla libagione, che ha effetti sia euforizzanti sia catartici e terapeutici.

Culto di Dioniso e riti di passaggio

Il culto di Dioniso svolge un ruolo a questo punto fondamentale nella formazione dell'individuo greco. Nella chiara contrapposizione tra città (civiltà) e campagna (barbarie), dove hanno luogo le cerimonie delle baccanti, troviamo l'opposizione tra individuo ormai cresciuto, che ha superato il rito di passaggio dalla pubertà alla fase adulta, e individuo prigioniero della dimensione fanciullesca. Ricordiamo che per i Greci il fanciullo, legato alla madre e alle donne del gineceo, è considerato un individuo ancora incompiuto, più simile all'animale che all'uomo (le baccanti, nelle cerimonie sui monti, allattano piccoli di animali).
Durante la pubertà il giovane non ha ancora un ruolo definito, vive in una dimensione intermedia (svolge incarichi di guardia fuori dai confini della città, sui monti, nella natura selvaggia), non è né uomo né donna, ambiguo nella sua identità, predilige la notte e l'oscurità, è alla ricerca della propria affermazione come individuo adulto. Può raggiungere questo stato, maturando definitivamente, oppure può rimanere in questo limbo indefinito, con conseguenze drammatiche. Infatti, la non accettazione della strada segnata dal rito di passaggio porterà il giovane alla rovina, come nel caso di Penteo, nipote di Cadmo, re di Tebe, avversario del culto di Dioniso e personaggio della tragedia *Le Baccanti* di Euripide[2]. Egli, dall'ambigua identità (uomo travestito da donna) non risolve il proprio conflitto e, incapace di crescere, finisce sbranato dalle Menadi, guidate dalla madre invasata dal dio, durante un'orgia bacchica: "Sono proprio io, madre, tuo figlio Penteo, che partoristi nelle case di Echione!

2. Segal, Charles, *Dionysiac Poetics and Euripides' Bacchae*, Princeton 1982.

Abbi pietà di me, non uccidermi per le mie colpe: sono tuo figlio!" "Ella, emettendo schiuma e stravolgendo le pupille distorte, completamente fuori di senno, era posseduta da Bacco; e Penteo non poté persuaderla"[3].

✻ L'Orfismo

L'Orfismo riveste un'importanza notevole nell'ambito dei Misteri greci, soprattutto per gli sviluppi che ebbe sull'evoluzione del pensiero religioso ed esoterico del mondo antico, in particolare per la sua influenza sul pitagorismo.
Su questa forma religiosa disponiamo purtroppo di una documentazione assai scarsa: 363 frammenti e alcune indicazioni date da autori antichi (poco più di 260 riferimenti), per complessivi 600 versi, la maggior parte dei quali riportati da autori di epoca tardo antica.
Molti documenti, a lungo ritenuti originariamente orfici, sono solo delle falsificazioni di epoca tarda (in pieno periodo neoplatonico, circa 1000 anni dopo l'Orfismo delle origini): si tratta della raccolta di 87 *Inni orfici*, componimenti poetici dedicati ciascuno a una divinità del panteon greco, insieme con l'indicazione del profumo da abbinare alla lettura dell'inno; del poema *Argonautici* e del poemetto *Litici*.

L'iniziazione orfica

Si sostiene che i Misteri orfici consistano fondamentalmente in una iniziazione, a cui farebbe seguito la lettura degli inni, con la diffusione di essenze, a differenza della tradizione dionisiaca che richiederebbe una diretta partecipazione psicofisica al Mistero

3. Euripide, *Le Baccanti*, in *Tragici Greci*, a cura di Raffaele Cantarella, Mondadori, Milano 1977.

stesso, come si è detto prima. Alcune considerazioni lasciano però perplessi. Orfeo è associato alla musica e all'incantamento: è infatti difficile escludere una dimensione musicale e, forse, di danza all'interno dei suoi riti. Inoltre, una serie di brevi testi incisi su lamine d'oro (Lamine d'oro orfiche), rinvenute accanto ai defunti in tombe sparse su tutto il territorio greco antico, fa esplicito riferimento al viaggio dell'anima nell'aldilà e a quello che essa deve fare e dire per ottenere l'acqua, di cui è assetata, che le consentirà di vivere un'esistenza beata.

Come abbiamo accennato altrove (sull'iniziazione egizia e trattando del *Libro dei Morti degli antichi Egizi*), siamo forse di fronte a testi con duplice valenza, sia magico-funeraria sia iniziatica. Poiché l'Orfismo prevede una iniziazione, non è difficile ritenere che ne facesse parte anche la simulazione del viaggio nell'aldilà, come avveniva presso gli Egizi e come si è tramandato in numerose tradizioni iniziatiche posteriori, tra cui quelle massoniche.

Si può quindi ipotizzare che le cerimonie orfiche mantengano gli elementi tipici dell'iniziazione, con una lettura accompagnata da musica, forse drammatizzata da inni e preghiere, e con una serie di cerimonie che riproducono caratteristiche fondamentali del mito di Orfeo.

Questo aspetto verrebbe confermato da Euripide e da Aristofane, che riportano come alla loro epoca fossero diffusi numerosi testi attribuiti a Orfeo, con indicazioni su riti e purificazioni. Aristotele scrive che Onomacrito avrebbe messo in versi dottrine orfiche, quindi, trattandosi di un autore vissuto nel VI secolo a.C., si può ritenere che, almeno in quell'epoca, esistesse un movimento religioso orfico.

Concetti fondamentali dell'Orfismo

La morale e l'escatologia orfiche poggiano sul destino dell'anima e sui mezzi per portarlo a compimento. Qui di seguito sintetizziamo quelli che per gli orfici furono i punti basilari della loro dottrina.

L'immortalità dell'anima

L'Orfismo introduce un concetto rivoluzionario nel pensiero greco del VI secolo a.C.: l'anima è immortale, ha origine divina e viene imprigionata nel corpo per espiare le colpe commesse in una vita precedente. Da qui scaturisce una totale rivalutazione della dimensione spirituale dell'uomo, che è veramente uomo in quanto essere spirituale, quindi solo dopo la morte. Il momento dell'esistenza umana più simile alla morte è il sonno. In questa dimensione l'anima riesce a staccarsi più facilmente dalle costrizioni del corpo fisico e a conoscere il futuro, quindi le è possibile profetizzare, proprio come profetizza chi è in punto di morte.

La reincarnazione

Secondo gli orfici, l'anima torna a incarnarsi per espiare le colpe della vita precedentemente vissuta. Le pene che soffrirà sono identiche a quelle che ha imposto agli altri: per esempio, chi ha ucciso la propria madre, si incarnerà in una donna, che sarà a sua volta uccisa dal figlio. Il corpo viene quindi inteso come una vera e propria prigione dell'anima, strumento della sua punizione, in base a un sistema di valutazione etico e morale.

L'aldilà

L'aldilà orfico, per quanto dipinto in termini fantasiosi, che lo rendono simile al mondo fisico, anche se più bello, dà chiare indicazioni sul destino dell'anima purificata. L'anima, definitivamente liberata dal corpo, rompendo la catena delle morti e delle rinascite, diventa divinità e regna con gli eroi e gli dèi.

L'origine degli dèi e l'origine del male

L'origine degli dèi (teogonia) secondo gli orfici non è univoca: vi sono tre, o probabilmente quattro, teogonie differenti che hanno elementi comuni con la teogonia di Esiodo. Tra le differenze riscontriamo la forma che nell'Orfismo assumono gli dèi, più personificazioni di concetti che veri e propri dèi antropomorfi e la posi-

Le Lamine orfiche

Riportiamo di seguito, nella nostra traduzione, due lamine del primo gruppo e una tolta dal gruppo di testi con invocazioni alle divinità infere.

Lamina di Hipponion
Conservata al Museo di Vibo Valentia (Catanzaro), risalente al V o IV secolo a.C.: "Questo (testo) è sacro a Mnemosyne: (per l'iniziato) sul punto di morte. Andrai verso le case dell'Ade; vi è sulla destra una fonte, presso la quale si erge un bianco cipresso; lì scendendo, le anime dei defunti cercano refrigerio; a queste sorgenti non avvicinarti per nulla; più in là troverai infatti l'acqua fredda che scorre dal lago di Mnemosyne: vi stanno di fronte dei guardiani, i quali ti chiederanno con mente acuta perché esplori l'oscurità dell'Ade tenebroso. Rispondi: 'Sono figlio della Greve (la Terra) e del Cielo stellato, ardo di sete e mi sto spegnendo; datemi da bere l'acqua fredda che proviene dal lago di Mnemosyne'. E essi provano in verità misericordia per ordine del re degli Inferi, e ti daranno da bere (l'acqua del lago) di Mnemosyne, e così anche tu, dopo aver bevuto, procederai sulla via sacra che percorrono anche gli altri mystai e bacchoi, illustri".

Lamina di Petelia
Conservata al British Museum. Proveniente da Petelia e risalente al IV secolo a.C. Le prime otto righe sono complete, vi è una lacuna alla nona riga e il testo seguente si interrompe alla dodicesima riga. Vi è una breve iscrizione nel margine destro. "Troverai sulla sinistra delle case dell'Ade una fonte, e presso di essa, eretto, un bianco cipresso: a questa fonte non accostarti affatto; ne troverai infatti un'altra, fredda acqua che scorre dal lago di Mnemosyne; vi stanno di fronte dei guardiani. Dovrai dire: 'Sono figlia della Terra e del Cielo stellato; sono di stirpe celeste, e questo lo sapete anche voi. Ardo di sete e vengo meno; ma datemi in fretta la fredda acqua che scorre dal lago di Mnemosyne'. E essi ti daranno da bere dalla fonte divina. E da allora dominerai insieme con gli altri eroi. A Mnemosyne è sacro questo testo (per l'iniziato) quando sta per morire. (A margine) … l'oscurità che si stende tutt'intorno."

Lamina di Pelinna
A forma di foglia d'edera, risalente al IV secolo a.C. e proveniente da un sepolcro di Pelinna in Tessaglia: "Ora sei morto e ora sei nato, o tre volte beato, in questo giorno. Riferisci a Persefone che Bacco stesso ti ha liberato. Come toro ti sei lanciato sul latte: subito verso il latte ti sei gettato; ariete verso il latte ti sei precipitato. Hai del vino come premio, o felice, e ti attendono sotto terra sacre cerimonie come quelle che anche gli altri beati (celebrano)".

zione assoluta di Zeus, il dio che si identifica con il tutto e che tutto contiene e tutto origina. Il mito fondamentale è quello di Dioniso e dei Titani: Dioniso, figlio di Zeus, viene ucciso, fatto a pezzi e divorato dai Titani. Egli viene quindi vendicato dal padre, che fulmina i Titani, dalla cui cenere nascerà l'uomo. L'uomo è quindi composto di due elementi: uno dionisiaco, corrispondente all'anima, che tende al bene; l'altro titanico, corrispondente al corpo, che tende al male. Occorrerà pertanto liberare l'elemento dionisiaco da quello titanico, per restituire l'anima alla sua dimensione divina.

Valenza iniziatica dei testi delle Lamine orfiche

L'elevato valore iniziatico dei testi contenuti nelle Lamine orfiche, ci impone di trattare dettagliatamente questi documenti. Si tratta di sottili lamine d'oro ritrovate nelle tombe di iniziati ai riti orfici in un'area molto vasta, compresa tra Magna Grecia, Creta e Tessaglia. La loro varietà di contenuti e ispirazione indica che non si possano ascrivere tutte a una sola tradizione orfica, ma che almeno due (se non più) tradizioni vi sono coinvolte. La tradizione orfica di maggior purezza è riportata in un primo gruppo di testi che si riferiscono alla visione classica, secondo la quale l'anima riesce a rompere il ciclo delle morti e delle rinascite solo arrivando a una vera conoscenza di se stessa, cioè dell'intimo legame che la avvicina alla divinità, la scintilla divina caduta nel corpo dal quale aspira a liberarsi.

Un secondo gruppo di testi, invece, caratterizzato da un gran numero di errori linguistici, presenta una forte commistione con tradizioni autoctone, legate al culto delle divinità infere, e prevede la liberazione dell'anima, più che tramite questa esperienza di consapevolezza della propria vera natura, attraverso un duro percorso di espiazione, per poter rinascere in una nuova esistenza spirituale, attraverso un processo di vera e propria rigenerazione.

Altri testi sono caratterizzati da una contaminazione con queste e altre tradizioni della religiosità classica (con riferimento a divinità tipiche del panteon antico).

G.P. Carratelli, nella sua opera *Le lamine d'oro orfiche* (Adelphi, Milano 2001), riporta diversi testi, tra cui quelli in cui è citata la formula di riconoscimento: "Sono figlio della Terra e del Cielo stellato", presente in:

- *una lamina di Hipponion;*
- *una lamina di Petelia;*
- *una lamina di Pharsalos;*
- *una lamina di Entella (con dubbi);*
- *sei lamine di Creta;*
- *una lamina della Tessaglia (con dubbi);*
- *una lamina di Roma.*

Testi con invocazioni a divinità infere (per esempio Persefone o Plutone):

- *quattro lamine di Thurii (con variazioni in due);*
- *due lamine di Pelinna;*
- *una lamina di Eleutherna;*
- *una lamina di Pherai.*

Infine un testo di difficile collocazione:

- *una lamina di Thurii.*

⁕ La via iniziatica di Pitagora

La scuola pitagorica è, senza dubbio, uno degli esempi più interessanti di tradizione iniziatica.
Pitagora, filosofo, matematico e taumaturgo greco vissuto nel VI secolo a.C., trascorre un periodo piuttosto lungo della sua vita (dai 12 ai 22 anni) in Egitto.
La motivazione del viaggio, e della successiva permanenza, è da attribuirsi al desiderio di apprendere qualcosa dei grandi misteri che si favoleggiava fossero custoditi dai sacerdoti egiziani. Uno dei maestri di Pitagora, Talete, aveva infatti sottolineato, come fonte di

tutte le sue conoscenze, l'apprendistato svolto presso gli Egizi.
Le avventurose peripezie, affrontate da Pitagora nel corso del suo viaggio, sono raccontate da diversi biografi, tra cui Porfirio e Giamblico. Pieni di ammirazione per il grande matematico, essi descrivono lo stupore suscitato negli ambienti egizi dal grande desiderio di apprendere da parte del giovane greco, che piega, alla fine, anche i più intransigenti dei sacerdoti, inducendoli a istruirlo nei sacri Misteri. Il lungo periodo di apprendistato deve essere stato contrassegnato da diversi tipi di insegnamento: misteriosofico, mitologico, astronomico, matematico, filosofico ecc. Tra questi, deve aver ricoperto un ruolo importante la scienza dei numeri, come suggerisce il papiro *Rhind*, copia di epoca Hyksos di un documento molto più antico, che porta come titolo: "*Il calcolo accurato. La porta d'ingresso alla conoscenza di ogni cosa*", riferimento significativo all'importanza del numero come componente essenziale dell'armonia dell'universo.
Effettivamente, alla base del sistema di Pitagora vi sono proprio il numero, l'armonia e il rapporto.
Il numero è al centro di tutto, nel senso che esso può essere inteso come il codice genetico dell'universo, la vera essenza di ogni cosa. Il numero perfetto è il dieci, che contiene la numerazione base (dopo il dieci si ricomincia dall'unità); ma anche il quattro, perché, partendo da uno, se aggiungo due, quindi tre, infine quattro, si ritorna al numero dieci. Pitagora sostiene che l'anima è composta dal numero quattro, perché quattro sono le capacità cognitive primarie: intelligenza, conoscenza, opinione e percezione. Di particolare importanza è anche l'armonia: i numeri esprimono le proprietà e i rapporti degli accordi armonici, quindi il mondo intero è armonia e numero.
Il concetto di armonia, per i pitagorici, è l'effetto diretto di una sperimentazione musicale ottenuta lavorando sui rapporti tra le corde di uno strumento musicale o tra recipienti riempiti di liquido in proporzioni diverse.
Teone di Smirne (II secolo), parlando degli accordi, riferisce che i

pitagorici ritenevano che questi fossero originati da pesi, grandezze, vibrazioni e numeri.
Egli ricorda come il pitagorico Laso di Ermione ottenesse questi rapporti da vasi, dei quali uno era vuoto e l'altro riempito di acqua fino alla metà; percuotendoli entrambi si otteneva un rapporto sonoro di ottava. La sperimentazione procedeva quindi ottenendo gli accordi di quarta e di quinta.
Anche il concetto di rapporto è di grande importanza: nell'universo tutto è rapporto e, più che le specifiche quantità, ciò che importa è la relazione che si instaura tra le cose. Anche se, dal punto di vista pratico, il pensiero speculativo greco ha sviluppato in maggior profondità aspetti matematici e geometrici, è difficile dubitare che la scoperta che tutto nell'universo sia equilibrio e rapporti possa essere una prerogativa della civiltà egizia. Tutto l'universo può essere trascritto in termini di rapporti e di numeri e questo, si sottolinea, è una scoperta di importanza fondamentale.

Un approccio iniziatico

Dal punto di vista della storia dell'iniziazione il pitagorismo assume un'importanza primaria: Pitagora stesso utilizza, come metodo di formazione delle persone, un rigido metodo di impostazione iniziatica.
La persona va in primo luogo studiata, quindi messa alla prova, infine, se ritenuta degna, istruita nei più grandi Misteri.
Poiché non tutti possono avere accesso alla via di conoscenza superiore, l'istruzione avviene a due livelli.
Il primo a livello popolare (diremmo divulgativo), comporta la diffusione di massime di comportamento e di un codice morale comprensibili a tutti e che tutti possono applicare (livello essoterico).
Il secondo livello, di grado superiore, comprendente insegnamenti più approfonditi (cioè rivolti all'interno) e dedicati solo a un gruppo scelto di persone, opportunamente formate e educate (livello esoterico).

Riveste un particolare rilievo la formazione del giovane adepto che, dopo aver espresso il proprio desiderio di entrare a far parte del circolo pitagorico, viene studiato a lungo, per comprenderne il carattere, il comportamento con gli altri, la capacità di rimanere in silenzio e le doti intuitive.
Tipico dei pitagorici, così come delle scuole sapienziali egizie e del buddismo Dhyana (Ch'an in Cina, Zen in Giappone), è l'uso di indovinelli oscuri (in giapponese, *koan*), che hanno lo scopo di scardinare le certezze del pensiero logico deduttivo, per sviluppare soprattutto il pensiero intuitivo.
Dopo un periodo iniziale di qualche anno, durante il quale il giovane sembra non essere preso minimamente in considerazione dagli altri pitagorici, inizia finalmente la fase dell'insegnamento vero e proprio, che il discepolo può, però, seguire solo all'esterno della tenda, all'interno della quale insegna il maestro.
Solo al termine di questo ulteriore periodo il giovane potrà accedere all'insegnamento diretto del maestro (con la possibilità di vedere anche disegni, figure e oggetti), per diventare poi membro a tutti gli effetti del circolo pitagorico.

⁕ I Misteri di Eleusi

I Misteri più famosi della Grecia antica, celebrati per numerosi secoli, furono quelli di Eleusi, località situata circa 22 km a ovest di Atene. La loro antichità sarebbe confermata dal nome della dea Demetra (nella forma Dametra) ritrovato in una iscrizione in lineare B proveniente dalla città di Pilo e risalente al XIII-XII sec. a.C. Il culto di Demetra è probabilmente collegato, insieme con altri culti della fertilità e della terra, a quello della Grande Madre, presente in varie civiltà del Mediterraneo. Esso ha, inoltre, notevoli somiglianze con il mito di Iside e di Osiride. In particolare, si veda la lunga ricerca del corpo di Osiride effettuata da Iside, simile alla ricerca fatta da Demetra della figlia Kore (Proserpina). Così come

il particolare del travestimento di Demetra che, trasformata in vecchia balia, viene ospitata da una donna che le affida il figlio, allo stesso modo in cui Iside, travestita anch'essa da balia, si intrufola nella casa del re dove è custodito l'albero nel quale vi è il sarcofago di Osiride. In entrambi i casi le divinità accudiscono un fanciullo che cercano di rendere immortale mettendolo sul fuoco purificatore.
Le celebrazioni dei Misteri di Eleusi mantengono anche notevoli punti di contatto con le *thesmophoria*, riti celebrati dalle donne greche verso la fine di ottobre e che, tra l'altro, comprendevano, come i Misteri di Eleusi, il sacrificio di un maiale: secondo diversi autori i due riti, infatti, avrebbero un'origine comune.
Il documento più importante relativo a Eleusi è l'*Inno a Demetra*, un componimento di poco meno di 500 versi attribuito a Omero ma scritto probabilmente nel VII secolo a.C., nel quale si riporta la storia di Demetra e Kore.
I Misteri di Eleusi si tenevano una volta l'anno, alla fine di settembre e comprendevano, oltre a una grande processione di fedeli da Atene a Eleusi, anche nove giorni di purificazioni e riti, in preparazione del momento culminante dell'iniziazione.
Ai Misteri potevano partecipare solo fedeli che conoscevano il

La figlia ritrovata

La giovane Kore, rapita da Ade, viene portata da questi nel suo regno sotterraneo. La madre, Demetra, in preda alla disperazione, cerca la figlia ovunque nel mondo, finché, grazie a Hekate e Helios riesce a sapere dove si trova. Sprezzante verso gli dèi, che ritiene complici del rapimento, si trasforma nella vecchia balia di cui abbiamo parlato più sopra, recandosi a Eleusi dove istituisce il proprio culto. In seguito, Demetra cessa di far crescere le messi, causando una grave carestia, della quale soffrono anche gli dèi, ai quali gli umani non possono più fare sacrifici. A questo punto interviene Zeus e Ade, alla fine, consente a Kore (Persefone) di tornare dalla madre, a condizione però di poter passare con lei i mesi invernali.

greco e che fossero liberi da crimini di sangue (o che ne erano stati purificati). Ogni postulante, chiamato *mystes*, era istruito da un maestro, chiamato *mystagogos*. I riti erano celebrati da più persone di diverso rango: il sacerdote più importante era lo Ierofante, affiancato dall'Alta Principessa di Demetra e da altri personaggi con varie funzioni. I riti comprendevano lavacri rituali, purificazioni, digiuni, l'assunzione di una particolare bevanda chiamata *kykeon* e l'ingresso nei sacri recinti recitando formule segrete. Le testimonianze, tutte piuttosto tarde, parlano di tre momenti essenziali dell'iniziazione vera e propria: le cose mostrate, le cose dette e le cose compiute. Probabilmente i Misteri comprendevano la presentazione di drammatizzazioni della storia di Demetra e Kore e di danze rituali, in ambienti particolarmente suggestivi, alle quali partecipavano in varia misura i presenti. Venivano poi letti dei testi e, infine, mostrati oggetti importanti e segreti collegati alla divinità.

⁕ I Misteri cristiani

La tradizione cristiana dei primi secoli dopo Cristo utilizza il termine Misteri per indicare gli attuali Sacramenti, e, in particolare, la Comunione. È assai probabile che questa tradizione abbia assorbito dall'ambiente orientale (per esempio dalla Siria) alcuni elementi formali tipici dei Misteri pagani, cosa che appare anche in diversi momenti della liturgia antica.
Dimensione misterica aveva l'adesione al cristianesimo che era vera e propria iniziazione (l'espressione usata è: Misteri dell'iniziazione cristiana). La liturgia stessa, era aperta ai catecumeni solo fino al termine della Liturgia della Parola: dopo, i catecumeni non ancora battezzati, dovevano uscire dal tempio, per non partecipare, come recita la liturgia di san Giovanni Crisostomo, ai "divini, santi, intemerati, immortali celesti, vivificanti e tremendi Misteri di Cristo", ai quali potevano accedere soltanto i battezzati.

La dimensione esoterica

Si può definire come esoterismo la tendenza di alcune religioni a trasmettere una parte dell'insegnamento solo a persone con particolari caratteristiche, opportunamente iniziate e formate. Il termine, che viene dal greco *esoterikòs*, indica ciò che è dentro, riservato ai discepoli. Troviamo anche la forma *esòteros*, comparativo dell'avverbio *èso* (dentro), che significa interiore, interno (si veda NT, Atti degli Apostoli, 16,24). Suo opposto è *exoterikòs*, che significa estraneo, esterno (a una scuola, quindi rivolto al pubblico). Vediamo come l'insegnamento di Gesù Cristo utilizzi questo approccio: "Con molte parabole di questo genere annunciava loro la parola, secondo che erano capaci di intenderla; e senza parabole non parlava loro, ma ai suoi discepoli in privato spiegava poi ogni cosa" (Marco, 4,33-34). "Quando fu solo, i discepoli con i Dodici lo interrogarono sulle parabole ed egli rispose loro: 'A voi è stato dato il mistero del regno di Dio, ma per quelli che sono fuori (*ekéinois de tòis éxo*), tutto avviene in parabole' [...]"(Marco, 4,10-12).

Rito del battesimo

L'antico rito del battesimo, come conservato dalla tradizione della Chiesa Cattolica e Ortodossa, costituisce senza dubbio uno degli esempi più importanti di documentazione sull'iniziazione cristiana dei primi secoli. In particolare, nella Chiesa Ortodossa esso è eseguito ancora oggi con un rituale antichissimo che comprende in un'unica cerimonia il battesimo, la cresima e l'eucaristia, secondo una usanza assai vicina alle più antiche origini cristiane e alle tradizioni dei Padri.
L'adulto che accede al battesimo è chiamato catecumeno, termine che indica chi si sta preparando a ricevere il sacramento che introduce nella vita cristiana. Per questo motivo (la sua non ancora completa preparazione), come si è riferito prima, a un certo punto della Messa deve allontanarsi per non profanare con la sua presenza la celebrazio-

ne di Misteri a cui non ha ancora accesso. Chi intende essere battezzato deve quindi essere prima sottoposto al rito del catecumenato. Riassumiamo di seguito questo rito, come fase iniziale e preparatoria al battesimo vero e proprio, secondo l'antico rituale ortodosso[4].

Rito del catecumenato

"Il sacerdote, con l'*epitrachilion* (stola), accoglie nel nartece (atrio riservato ai catecumeni) colui che deve essere illuminato, lo sveste e lo scalza, lo fa rivolgere verso l'oriente, vestito di una tunica bianca e senza cintura, con la testa e i piedi nudi, lasciando cadere le braccia in giù; quindi soffia tre volte sul suo viso in forma di Croce, lo segna tre volte e gli impone la mano. Quindi legge una preghiera che comincia con le parole: "È nel tuo nome, o Signore, Dio di verità, e in quello del tuo Figlio unigenito e del tuo Santissimo Spirito, che impongo la mano sul tuo servo..., che hai giudicato degno di ricorrere al tuo nome e di essere tenuto sotto la tua protezione. Scaccia da lui l'antico errore e riempilo di fede, speranza e amore verso di te, affinché comprenda che tu sei l'unico vero Dio, tu e il tuo unico Figlio, nostro Signore Gesù Cristo, e il tuo Santissimo Spirito [...]". Dopo aver recitato i tre esorcismi di rito, il sacerdote legge la preghiera per il catecumeno, soffia per tre volte sulla sua bocca, sulla sua fronte e sul suo petto, dicendo ogni volta: "Caccia da lui ogni spirito maligno e impuro che si nasconde nel suo cuore", continuando poi la preghiera: "Caccia da lui lo spirito dell'iniquità, lo spirito dell'idolatria e della cupidigia, lo spirito della bugia e di ogni impurità, ispirato tramite le istigazioni del diavolo [...]".
Dopo questa fase, il catecumeno fa la sua professione di fede. Alza le braccia, si volta verso l'occidente e risponde ogni volta alla domanda ripetuta tre volte dal sacerdote: "Rinunci a Satana, a tutte le sue opere, ai suoi angeli, al suo culto e al suo orgoglio?" con

4. Dall'*Eucologio*, Rituale per le Benedizioni e per i Sacramenti.

"Rinuncio!" e all'ultima domanda: "Hai rinunciato a Satana?", con "Ho rinunciato!".
A questo punto, il sacerdote impone al catecumeno di soffiare e sputare su Satana, dopodiché fa voltare il catecumeno verso oriente, con le braccia in giù e gli pone per tre volte la domanda: " Ti associ al Cristo?" alla quale il catecumeno deve rispondere "Mi associo a lui!". Il sacerdote, dopo aver ricevuto come ulteriore risposta la conferma che il catecumeno crede in Cristo come Re e Dio, gli fa recitare il Credo (simbolo della fede) e tutta questa parte viene ripetuta tre volte. Infine, dopo aver richiesto e ottenuto un atto di adorazione nei confronti del Padre, del Figlio e dello Spirito Santo, il sacerdote benedice Dio e recita la preghiera per colui che si prepara alla santa illuminazione.

✻ I Misteri di Mitra

L'antichità ci ha tramandato testimonianze di altri Misteri, alcuni dei quali particolarmente importanti, come quelli di Mitra, la divinità di origine indo-iranica il cui culto si diffuse ampiamente nell'Impero Romano fino a costituire una minaccia per le altre due grandi religioni dei primi secoli della nostra era, il Cristianesimo e il culto di Iside.
Del mitraismo abbiamo notevoli resti archeologici, per esempio i mitrei (templi di Mitra) a Duino (Trieste), Vulci, Sutri (Roma), Ostia, Roma, Santa Maria Capua Vetere, dai quali possiamo ricavare diverse notizie sulla religione mitraica. Le statue e gli affreschi, per esempio, ci restituiscono l'immagine del dio Mitra, rappresentato come un giovane frigio che sacrifica un toro, mentre volge la testa dalla parte opposta, ad ascoltare il messaggio del Sole.
Nei mitrei erano presenti anche le statue di Kronos (il Tempo), con corpo umano e testa leonina, avvolto da un lungo serpente. Molti elementi del mitraismo sono presenti anche nel cristianesimo (come la nascita il 25 dicembre, festa del Sole, il banchetto sacro, il rin-

novamento costituito dall'acqua) al punto tale che molti cristiani dei primi secoli avevano visto nel mitraismo una forma diabolica di imitazione del cristianesimo.

⁕ La Gnosi

Con il termine Gnosi (conoscenza) si indica una serie di sette religiose sorte soprattutto tra il I e il III secolo d.C. presenti sia in Medio Oriente sia in Grecia e a Roma. La loro esistenza ci è nota per via indiretta (ne parlano autori cristiani del II-IV secolo e alcuni autori neoplatonici, come Porfirio) e, molto limitatamente, per via diretta, dopo la scoperta della biblioteca gnostica di Nag Hammadi, in Egitto.
Gli gnostici sono stati considerati dai cristiani come gruppi eretici sorti dal cristianesimo delle origini: la tesi era che si trattasse di cristiani caduti in errore a causa del forte influsso di elementi filosofici greci pagani. Questa posizione è stata a lungo combattuta o sostenuta, a seconda delle scuole di pensiero.
Attualmente si può ipotizzare che gruppi di cristiani, con posizioni fortemente antigiudaiche, avessero assorbito elementi religiosi di diversa provenienza (giudaica, iranica, ermetica), confluiti poi in un nucleo di teorie eretiche.
Per diversi autori pagani dell'antichità gli gnostici erano cristiani, così come diverse tradizioni sostengono che alcuni personaggi dello gnosticismo, come, per esempio, Simon Mago, avessero avuto una qualche forma di iniziazione cristiana.

Fonti letterarie e storiche

Il primo gruppo di autori che trattano degli gnostici sono personaggi come Ireneo, Ippolito, Origene, che, nelle loro opere contro gli eretici, descrivono, anche se non sempre con precisione, le loro teorie e le loro pratiche. Ireneo, vescovo di Lione, nella seconda

metà del II secolo d.C. scrive l'*Adversus Haereses* (*Smascheramento e confutazione della falsa gnosi*), opera in cui attacca soprattutto lo gnosticismo di Valentino. L'uso del termine "falsa gnosi" già indica come la gnosi propugnata dagli gnostici, fosse vista in contrapposizione a quella cristiana, unica e vera sapienza.
Nel III secolo Ippolito scrive una *Confutazione di tutte le eresie*, opera a lungo attribuita a Origene. È da questo scritto che prende piede e si diffonde la teoria secondo la quale gli gnostici avrebbero adottato una dottrina in origine cristiana, successivamente però inquinata da filosofia e scienza greca.
Tra II e III secolo Clemente Alessandrino e Origene scrivono contro gli gnostici, mentre Epifanio, vescovo di Salamina (Cipro), compone, nel IV secolo, un'opera intitolata *Panarion*, nella quale presenta e critica numerose eresie, tra le quali anche quella degli gnostici.
In genere, le sette gnostiche vengono distinte mediante l'uso del nome del caposcuola: per esempio, i valentiniani prendono il loro nome da Valentino.
La scoperta, avvenuta nel 1946 a Nag Hammadi (Luxor) di tredici codici in papiro, contenenti 53 opere, molte delle quali sconosciute, ha contribuito a gettare nuova luce (e ad aprire altrettante polemiche) sulla gnosi. Alcune di queste opere non sono strettamente gnostiche, ma alludono comunque a temi gnostici. La maggior parte è chiaramente cristiana, tanto che a volte risulta difficile dire se si tratti di testi cristiani, con patina gnostica, o di testi gnostici con patina cristiana.
Tra i titoli più interessanti ricordiamo i cosiddetti *Vangeli gnostici*, composti tra il 120 e il 200 come il *Vangelo di Tommaso*, il *Vangelo di Maria*, il *Vangelo di Verità*, o il *Vangelo di Filippo*.

L'insegnamento gnostico

L'insegnamento gnostico è contraddistinto da alcuni punti fondamentali, che lo differenziano da altre forme mistico-religiose.

La scintilla divina

L'esistenza terrena è una terribile punizione, frutto di una caduta originaria, che ha trasformato la nostra natura, inizialmente di esseri spirituali, quasi divini, in quella di esseri costretti in un corpo e in un mondo materiale.

La scintilla primordiale, di origine divina, è ancora presente nell'uomo ma non in tutti, però, perché alcuni la hanno talmente offuscata da rendere necessario un percorso di purificazione lungo e impegnativo per riscoprirla, mentre altri non la possiedono affatto e sono costretti a vivere in uno stato puramente materiale. Da qui deriva una valutazione profondamente negativa del mondo della materia, che non è niente altro che una prigione insopportabile.

La conoscenza

Tramite la conoscenza è possibile riacquistare la coscienza della nostra natura superiore. Non si tratta però di una conoscenza di tipo filosofico o scientifico, che procede dal basso ed è frutto del lavoro faticoso del singolo, ma di una conoscenza rivelata, trasmessa dall'alto, mediante iniziazione e grazia divina, oppure trasmessa dall'incarnazione terrena di un'entità superiore (per esempio Simon Mago, riconosciuto Potenza di Dio, oppure il Cristo).

Nelle sette gnostiche più marcatamente cristiane, si tratta dell'insegnamento segreto di Gesù, impartito da Lui solo ai discepoli più intimi, e da questi trasmesso per via orale e attraverso scritti segreti gelosamente custoditi all'interno dei gruppi iniziatici. I Padri della Chiesa, che hanno combattuto gli gnostici, fanno esplicito riferimento al fatto che essi possedevano propri *vangeli*, alcuni dei quali sono stati rinvenuti a Nag Hammadi. D'altra parte, la trasmissione orale di un duplice messaggio, rivolto a un gruppo di iniziati e al pubblico esterno, è presente sia nella tradizione filosofica egizia e greca (basti pensare al pitagorismo), sia in quella propriamente cristiana. I riferimenti evangelici al fatto che Cristo parlasse in parabole per gli altri, e in modo diretto ai discepoli, sono molteplici (vedi, per esempio, quanto da noi citato nel capitolo *La dimensione esoterica del Cristianesimo*). È possibile, inoltre, scoprire un'ultima eredità della visione gnostica in alcune correnti della mistica cristiana, per esempio in quelle segnate dall'Esicasmo, movimento sorto nei primi secoli dell'era cristiana. Anche se non è rimasto più nulla dell'aspetto ereticale della gnosi antica, l'insistenza sull'aspetto sperimentale del divino, unito alla necessità dell'illuminazione dall'alto e al rifiuto di un approccio filosofico profano alla conoscenza (ritenuto inutile alla vita spirituale), indica come certe tradizioni, per quanto profondamente trasformate, non siano completamente perdute.

Il Demiurgo Creatore e il Dio Sommo

Un altro degli aspetti dello gnosticismo è il modo in cui viene separato il Dio dell'Antico Testamento da quello del Nuovo Testamento. Essi non vengono riconosciuti come un'unica divinità ma come due divinità differenti, quello dell'Antico Testamento è il Demiurgo Creatore, mentre quello del Nuovo Testamento è il Dio Sommo.

Le "scuole" gnostiche

Tra le maggiori scuole gnostiche si annoverano quelle di Simon Mago, degli ofiti, dei sethiani, dei basilidiani, di Carpocrate e di suo figlio Epifane e quella assai importante dei valentiniani. Tra questi, quella che più è vicina alla Chiesa Cattolica è la setta dei valentiniani, che trae il nome da Valentino, cristiano alessandrino vissuto nella prima metà del II secolo. Secondo la tradizione, Valentino sarebbe stato discepolo di Teuda, a sua volta seguace di Paolo, e avrebbe cercato invano di diventare vescovo. Molti scritti ritrovati a Nag Hammadi sono di chiara impronta valentiniana, ma del caposcuola sono rimasti pochi frammenti, dei quali la maggior parte è frutto dell'opera di elaborazione dei suoi discepoli, presenti in molti Paesi del mondo antico.

Secondo Valentino il mondo divino è strutturato in trenta coppie di Eoni (entità), maschili e femminili. Dopo il "peccato" l'unità delle coppie è andata perduta e deve essere ritrovata dallo gnostico, cui spetta il compito di ricongiungersi con il partner celeste (angelo). Uno degli Eoni, (Sophia, la sapienza) scende nel mondo, comportando una caduta dell'elemento divino, che deve essere riparata dall'intervento della divinità stessa, che scende sulla Terra per l'opera redentrice.

L'iniziazione nel giudaismo: gli Esseni

La tradizione esoterica ebraica, prima, e giudaica, poi, è ricchissima ed è riconoscibile, nelle sue forme più tipiche, fin da epoca molto antica, cioè a partire, per lo meno, dal VII-VI secolo a.C.
Tra gli esempi più interessanti di epoca successiva, abbiamo la setta giudaica degli Esseni e la tradizione cabalistica di epoca medievale[1].

⁎ La nascita degli Esseni

La setta giudaica degli Esseni è attestata in Israele a partire dal II secolo a.C. fino alla seconda metà del I secolo d.C. e il suo nome potrebbe significare "pii, santi, venerabili". Le origini del movimento esseno sono di difficile datazione, perché gli autori classici, come Giuseppe Flavio, Filone d'Alessandria, Plinio, ne parlano come di un gruppo antichissimo, mentre i documenti a disposizione sono databili dall'inizio del II secolo a.C. Risale, infatti, al II secolo prima della nostra era il *Documento di Damasco*, un manoscritto scoperto alla fine del 1800, in una stanza riservata alla conservazione di testi religiosi inutilizzabili (chiamata *Genizah*) di una sinagoga del Cairo.

1. Per ulteriori approfondimenti si rimanda al volume *Qabbalah. Lettura, interpretazione, storia, temi, personaggi*, De Vecchi, Firenze-Milano 2021.

Il testo del *Documento di Damasco*, insieme ad alcune note di autori classici, sono stati, fino ad alcuni decenni or sono, i soli documenti noti relativi alla Comunità essena.
Il documento racconta di una separazione, avvenuta all'interno del giudaismo (oppure all'interno della stessa setta degli Esseni), da parte di un gruppo di persone che si allontanano dalla società ebraica per vivere in luoghi deserti e coltivare la purezza della fede tradizionale. Questa decisione radicale pare sia stata presa a causa della decadenza della religione e degli usi e costumi tradizionali giudaici.

La scoperta dei rotoli del Mar Morto

Tra il 1945 e il 1946 (secondo alcune ipotesi di datazione) furono scoperti i rotoli del Mar Morto. Questo importante ritrovamento avvenne per puro caso quando un pastore arabo scoprì, prima da solo, quindi insieme al cugino, delle giare conservate in una grotta, contenenti un primo gruppo di testi.
Questi vennero ceduti al Metropolita siro-ortodosso del monastero di San Marco di Gerusalemme che, a sua volta, ne mise in vendita alcuni, e a uno studioso dell'Università Ebraica di Gerusalemme. Gli americani Trever e Brownlee ebbero modo di fotografare i documenti del Metropolita e di pubblicarli nel 1950-51. Si trattava del primo rotolo di Isaia, della *Regola della Comunità* e del *Commento ad Abacuc*.
In seguito a questo iniziale ritrovamento ebbe inizio una campagna di ricerche che, seppure con enormi difficoltà e con alterne vicende, portò alla scoperta di altre grotte, contenenti numerosi rotoli e frammenti (circa 15.000), molti su pergamena (alcuni testi anche su papiro). La ricerca è durata anni: l'ultimo rotolo acquistato dallo Stato di Israele risalirebbe al 1967.
La zona, in cui sono stati effettuati i ritrovamenti, è costituita dalla valle solcata dal torrente Qumran e dalla terrazza chiamata Khirbet Qumran. I testi avrebbero fatto parte della biblioteca degli abitanti di Qumran e sarebbero stati nascosti nelle grotte frettolosamente, forse all'avvicinarsi delle truppe romane durante la repressione della rivolta ebraica nella regione. Dopo anni di dibattiti, gli studiosi sono giunti alla conclusione che i documenti trovati sono stati scritti (o conservati) proprio dalla Comunità degli Esseni.

Dopo aver vissuto per circa vent'anni senza sapere esattamente come organizzare la propria vita comunitaria e religiosa, intorno al 170 a.C. il gruppo viene raggiunto da un personaggio importante, chiamato Maestro di Giustizia, che diventa capo della comunità e legislatore. Il Maestro di Giustizia è un sacerdote che potrebbe essere fuggito dalla persecuzione del Gran Sacerdote di Israele (in un periodo di forte penetrazione dell'ellenismo in Gerusalemme).

* La vita degli Esseni

Filone di Alessandria (vissuto tra il 13 a.C. e il 45 d.C. circa) ricorda come gli Esseni fossero un gruppo di circa 4000 persone che viveva in villaggi, esercitando lavori diversi ma senza il desiderio di procurarsi più di quanto fosse necessario per vivere, astenendosi dalla proprietà di beni e possedimenti, dalla guerra e dal commercio. Non praticavano la schiavitù e vivevano in armonia gli uni con gli altri, aiutandosi a vicenda e rispettando profondamente la Legge, onorando il sabato, ascoltando i testi biblici e ricevendo insegnamenti di tipo simbolico.
Secondo Filone, gli Esseni avrebbero avuto a fondamento della loro filosofia di vita l'amore di Dio, accentuato da un'esistenza trascorsa nella massima purezza, l'amore della virtù, dimostrato dal rifiuto delle ricchezze, e l'amore per gli uomini, dimostrato dal loro egualitarismo. Con particolare cura e amorevolezza sarebbero stati trattati i malati e gli anziani, alle cui necessità provvedeva tutta la Comunità.
Secondo quanto riferisce Eusebio di Cesarea, citando dall'*Apologia degli Ebrei*, un'opera di Filone andata perduta, la comunità degli Esseni non avrebbe annoverato bambini o adolescenti, ma solo persone mature. Non vi sarebbero stati, inoltre, matrimoni e gli uomini avrebbero vissuto in perfetta continenza, come in una comunità monastica.
Essi erano, probabilmente, ripartiti in quattro classi di purezza, a

seconda del periodo di tempo passato nella Comunità, così divise le une dalle altre che in caso di contatto era necessario provvedere a un rito di purificazione. Il tempo libero era dedicato allo studio, all'approfondimento della Legge, alla sua interpretazione simbolica e allegorica, alla conoscenza dell'astrologia e della predizione.

⁕ La Regola della Comunità

Uno dei testi più significativi di quelli ritrovati a Qumran è la *Regola della Comunità*, conservata in dodici manoscritti di diversa qualità: infatti, anche se molti, provenienti dalla quarta grotta, sono solo frammentari possono comunque contribuire a integrare le non numerose lacune del miglior manoscritto tramandatoci, il rotolo ritrovato nella prima grotta scoperta, chiamato *1QS*.
Questo rotolo, che faceva parte del gruppo di scritti in circolazione nel 1947, comprende anche altre opere: la *Regola della Congregazione* e la *Raccolta di Benedizioni*, che ci sono pervenute con un numero maggiore di lacune. Il manoscritto è in pergamena biancastra, sottile, con colonne di testo alte 25 cm e larghe circa 13-18 cm, mentre ogni colonna è composta da 26-27 righe[2].
L'inizio dell'opera indica le finalità della Regola che si propone di definire precetti e comportamenti volti a raggiungere obiettivi eminentemente spirituali.
Appare evidente come lo scopo di chi entra nella Comunità degli Esseni sia lo sforzo continuo alla ricerca di Dio, che si compie facendo il bene, agendo in maniera retta e mettendo in pratica quanto egli ha comandato con la *Torah* e i Profeti. L'uomo deve entrare in sintonia profonda con Dio, al punto di amare ciò che egli ama e di odiare ciò che egli odia, compiendo quindi il bene e stando

2. L'analisi dell'opera e la traduzione dall'ebraico del passo riportato è stata effettuata sull'edizione critica curata da Corrado Martone, *La Regola della Comunità*, Silvio Zamorani Editore, Torino 1995.

Il rotolo 1QS

"[...] *Libro della regola della Comunità*, per cercare Dio, con tutto il cuore e con tutta l'anima; per compiere il bene e la rettitudine di fronte a Lui, come ha comandato per mezzo di Mosè e di tutti i suoi servi, i Profeti; per amare tutto ciò che egli preferisce e odiare tutto ciò che egli odia; per tenersi lontano da ogni male e per aderire a tutte le opere buone; e per ristabilire il giusto corso delle cose, ottenere la corretta osservanza della Legge e portare il diritto sulla Terra, e non camminare più nell'ostinazione di un cuore colpevole e di occhi infedeli, compiendo ogni male, e per far entrare nel privilegio del patto coloro che sono disposti a compiere i precetti di Dio...".

lontano dal male, per realizzare la volontà di Dio sulla Terra. Questo si ottiene in primo luogo mediante una conversione profonda dell'animo umano, che decide di astenersi dal peccato e di aiutare gli altri a entrare nella stessa situazione di purezza e giustizia.
Nei passi immediatamente successivi la regola stabilisce che chi entrerà nella Comunità dovrà dare la propria intelligenza, le proprie forze e i propri beni alla "comunità di Dio". In particolare, questo passaggio di beni dipende dal livello di iniziazione del candidato. In una prima fase, fin quando l'accettazione non è definitiva, i beni vengono solo conservati nel tesoro della Comunità, ma non vengono ancora ceduti. Questo avverrà solo quando il candidato sarà stato definitivamente accolto. L'iniziato entrato nella Comunità dovrà, inoltre, rispettare tutti i tempi canonici delle feste, senza anticiparli o ritardarli.

Il patto iniziale

Al momento dell'ingresso nella Comunità, si svolge una solenne cerimonia, che comprende la stipula, di fronte a Dio, di un patto tra il candidato e la Comunità. I sacerdoti e i Leviti benedicono Dio e ricordano al popolo le grazie che egli ha profuso su Israele; al tempo stesso, coloro che entrano nel patto, riconoscono di essere appartenuti a un popolo di peccatori e di aver trasgredito i precetti di verità e giustizia. A questo punto, i sacerdoti benedicono i giusti, augurando loro pace eterna, mentre i Leviti maledicono coloro che hanno operato disprezzando i precetti divini. Al termine delle benedizioni e delle maledizioni i candidati dicono: "Amen, amen". Naturalmente, i nuovi membri della Comunità dovranno essere sinceri, altrimenti saranno puniti con terribili punizioni divine e con l'esclusione dalla Comunità.

Questa cerimonia dovrà essere ripetuta di anno in anno, fino al compimento dei tempi (la fine dei tempi viene sentita dagli Esseni come molto vicina). Viene quindi indicato come l'ingresso nella Regola dovrà avvenire in maniera ordinata: prima i sacerdoti, quindi i Leviti, infine il popolo intero.

La cosa importante da rilevare è come sia ribadita la necessità di una struttura gerarchica, ferrea, dove ciascuno deve mantenere la propria posizione. Nel caso qualcuno, però, non vorrà seguire le regole e si lascerà trascinare dalla sua tendenza malvagia (scambiando le tenebre per la luce), non potrà essere annoverato tra i giusti e non serviranno a nulla le pratiche di purificazione (espiazioni o abluzioni). Egli dovrà, infatti, sottomettersi alle leggi divine, in spirito di umiltà e di obbedienza, prima di poter essere nuovamente accolto nella Comunità.

I "figli della luce" e i "figli delle tenebre"

La *Regola della Comunità* riporta un testo molto importante sulla visione del mondo degli Esseni. Dio ha immesso in ogni uomo due spiriti, quello della luce e quello delle tenebre, che cercano di trascinarlo nella loro direzione: verso il bene o verso il male. A seconda di come l'uomo segue gli spiriti, si formano due veri e propri schieramenti, quello dei "figli della luce" e quello dei "figli delle tenebre". Viene così esteriorizzata la lotta interiore dell'uomo, combattuto tra le due tendenze.

La distinzione non è, però, soltanto teorica ma anche pratica. In-

fatti, tramite l'esame al quale viene sottoposto ogni anno chi entra nella Comunità, è possibile riconoscere chi tende verso l'una o l'altra parte, leggendo una serie di segni che possono far capire quale è lo stato spirituale della persona esaminata. Insieme ai segni occorre anche conoscere le forze degli schieramenti (probabilmente si fa riferimento alle schiere angeliche e alle schiere diaboliche), per riconoscere, soprattutto, i nemici. La verità dipende dall'angelo della luce, mentre l'ingiustizia dall'angelo delle tenebre.
Questa divisione non è però di tipo manicheo (il principio del bene che combatte su un piano di parità con il principio del male): in questo caso, anche se l'angelo delle tenebre è creazione divina, l'angelo del bene è affiancato da Dio stesso, che soccorre insieme a lui i "figli della luce"; inoltre, Dio ama l'angelo della luce da sempre, così come da sempre odia l'altro.
I due spiriti sono portatori delle virtù e dei peccati dell'uomo e, anche se nel presente sono in qualche modo equilibrati (i due regni coesistono in regime di parità), verrà presto il momento in cui, con la visita di Dio, la genia dei malvagi sarà sterminata per sempre: viene quindi dato un tempo definito a questa situazione di equilibrio tra le due tendenze trascorso il quale, quella malvagia, dovrà soccombere a quella buona. Si realizzerà allora il regno della giustizia e i "figli della luce" potranno ritornare allo stato edenico (si dice, infatti, che loro sarà tutta la gloria di Adamo).
La *Regola della Comunità* prosegue rivelando che essa esiste per gli uomini che aderiscono al bene, che osservano i precetti e sono sottomessi ai sacerdoti, i quali hanno il compito di osservare e far osservare il patto alla maggioranza degli uomini pii della Comunità. Sono queste autorità (i sacerdoti e la maggioranza dei giusti della Comunità), che esprimono il proprio parere su tutto ciò che è essenziale per la corretta esistenza dell'individuo. In particolare, chi entra nella Comunità deve accettare di vivere nel rispetto della legge mosaica, così come è stata tramandata e come viene interpretata dai sacerdoti, separandosi da ogni persona indegna (in pratica da chiunque non faccia parte della setta).

Ancora una volta si insiste sul fatto che la purificazione non è frutto della ritualità, ma richiede soprattutto una vera e propria conversione interiore, senza la quale qualunque lavacro non serve a nulla. L'impurità del peccatore è tale che coloro che fanno parte della Comunità devono astenersi da qualunque rapporto con lui, a causa della contaminazione provocata dal contatto.

La valutazione del candidato

In questa parte della *Regola* si dettano le norme per la valutazione dei candidati e di chi è entrato nella Comunità. Per prima cosa i sacerdoti esaminano il suo spirito, quindi il candidato viene inserito in una struttura iniziatica, dove trova una sua collocazione in base all'intelligenza e alle opere.
Ogni anno sarà sottoposto a esame, con una nuova valutazione della sua intelligenza e delle opere compiute; quindi, in seguito a questa verifica, potrà aspirare a livelli superiori di iniziazione, oppure, le eventuali mancanze potranno essere punite con la retrocessione a livelli inferiori.
Un aspetto importante è il rapporto che si viene a formare tra membri di gradi diversi: essi dovranno aiutarsi e spronarsi a vicenda; chi è a un livello superiore deve aiutare chi è ancora a un livello inferiore, basando il suo intervento su verità, umiltà e amore per gli altri. In particolare, non si dovrà parlare ai fratelli con cuore duro o con spirito malvagio. La persona in situazione di peccato dovrà essere ripresa il giorno stesso, prima, se necessario, alla presenza di alcuni testimoni, quindi, se viene confermata l'azione negativa commessa, di fronte a una assemblea.
La gerarchia si nota in particolare nella gestione del lavoro e delle risorse economiche, appannaggio dei superiori, mentre il normale svolgimento della vita quotidiana, una volta che un candidato è stato accettato come membro effettivo della Comunità, è gestito in comune, come, per esempio i pasti, le benedizioni e le decisioni. Queste vengono prese nel corso della riunione di un piccolo grup-

po di persone (dieci), capeggiato da un sacerdote, che interpellerà ciascuno dei presenti secondo il suo grado.
Ogni gruppo deve comprendere una persona addetta allo studio costante delle Scritture, la quale si farà carico di spiegarle agli altri per il loro miglioramento spirituale. Questo non esime però gli altri membri del gruppo dallo studiare essi stessi le Scritture: un terzo della notte deve essere, infatti, dedicato alla lettura, allo studio e alla benedizione in comune.

L'assemblea

La riunione dell'assemblea (Consiglio della Comunità) avviene sempre rispettando la gerarchia: prima si siedono i sacerdoti, quindi gli anziani, infine il popolo, secondo i vari gradi iniziatici. Ciascuno parla a turno, senza interrompere chi sta ancora parlando, lungo la linea gerarchica. Normalmente non è consentito intervenire al di fuori del proprio turno, a meno che l'assemblea non dia il suo assenso con una particolare autorizzazione.
L'assemblea interviene anche nell'accettazione di nuovi candidati, infatti, dopo essere stato valutato da chi è a capo del Consiglio, il richiedente dovrà sottoporsi anche al giudizio dell'assemblea, dove ognuno dovrà esprimere il proprio parere in merito all'accettazione o all'allontanamento. Se viene accettato, non potrà comunque partecipare alle purificazioni della Comunità per un anno, al termine del quale verrà nuovamente sottoposto a esame. Alla fine del secondo anno di apprendistato, dopo un ulteriore esame potrà entrare a pieno diritto nella Comunità, e i suoi beni personali diventeranno parte integrante del tesoro comune.

Il Consiglio dei Quindici

Nell'VIII capitolo della *Regola* viene introdotto un nuovo Consiglio, diverso da quello assembleare di cui si è trattato prima: il Consiglio dei Quindici.

Trasgredire la Regola

La partecipazione alla vita della Comunità presenta anche delle punizioni: se qualcuno, per esempio, mente in merito ai propri beni, viene punito con l'allontanamento dalla purificazione comune e gli viene ridotta la razione di pane, così come se qualcuno agisce con disprezzo e mancanza di amore verso un fratello, in questo caso si utilizza l'espressione: "spezzare il fondamento della comunione", oppure se qualcuno è insubordinato e si fa giustizia da sé, viene allontanato dalla Comunità per un anno.
Una serie di punizioni, quasi sempre consistenti nell'allontanamento dalla Comunità, sono poi previste per chi maledice leggendo i testi sacri o parla con collera contro i sacerdoti più ragguardevoli, chi dice il falso, chi compie frodi, chi è negligente, chi si comporta in modo indecoroso e chi calunnia o mormora contro gli altri.
Il crimine più grave, per gli Esseni (per lo meno per quanto riguarda la vita interna della setta) è il tradimento. Esso viene punito con una dura separazione che può raggiungere i tre anni, con un graduale riavvicinamento, anno dopo anno, nei casi in cui ci sia vero pentimento e conversione, ma che si trasformerà in esclusione perpetua (che viene comminata anche a eventuali complici) nel caso in cui il traditore sia stato per dieci anni a pieno titolo nella Comunità.

Non vi sono opinioni convergenti in merito all'interpretazione di questa istituzione: si tratterebbe di un gruppo distaccato dagli altri membri della Comunità, composto da tre sacerdoti e dodici uomini, caratterizzati da grande preparazione teologica, saldezza morale, profondità spirituale e capacità di insegnare ad altri i grandi valori di cui essi sono portatori. Secondo alcuni autori potrebbe trattarsi di un primo nucleo di un Consiglio composto da persone provenienti dalle varie comunità essene, che avrebbe il compito di riaffermare la vera fede e la vera tradizione in Israele. Fino a quando questo non avverrà, la Comunità rimarrà assimilata allo stesso Tempio che, come si dice in un punto di un altro importante documento esseno, la *Regola della Guerra*, è attualmente profanato da un culto illegittimo. Ma verrà un momento in cui nel Tempio sarà ripristinato il culto legittimo.
Nella fase finale del IX capitolo si riprendono alcuni temi dell'ini-

zio dell'opera, in particolare sulla finalità della Regola, che è quella di consentire all'uomo di camminare sulla strada della perfezione.
Il X capitolo comincia con una breve frase, che si riallaccia al testo precedente, riferendosi al culto che l'uomo giusto deve riservare a Dio, "secondo i tempi da lui stabiliti". Continua poi con un inno finale, che presenta, tra l'altro, il calendario religioso della Comunità. Per quanto di difficile interpretazione, almeno nella fase iniziale, questo capitolo dà anche le indicazioni sulle ore canoniche della preghiera e sui periodi sacri dell'anno.
Seguono quindi una serie di benedizioni rivolte a Dio, la descrizione dell'atteggiamento tipico dell'esseno in quanto uomo giusto nei confronti del prossimo, ma solo se questi segue un cammino di perfezione e la descrizione dell'esclusiva illuminazione concessa da Dio all'uomo che fa parte della Comunità, il riconoscimento della propria terribile piccolezza nei confronti del Creatore, ma anche la consapevolezza del Suo aiuto e del Suo intervento salvifico.

Il Graal, ovvero l'iniziazione alla regalità

Il mito del Santo Graal, nelle sue forme letterarie a noi note, è sorto dalla contaminazione di varie leggende, tradizioni, simbologie, antiche e moderne, che hanno per oggetto il calice dell'ultima cena di Cristo o la coppa contenente il suo sangue, raccolto ai piedi della Croce da Giuseppe d'Arimatea.
Nel ciclo di leggende sono anche presenti elementi tardo medievali occidentali e mediorientali, siriaci, di matrice cristiana e pagana, che hanno portato a innumerevoli interpretazioni.

Una coppa misteriosa

Il vocabolo Graal, secondo uno dei maggiori studiosi della materia, il filosofo Julius Evola (1898-1974), deriverebbe, nella forma in lingua d'oil (caso retto *graaus* e caso obliquo *graal*), dal latino *gradale* o *gradalis*, vocabolo utilizzato per designare un oggetto piuttosto comune, una scodella fonda o un vassoio.
Ritroviamo lo stesso vocabolo anche in provenzale, nella forma *grazal/grasal*.
L'origine del termine latino *gradale* sarebbe da ricercarsi nella fusione di due termini, *crater* (vaso contenitore del vino) e *vas garale* (recipiente per salsa fermentata).
Col tempo, il termine sarebbe stato utilizzato per indicare una suppellettile preziosa da utilizzare nei banchetti solenni.

* Tradizione e leggenda del Graal

Si può sostenere che alla base del mito del Graal, oltre a elementi tradizionali di varia origine, vi siano fondamentalmente tradizioni folcloriche di origine pagana; tipici, per esempio, anche del ciclo di racconti collegati al mitico re Artù. Evola sottolinea come uno dei legami più interessanti associati al mito del Graal sia quello dell'ideale ghibellino dell'Impero, sia nella sua forma diretta sia in quella più discreta, mantenuta in diverse società segrete.
Secondo l'autore, la tematica del Graal può essere ricondotta a pochi temi essenziali: l'esistenza di un centro misterioso, la ricerca di una prova di coraggio, con un conseguente miglioramento spirituale e la restituzione o il ripristino dell'autorità regale, accompagnata eventualmente da un'azione di vendetta o riparazione.
Precedenti mitologici si ritrovano nella credenza dell'esistenza di una razza superiore, vissuta all'epoca dell'Età dell'oro. La successiva decadenza di questa razza avrebbe portato al perdersi della tradizione antica, mantenuta in vita solo da una gerarchia invisibile di pochi eletti. Tra i simboli più interessanti, collegati a queste antiche tradizioni, troviamo quello della donna, che viene vista come una forza in grado di dare energia e trasfigurare, forse un ricordo della figura antica della Grande Madre, matrice dell'universo.
Un altro simbolo importante è quello della sede di questa grande civiltà, che avrebbe avuto origine o nella regione nordico-boreale (la mitica Thule, Avalon), o nell'Atlantico-occidentale. La sede nordica sarebbe poi scomparsa in seguito a un diluvio, oppure a un congelamento.
Si tratta di temi sviluppati soprattutto nel ciclo celtico e in quello irlandese. In particolare, l'opera *La Battaglia di Mag-Tured*, descrive alcuni oggetti portati dalla dinastia sacrale dei Tuatha dalla loro sede nordica. Importanti, per la tradizione del Graal, sono: la pietra che consente di individuare chi sarà re, la lancia, la spada e un recipiente, in grado di alimentare con il suo contenuto un numero enorme di guerrieri.

Le origini del mito arturiano sarebbero invece da ricercare nella lotta di Arthur, forse il capo dei Cimri nordici, contro gli Anglosassoni fra il V e il VI secolo. Uomo dalla forza smisurata (il termine potrebbe significare "orso"), è però associato a un mago potente (*Myrddhin*, Merlino), forse la sua componente spirituale. Entrambe le componenti sarebbero inoltre presenti nella cavalleria arturiana: l'elemento guerriero e quello spirituale. Secondo Evola, il Graal potrebbe in fondo rappresentare la lotta compiuta per raggiungere questa dimensione spirituale da parte della cavalleria impegnata nella lotta materiale.
Tornando alla simbologia della tradizione, ritroviamo la pietra regale nell'episodio dell'estrazione della spada dalla roccia da parte di Artù, che libera così una forza dalla materia. Nel castello di Artù sarebbe inoltre conservato un recipiente soprannaturale, conquistato da Artù a un altro re, che ha caratteristiche simili a quelle del recipiente *Dagda*, della tradizione della stirpe dei Tuatha dé Danann: esso è, infatti, in grado di sfamare, ridare la salute e preservare dall'invecchiamento qualunque prode dalla parola veritiera.
La simbologia della tavola rotonda è altrettanto importante: la tavola rotonda ricorda il castello rotante, la stella polare (che ruota attorno al proprio asse). Essa potrebbe rappresentare il regno del mondo, suddiviso in dodici feudi, uno per ciascuno dei dodici cavalieri, e ben si accorderebbe con la teoria che vede nel mito del Graal un mito della regalità. L'esistenza del posto vuoto per il tredicesimo cavaliere indica che qualcosa, rispetto al periodo ordinato dell'epoca precedente, ha causato un decadimento del regno: i cavalieri del ciclo arturiano che si mettono alla ricerca del Graal, in fondo, combattono per trovare il Cavaliere (o l'ordine nuovo spirituale) che, sostituendosi al vecchio potere di Artù, potrà ripristinare l'antico ordine e sconfiggere le forze del male.
Un'alternativa alla sostituzione di Artù è costituita dal suo ritorno, ferito, dopo una tremenda battaglia. Il re ha combattuto contro Modred, suo nipote, sconfiggendo il traditore che aveva usurpato il trono e gli aveva sottratto la donna, Ginevra, ma è gravemente feri-

to (mentre molti suoi cavalieri sono caduti in battaglia). Egli viene quindi trasportato nell'Avallon, dove avrebbe atteso di recuperare le forze per riassumere nuovamente il potere.

⁕ Fonti letterarie

Tra le numerose fonti letterarie del mito citiamo quelle che si ritiene rivestano maggior importanza:

- per la loro antichità, vari testi gallesi del VII-X secolo;
- *Giuseppe d'Arimatea*, *Merlino* del ciclo di Robert de Boron;
- *Il racconto del Graal*, di Chrétien de Troyes, con varie continuazioni;
- *La Ricerca del Santo Graal* (dal *Lancillotto in Prosa*);
- *Parzival* di Wolfram von Eschenbach e altre opere tedesche.

Tra le fonti più importanti vi sono indubbiamente i romanzi cortesi di Chrétien de Troyes, *Perceval*, risalente alla fine del XII secolo, il *Lancillotto in Prosa* e il *Parzival* di von Eschenbach.
Poiché si tratta di documenti fondamentali, ai quali si deve la fama del Graal nel mondo, riteniamo opportuno presentarli in maggior dettaglio.
Alcuni testi, soprattutto quelli di Chrétien de Troyes e Wolfram von Eschenbach, presentano la ricerca del Graal come un percorso iniziatico di formazione cavalleresca, seguito da un giovane, inizialmente goffo e privo di senno, fino al raggiungimento della massima aspirazione di un cavaliere: l'incoronazione a re, dopo aver affrontato numerose prove, sia fisiche sia spirituali, molte delle quali drammatiche.
Apriamo il capitolo sul Graal riportando la leggenda della sua origine, che troviamo nell'opera *Merlino l'incantatore*, Storia del Santo Graal, cap. XXV. La leggenda di Giuseppe d'Arimatea.
Riportiamo poi un brano tratto dal *Perceval* di Chrétien de Troyes (1160-1190), nel quale si narra della formazione del giovane

cavaliere e il primo incontro col Graal. Finiremo riportando un passaggio dal *Parzival* di Wolfram von Eschenbach (1170-1220), più precisamente il nuovo incontro tra Anfortas e Parzival e la proclamazione di Parzival Re del Graal (cap. XVI).

Da Merlino l'incantatore

Giuseppe d'Arimatea era un connestabile di Pilato, governatore della Giudea all'epoca di Gesù. Egli aveva incontrato diverse volte nostro Signore, che amava profondamente, pur tenendo nascosto questo suo affetto.

Accadde che Giuda, siniscalco in casa di Gesù, era rimasto amareggiato dallo spreco dell'unguento utilizzato da Maria per ungere i capelli del Signore: come siniscalco, egli aveva infatti diritto alla decima del reddito del Signore e, valutando che l'unguento valeva almeno trecento denari, pensò di averne persi ben trenta.

Giuda decide allora di recuperarli in altro modo. Infatti, durante una riunione tenuta dai nemici di Gesù, con l'obiettivo di trovare il modo di farlo catturare, egli si presenta proponendo di vendere loro il Signore per trenta denari.

La proposta viene accettata e Giuda riceve quanto pattuito.

Alla riunione è però presente anche Giuseppe d'Arimatea, che si addolora molto per quanto sta succedendo.

La storia prosegue poi come noto, fino al momento in cui Pilato chiede un recipiente per lavarsi le mani. In mancanza d'altro, un ebreo presente gli dà una scodella, o calice, presa in casa di Simone il lebbroso, che, per una straordinaria combinazione, è proprio la stessa utilizzata da Gesù il giorno dell'Ultima Cena.

Dopo la morte del Cristo, Giuseppe d'Arimatea chiede il corpo del defunto a Pilato, come compenso dei tanti servigi prestati gratuitamente, ma gli ebrei a guardia della croce non vogliono consegnare il corpo del Signore e così Giuseppe deve tornare da Pilato, che lo rimanda al Golgota insieme con un uomo di nome Nicodemo. Inoltre, pensando di fare cosa gradita, fa dono a Giuseppe della scodella che aveva usato e che sapeva essere quella utilizzata da Gesù in casa di Simone il lebbroso.

Giunti sul luogo della croce, insieme con Nicodemo, Giuseppe schioda il corpo, lo depone a terra, gli lava le ferite e, poiché queste continua-

vano a sanguinare, ne raccoglie il sangue nel recipiente che gli aveva dato Pilato, quindi, dopo aver avvolto il corpo in un ricco lenzuolo, lo depone nella tomba che aveva fatto costruire per sé.
Gli ebrei, indignati per l'accaduto, cercano di catturare i due uomini: Nicodemo riesce a fuggire ma Giuseppe viene preso e murato in un grande pilastro della casa di Caifa, vuoto all'interno.
Qui, in una visione, il Signore, ammantato di luce, gli consegna il calice con il sangue che, prima della cattura, Giuseppe aveva nascosto in un luogo segreto.
Il Signore gli impone inoltre di conservare il vaso prezioso (il calice), così come dovranno conservarlo anche coloro ai quali egli l'affiderà in seguito. In cambio, egli sarebbe stato ricordato ogni volta che si fosse celebrato il sacrificio della Messa.
Dopo molti anni (circa trentaquattro), accade che Vespasiano, figlio dell'imperatore Tito, si ammali di una terribile lebbra, per cui il padre, nel disperato tentativo di sanare il figlio, venuto a conoscenza che in Giudea Gesù aveva compiuto grandi miracoli, scrive al suo balivo di quella regione (Felice) di inviargli qualsiasi oggetto fosse stato toccato da Gesù. Dal balivo si presenta allora Veronica, colei che asciugò il volto di Gesù sul Calvario, portando il telo sul quale era rimasta impressa la sacra immagine.
Il telo, prontamente inviato a Roma, guarisce miracolosamente Vespasiano, che decide di partire per la Terra Santa, dove comincia a perseguitare duramente gli ebrei.
La moglie di Giuseppe d'Arimatea si rivolge allora a lui, raccontando della scomparsa del marito. Vespasiano comincia subito le ricerche, torturando e bruciando molti ebrei, fin quando uno di loro confessa, conducendolo al pilastro.
Entratovi dall'alto, Vespasiano trova Giuseppe, circondato di luce, che conosce tutto di lui e gli insegna i principi del Vangelo; il figlio dell'imperatore ne rimane profondamente colpito tanto che si converte.
Tornato in libertà, Giuseppe ritrova la moglie, assai cambiata d'aspetto, mentre egli, invece, non è invecchiato per nulla.
Di notte, una voce gli impone di farsi battezzare, insieme con la sua famiglia e di partire senza portare nulla con sé se non il calice, che egli fa mettere all'interno di un'arca fatta costruire appositamente.
Parte quindi per terre lontane, dove si dedicherà alla conversione della gente, battezzando molte persone.

Da Perceval

Il giovane figlio di una vedova di nobili origini (figlia e moglie di cavalieri) viene tenuto dalla madre in campagna, lontano da ogni esperienza di vita cavalleresca. La donna ha, infatti, già perso due figli, diventati cavalieri, e il marito, anch'egli cavaliere rimasto invalido dopo essere stato gravemente ferito e infine morto di dolore per la sorte dei due figli.

Durante un'uscita a caccia, un giorno di primavera, il giovane, che non ha neppure un nome, ma viene chiamato ora "caro figlio", ora "caro fratello", ora "caro signore", incontra alcuni cavalieri bardati di tutto punto. Rimane prima terrorizzato e poi affascinato da questa visione, ritenendo, in un primo momento, che possa trattarsi di demoni, quindi di angeli o di Dio stesso. Il comandante del gruppo di cavalieri si rivolge a lui per avere informazione e, alle sue domande, il giovane risponde con altre domande (sulle armi, l'armatura, lo scudo). Tutto il dialogo ricorda molto un momento dell'iniziazione in una società di Misteri. Il giovane viene a sapere che l'uomo è stato ordinato cavaliere dal re Artù, e viene a conoscenza del luogo dove il re si trova.

Tornato a casa, nonostante le proteste della madre, decide di partire alla ricerca di re Artù, per ricevere le armi da cavaliere. Giunto in vista di un castello a strapiombo sul mare, incontra un cavaliere dall'armatura vermiglia, armato di tutto punto, che tiene nella mano destra un calice d'oro: l'uomo in armi ha appena avuto un alterco con il re, al quale ha recato grande offesa, versando il contenuto della coppa sulla sua consorte, e inoltre reclama la restituzione delle terre, che ritiene di sua proprietà.

Il ragazzo procede ed entra nel castello, rivolgendosi al re senza scendere da cavallo, quindi ottiene di essere investito cavaliere ed è riconosciuto a corte come un futuro grande cavaliere, forse il più grande di tutti, anche se poco istruito nell'arte della cavalleria.

Il siniscalco di corte, che lo prende a mal volere, gli affida subito una missione: deve andare a conquistarsi le armi del cavaliere vermiglio. Senza esitare il giovane va, lancia la sfida e vince, mentre un altro cavaliere, spettatore del combattimento, lo riveste delle armi tolte all'altro. Subito dopo la vestizione, vediamo che il giovane già migliora linguaggio e atteggiamento, cominciando ad agire come un vero cavaliere.

Il giovane prosegue il suo viaggio e giunge a un fiume molto largo e ricco di acque. Dove esso forma un'ansa si erge, su una collina rocciosa, un grande castello, con quattro ampie torri, ponte e torrione. Sul ponte egli incontra un uomo (il cui nome, si saprà in seguito, è Gorneman di

Gorhaut) che tiene in mano una bacchetta (simbolo del potere e dell'insegnamento), vestito di color porpora e accompagnato da due valletti. Quando il ragazzo gli rivolge la parola, il nobiluomo si accorge della sua rozzezza e della sua mancanza di cultura, rimanendo stupito nel sapere che è stato ordinato cavaliere da re Artù, quasi fosse ormai una rarità trovare nuovi cavalieri. Interrogato sull'origine dell'armatura, il giovane racconta come l'ha ottenuta. A questo punto, il nobiluomo pone al ragazzo alcune domande, con l'obiettivo di accertarsi della sua preparazione cavalleresca e, al termine, decide di occuparsi della sua educazione per farne un valente cavaliere. I risultati sono eccezionali: il ragazzo, infatti, ha una tendenza naturale ad apprendere le tecniche di combattimento. Tra maestro e allievo nasce una grande amicizia, ma quando il nobiluomo invita il giovane a rimanere per un certo periodo suo ospite al castello, egli, dopo aver ricevuto utili insegnamenti, decide di tornare dalla madre. Abbandonato il castello del nobiluomo, dopo aver attraversato una foresta, ambiente che egli ama in modo particolare, giunge a un castello, che sorge in una zona desolata, circondato dalle acque. Oltrepassato un ponte mal messo, giunge davanti a una porta chiusa: dopo aver battuto a lungo, gli viene finalmente aperto da quattro soldati ben armati, che gli tolgono le armi, facendolo rivestire da valletti, e quindi lo conducono da due nobili personaggi di mezza età e da una damigella di grande bellezza. Il giovane cavaliere viene a sapere che la damigella è nipote del suo benefattore e maestro, Gorneman di Gorhaut. La damigella racconta di aver perso duecentosessanta cavalieri, dei trecentodieci che aveva, catturati e, forse, uccisi dal perfido siniscalco Anguingueron, che da oltre un anno assedia il castello. Poiché i combattenti sono giunti allo stremo, il giorno seguente il castello gli sarebbe stato consegnato e lei sarebbe caduta nelle sue mani.

Raccontando la sua storia la damigella gli si avvicina proprio per commuoverlo e spingerlo ad aiutare lei e la sua terra, il cavaliere è turbato dal racconto e passa la notte con la damigella, abbracciandola e baciandola. Il giorno seguente, egli si impegna con lei a combattere il suo nemico: in cambio ne chiede l'amore. La proposta viene accettata e il giovane cavaliere si appresta al combattimento. Rivestito delle sue armi, è quindi accompagnato fuori le mura, mentre nel castello tutti pregano per lui. Il malvagio siniscalco si avvicina al ragazzo, ritenendolo un garzone che reca un messaggio: i due si insultano reciprocamente, giungendo ben presto alle armi. Il combattimento è durissimo, ma alla fine il giovane cavaliere

ha ragione del siniscalco. La notizia della sconfitta giunge al re Clamadeu, sovrano del siniscalco, appena arrivato nelle vicinanze del castello. Il re, dopo varie vicende, lancia una sfida al giovane cavaliere, che accetta, nella costernazione di tutti: si teme, infatti, che egli non possa trionfare su un cavaliere che non è mai stato battuto da nessuno. Il mattino seguente, i due cavalieri si scontrano nella landa desolata, da soli, l'uno contro l'altro. Si rompono le lance, si frantumano gli scudi e i due cavalieri combattono a lungo con le spade, fino alla sconfitta di Clamadeu, che accetta le stesse condizioni poste al siniscalco. Inoltre, egli dovrà difendere in futuro il castello dall'attacco di altri e dovrà liberare i prigionieri catturati. Così avviene, dopodiché, anche Clamadeu si reca da re Artù, come già aveva fatto il suo siniscalco, raggiungendo il re a Disnadaron, nel Galles, dove il sovrano tiene la sua corte.
Lasciato il castello e dopo aver viaggiato a lungo, il giovane cavaliere giunge a un fiume all'apparenza difficile da guadare: chiede allora informazioni ad alcuni pescatori, che si trovano su una barca nel centro del fiume, ed essi gli confermano che non esistono guadi per molte miglia. Il pescatore che gli ha risposto lo invita nella sua casa, che non si trova lontana e il giovane cavaliere, seguendo le indicazioni ricevute (siamo di fronte a uno dei re pescatori della tradizione) giunge a una grande torre, circondata da altre quattro torri, con una grande sala. Qui egli viene ricevuto con rispetto, spogliato delle armi, rivestito di un mantello e condotto in un grande ambiente dove arde, al centro, un enorme focolare, che potrebbe riscaldare più di quattrocento persone.
Nella sala un uomo anziano, assai debole, giace su un letto: nonostante la sua debolezza egli cerca di alzarsi e di ricevere con i giusti onori il giovane, che passa la serata discutendo e cenando con lui. Quindi l'ospite fa dono al forestiero di una splendida spada, dopodiché passa di fronte a loro un valletto che tiene una lancia, dalla punta della quale esce una goccia di sangue. Inoltre, durante la cena, di fronte al giovane passa più volte una singolare processione formata da due valletti con candelabri da dieci candele, e una giovane donna che ha nelle mani un calice (nel testo si usa il termine: un *graal*), i quali si recano in una stanza vicina. Il giovane vorrebbe sapere cosa succede, ma egli si ricorda di un consiglio ricevuto, e cioè: meglio tacere che domandare, quindi non chiede nulla, venendo meno, in questo, a quanto sarebbe invece richiesto dalla situazione. Al termine della cena, tutti si ritirano, ed egli si appresta a dormire.
Il giorno seguente, nonostante ogni sforzo per contattare qualcuno nella

dimora, egli rimane da solo e, dato che le porte sono aperte, può allontanarsi senza difficoltà. Ma il giovane cavaliere non sa ancora di aver appena commesso il suo più grave errore, che potrà riparare solo dopo anni: egli non ha posto la giusta domanda al re malato, aiutandolo così a risolvere il suo problema. Siamo di fronte al primo grande smacco nella vita del giovane, che riteneva, ormai, di essere un vero e proprio cavaliere in grado di affrontare qualunque sfida, mentre perde la più importante di tutte. Occorrerà un secondo incontro per ristabilire il giusto equilibrio e mettere il cavaliere sulla strada della regalità. Il seguito ci viene raccontato dal cap. XVI dell'opera di von Eschenbach, poco più avanti.

Dal Parzival

Il re Anfortas, profondamente tormentato, chiede ai suoi sudditi di porre fine alla sua vita infelice: i sudditi, fino a quel momento, sono sempre riusciti a evitare che egli commettesse suicidio facendogli vedere il Graal, dal quale traeva la forza sufficiente per rimandare il suo terribile proposito. Tutti sono in attesa del ritorno del cavaliere, che avrebbe dovuto porre la giusta domanda risolvendo, così, le pene del re, la cui piaga è talmente dolorosa e così maleodorante che dove egli si trova vi è un olezzare continuo di fiori, balsami, spezie, essenze e aromi. La branda sulla quale il re riposa è costruita in maniera mirabile e contiene una grande quantità di pietre preziose e minerali, che erano stati incastonati basandosi sulla credenza nel potere curativo delle pietre.
Il giovane, il cui nome è Parzival, sopraggiunge intanto al posto di guardia, insieme con il compagno Feirefiz e con una fanciulla e i Templari presenti sono ben lieti di accoglierli, sapendo in cuor loro che presto il Re del Graal potrà ritrovare la salute. Dopo l'accoglienza, le guardie scortano i tre verso Munsalwaesche, dove una gran folla li attende per accompagnarli fino ai piedi della scalinata che porta alla grande sala: qui essi si svestono delle armi e vengono rivestiti con abiti preziosi, bevono da calici d'oro e vengono introdotti da Anfortas, che ben li accoglie. Parzival chiede di poter vedere il Graal, quindi si getta in ginocchio per tre volte, lodando la Trinità, e chiede aiuto per il re sofferente. Poi si rialza e chiede: "Zio, cosa ti fa soffrire?". In quel preciso istante, le preghiere sortiscono l'effetto desiderato: il colorito del re migliora ed egli comincia a risplendere di bellezza come pochi altri, mentre Parzival viene immediatamente designato sovrano e signore del Graal.

Templari e templarismo

I Templari fanno parte di un Ordine guerriero monastico. Fondato da Ugo di Payns, nel 1119 o nel 1120, è riconosciuto come Ordine con una propria regola al Concilio di Troyes del 13 gennaio 1128 (corrispondente al 13 gennaio del 1129 secondo il nostro calendario). L'Ordine è stato poi soppresso da Papa Clemente V, su pressione del re di Francia Filippo IV il Bello, tra il 23 marzo, data della promulgazione della bolla papale *Vox in excelso*, che lo abolisce, e il 6

Fonti storiche

Le fonti storiche, che danno le maggiori informazioni sulle origini dei Templari, sono alcune opere del XII e XIII secolo. Guglielmo di Tiro (nato nel 1130), divenuto cancelliere del Regno di Gerusalemme nel 1174 e, nel 1175, vescovo di Tiro, scrive la *Historia rerum in partibus transmarinis gestarum* all'epoca delle fortunate campagne del re Amalrico I. Altri autori importanti sono Giacomo di Vitry, vescovo di Acri, che scrive nel XIII secolo la *Historia Horientalis seu Hierosolymitana*, oppure Guglielmo di Nangis.
Di regola, gli studiosi conoscono a fondo l'opera di Guglielmo di Tiro; Giacomo di Vitry ha però il vantaggio di venire direttamente in contatto con i Templari che si trovano ad Acri.
Tutti, comunque, in misura maggiore o minore, concordano su alcuni fatti importanti: che l'Ordine sarebbe sorto intorno al 1120 e che sarebbe stato fondato da Ugo di Payns, nobile della media aristocrazia, imparentato con la famiglia di San Bernardo, proveniente dalla regione della Champagne (Payns era una piccola città sulla riva sinistra della Senna).

maggio 1312, data della chiusura del Concilio di Vienne, convocato appositamente, nel corso del quale si prese anche una decisione sulla confisca e il trasferimento dei beni dei Templari.

⁕ Nascita e storia dell'Ordine Templare

Da secoli il pellegrinaggio in Terra Santa comportava grandi sacrifici e notevoli pericoli: le strade non erano sicure, i pellegrini potevano essere aggrediti da malintenzionati, predoni, bestie feroci e, dopo la conquista di Gerusalemme durante la I Crociata, ai pericoli tradizionali si era aggiunto lo stato di continua belligeranza con i musulmani. I Crociati controllavano, infatti, un vasto territorio, ma proprio l'accesso alla strada che portava i pellegrini a Gerusalemme era disturbato dalla presenza di guarnigioni nemiche non ancora sconfitte. Solitamente i pellegrini viaggiavano in gruppo e, anche se erano a volte armati per meglio difendersi, si sentiva l'esigenza di un corpo militare che li proteggesse, così come esistevano enti preposti alla cura delle loro esigenze materiali (cibo, alloggio, vestiario). Non stupisca questa esigenza in un regno (quello latino di Gerusalemme) che avrebbe dovuto poter contare sulle forze militari dell'esercito di occupazione che, in verità era ridotto ai minimi termini, così come assai esigua era la popolazione cristiana che viveva nel regno, al punto che lo stesso re di Gerusalemme, Baldovino, aveva invitato i cristiani orientali a popolarne i territori. I successi militari erano quindi dovuti più alle divisioni nel campo avverso, e allo scarso peso che veniva dato dai musulmani al conflitto nella regione, che alle reali capacità militari e strategiche dell'esercito crociato.
Si è a lungo discusso se la costituzione dell'Ordine fosse dovuta a pressioni dall'alto oppure a un movimento dal basso, se, cioè, vi fosse in primo luogo un impegno del re o del Papa, oppure se Ugo di Payns e gli altri avessero deciso in modo indipendente. In ogni caso, il movimento, per lo meno da un certo momento in poi, viene appoggiato dal re, quindi dal Papa: nel concilio di Troyes, infatti,

viene approvata la regola dell'Ordine. Un aspetto può colpire: per anni il gruppo di persone facenti parte dell'Ordine è limitato ai fondatori (nove persone), e ci si chiede come potesse assolvere ai propri compiti un numero di monaci così limitato, inizialmente male armato e scarsamente equipaggiato. I monaci, infatti, condividevano il destino dei pellegrini, che dovevano vivere in grande miseria, come mendicanti. Non dobbiamo però pensare che l'Ordine fosse costituito solo da Cavalieri Templari: la lettura della prima regola dell'Ordine ci suggerisce che attorno a ogni cavaliere, soprattutto da quando l'Ordine poté contare sull'appoggio del re e della Chiesa, vi era un certo numero di persone (nel caso del Maestro, per esempio, scudieri e valletti), che rafforzavano i ranghi delle forze templari. Per questo motivo, anche se, forse, i Cavalieri Templari non superarono mai le trecento unità, il numero di persone gravitanti attorno a loro poteva essere anche sette o otto volte superiore.
Vi è inoltre da fare una considerazione di ordine militare: la massa d'urto rappresentata da un singolo Templare a cavallo armato di tutto punto aveva sulla schiera avversaria lo stesso effetto che avrebbe oggi un carro armato su un plotone di fanteria equipaggiato con armi leggere. Inoltre l'alto costo di armatura e bardatura all'epoca del loro massimo splendore giustificava il numero relativamente esiguo dei cavalieri effettivi dell'Ordine. A ogni modo, soprattutto in epoca più tarda, la fama dei Cavalieri Templari era tale (venivano considerati alla stregua dei maghi e dei negromanti), che la sola comparsa di una schiera di soldati con il mantello bianco e la croce templare rossa poteva scompigliare i ranghi nemici.

Il ritiro dalla Terra Santa

I Templari svolgono egregiamente il loro compito fino alla caduta di Acri, una delle ultime città ancora in mano ai crociati, nel 1291. Era allora Maestro templare Guglielmo di Beaujeu, cugino di Carlo

d'Angiò, re di Sicilia. Egli era venuto a sapere, da un suo infiltrato alla corte cairota del sultano Qelaoun, del prossimo attacco contro i centri crociati ma non venne ascoltato e così le città cominciarono a cadere, una dopo l'altra. La prima fu Tripoli, quindi la stessa Acri, dove i crociati avevano la loro sede. La città, fortificata e popolata da oltre 40.000 abitanti, era ritenuta praticamente imprendibile. Gli scontri durarono circa due mesi, fin quando i Saraceni riuscirono ad aprirsi un varco e, dopo terribili combattimenti, conquistarono la città. Le altre città in mano latina vennero evacuate; l'ultima, in mano templare, fu Châtel-Pélerins (1291).
Dopo la morte di Guglielmo di Beaujeu, in seguito alle ferite ricevute in battaglia ad Acri, prende il suo posto il Maestro Tibaldo Gaudin, quindi, Giacomo di Molay che era stato eletto a Cipro, dove si era nel frattempo trasferito il quartier generale dei Templari dopo l'abbandono della Terra Santa. Approfittando dell'attacco lanciato dai Mongoli contro gli Stati musulmani, i Templari e i crociati tentano alcune operazioni militari nel delta del Nilo e in altre località, ma gli avamposti vengono alla fine sopraffatti dai Saraceni, mentre i Templari, catturati con una falsa promessa, vengono condotti in catene in Egitto. A differenza di altri ordini, come quello Teutonico, che si conquista uno Stato in Prussia, o quello Ospitaliero, che si impadronisce di Rodi, l'Ordine Templare è incapace di riconvertirsi conquistando un proprio territorio e continua a spingere per una nuova crociata in Terra Santa. Il Molay, insieme al Maestro dell'Ordine Ospitaliero, Villaret, viene convocato nel 1306 nel Poitou, in Francia, da Papa Clemente V per discutere con il re di Francia della nuova Crociata in preparazione.

⁎ Il processo

Il processo intentato ai Templari è frutto della strategia seguita da Filippo IV il Bello, re di Francia, per eliminare l'Ordine e incamerarne i beni. La cosa gli riuscirà solo in parte, perché i beni immobili

dovranno essere lasciati all'Ordine di San Giovanni, per poter essere sfruttati a favore delle attività in Terra Santa.
Tra la fine del XIII secolo e l'inizio del XIV, i Templari costituivano ormai un problema per gli Stati nazionali in formazione: rappresentavano "uno Stato nello Stato" ed erano, per di più, una struttura internazionale forte economicamente e militarmente. Avevano castelli, fortezze, basi navali, che i sovrani degli Stati ospitanti avrebbero voluto controllare, nonostante nella lotta di Filippo il Bello contro Bonifacio VIII i Templari francesi avessero a suo tempo prestato utili servigi al re di Francia. Pare che l'occasione favorevole per muovere le prime accuse sia stata fornita dalle confidenze fatte dal priore di Montfaucon a diversi sovrani su comportamenti eretici, blasfemi e immorali dei membri dell'Ordine. Ne segue un'inchiesta da parte pontificia (1307), richiesta dallo stesso Giacomo di Molay, che intendeva dimostrare come le accuse fossero infondate.
L'inchiesta viene portata avanti con debolezza e scarso desiderio di chiuderla con un atto di accusa, così il re di Francia decide di intervenire in maniera autonoma e di procedere all'arresto dei Templari.
Il 13 ottobre 1307, cominciano gli arresti che, in Francia, porteranno in carcere oltre 500 appartenenti all'Ordine. Il colpo di mano di Filippo IV non piace al Papa, che cerca di riprendere il controllo della situazione, con una propria bolla d'arresto e di confisca dei beni. L'esecuzione delle disposizioni della bolla richiede molti mesi, perché numerosi Stati sono restii ad applicarle; alla fine, però, tutti cedono e i Templari che non riescono a fuggire sono arrestati.
Le terribili accuse mosse all'Ordine vengono sistematicamente confermate dalle confessioni estorte con la tortura: semplici riti goliardici di iniziazione cameratesca vengono travestiti da atti di eresia e apostasia, mentre si sottolinea il comportamento altamente immorale dei monaci soldati.
I legati papali che, in forza di una nuova bolla di Clemente V, riescono a interrogare alcuni dignitari dell'Ordine riscontrano come questi ritrattino le confessioni, asserendo che erano state estorte sotto minaccia di tortura. Il problema delle ritrattazioni, o delle

posizioni in difesa dell'Ordine, diventa sempre più spinoso per la monarchia francese: centinaia e centinaia di persone, monaci e religiosi, dopo un primo momento di sgomento, tornano a farsi sentire con testimonianze a favore dell'Ordine. Finché, mettendo in posizioni chiave ecclesiastici di provata fede reale, il re ottiene subito la condanna senza difesa degli inquisiti, diverse decine dei quali vengono messi al rogo.
È la fine di ogni speranza: al concilio di Vienne (1312) il Papa abolisce l'Ordine. Dopo un'ultima, coraggiosa ritrattazione del de Molay e di altri dignitari dell'Ordine, anche gli ultimi Templari vengono condotti al rogo.

* Riti iniziatici dei Templari

Ci si interroga spesso sull'esistenza o meno di riti di iniziazione associati all'ingresso dei candidati nell'Ordine dei Templari: oltre a ciò che rivela la Regola, non esistono prove significative di un'iniziazione segreta codificata, valida per tutto l'Ordine. Vi sono solo alcuni indizi sulla possibile esistenza di pratiche iniziatiche che avrebbero assunto, a seconda dei periodi, importanza minore o maggiore e che si sarebbero trasformate in comportamenti simili a quelli della goliardia o del nonnismo moderni. Le maggiori informazioni sono quelle ricavate dagli interrogatori ai Templari arrestati durante il processo all'Ordine, o da alcuni scarsi riferimenti riportati in aneddoti e racconti di uomini dell'epoca. Nel primo caso, poiché molti interrogatori erano condotti con l'uso della tortura, non si può dare alle confessioni grande valore; nel secondo caso non si va oltre le storielle moraleggianti o aneddotiche che si possono leggere su qualsiasi Ordine o personaggio.
Le accuse mosse ai Templari erano di vario genere e andavano dall'eresia (in particolare catara), alla sodomia, alla connivenza con i musulmani, ad atti blasfemi contro i simboli religiosi. Riteniamo si possa sostenere che queste accuse fossero in parte fondate, non

perché si riferissero ad aspetti della vita di tutti i Templari, ma perché potevano essere rivolte a singoli membri dell'Ordine, che fu sempre, invece, nel complesso, un forte difensore dell'ortodossia cattolica, con un'unica eccezione dottrinale, riconosciuta anche dai suoi capi in tutti gli interrogatori. Quest'eccezione era l'assoluzione dei peccati data dai membri dell'ordine, cosa che solo un sacerdote avrebbe potuto fare. Probabilmente, con l'andar del tempo, si è confuso il perdono, dato alla fine della riunione domenicale ai membri dell'Ordine che avevano commesso delle infrazioni, con l'assoluzione dei peccati impartita dal sacerdote. Per quanto riguarda le altre accuse, nulla vieta che influssi catari fossero presenti in alcuni ambienti templari (composti, spesso, da membri della piccola nobiltà di origine provenzale, assai incline a questo tipo di eresia) o che in alcuni casi l'Ordine fosse stato costretto a scendere a compromessi con i musulmani, per ragioni militari o politiche.
Per quanto riguarda la presenza di rituali iniziatici propriamente detti, negli interrogatori si accenna all'uso di baciare parti del corpo del superiore, oppure a quello di rinnegare il Cristo e gli Apostoli, così come di sputare sulla croce. Numerosi indizi parlano a favore di queste pratiche che, però, non devono essere considerate vere e proprie pratiche iniziatiche ma forme tipicamente goliardiche, utilizzate per mettere alla prova il candidato. In più di un'occasione, al termine della cerimonia, gli si diceva, in piena ilarità, di andare a confessare le proprie colpe e che tutto era stato solo uno scherzo.
Sull'importanza delle informazioni estorte negli interrogatori valga solo una considerazione: durante il processo ai Templari, man mano che passavano gli anni, le accuse riferite dagli interrogati diventavano sempre più pesanti e riportate da sempre più persone, una conferma che i dati venivano ingigantiti e storpiati, come spesso avviene in questo genere di processi (si pensi ai processi alle streghe di epoca successiva). D'altra parte, come abbiamo già scritto, è anche vero che pratiche ormai ridotte a forme di goliardia possano essere il ricordo di veri e propri rituali antichi, che vengono in qualche modo ripetuti senza capirne più il senso.

* Dai Templari al templarismo

È difficile dire dove finisca la storia e dove cominci la leggenda. La presenza di simbologie e leggende templari, in ordini d'ispirazione templare o nella Libera Muratoria (Massoneria), non può essere presa a prova di una diretta derivazione di queste società dai Templari stessi.
Questo non vuol dire che i Templari, dopo il processo, l'arresto o l'uccisione di molti membri dell'Ordine, fossero scomparsi: chi ritrattava o veniva ritenuto innocente, poteva continuare a vivere, per lo più con le stesse rendite dei possedimenti templari, oppure riceveva una pensione, o ancora poteva passare ad altri ordini (come nel caso dei Templari del Portogallo, che entrano nel nuovo Ordine di Cristo), anche se si era deciso che i beni templari sarebbero dovuti passare all'Ordine Ospitaliero di San Giovanni.
È comunque probabile che leggenda e storia siano strettamente collegate. Dopo la fine dell'Ordine Templare, vi sono alcuni aspetti non ancora chiariti su quello che è successo, per esempio, alla flotta dell'Ordine oppure alle armi e alle risorse di diversi Templi. Nulla vieta di pensare che, al momento dell'arresto, ricchezze e armi potessero essere state derubate dai gendarmi, riducendo così il mito di un gruppo di resistenti Templari in fuga verso altri Paesi, a una pura fantasia posteriore.
D'altra parte, le leggende di tradizione massonica e alcune scoperte archeologiche potrebbero confermare almeno l'esistenza di un gruppo di resistenti templari partito alla volta della Scozia, patria della Massoneria. Secondo una recente ipotesi, che sposa alcune tradizioni del XVIII secolo, un gruppo di Templari si sarebbe trasferito in Scozia a dar manforte a Robert Bruce, pretendente al trono, scomunicato dal Papa e quindi non interessato ad applicare nei suoi territori la bolla papale e le decisioni del 1312. Lungo le coste scozzesi vi erano probabilmente insediamenti e basi navali templari. La difficile situazione militare di Bruce, inoltre, potrebbe lasciare ipotizzare una sua probabile e interessata protezione nei

confronti del gruppo di Templari, soldati di primissimo piano, in grado di tener testa a forze molto superiori di numero.
Perlustrazioni archeologiche delle regioni scozzesi avrebbero evidenziato simboli e tombe di Cavalieri Templari in particolare nelle vicinanze del luogo della battaglia di Bannockburn (1314), dove Robert Bruce avrebbe sconfitto Edoardo II d'Inghilterra anche grazie all'apporto della cavalleria templare. Il condizionale, comunque, è d'obbligo: poiché vi erano insediamenti templari in queste regioni, nulla vieta di pensare che le tombe trovate potessero essere dei cavalieri che vi avevano vissuto. Secondo tradizioni massoniche, una volta diventato re di Scozia, Bruce, ormai rappacificatosi con il Papa, avrebbe protetto i Templari facendoli entrare nella loggia scozzese di Kilwinning, alla base del Rito di Heredom, collegato al Rito Scozzese Antico Accettato. La simbologia templare presente nella Massoneria non pare comunque rispecchiare la simbologia guerriera dei Templari, ma piuttosto quella esoterica, limitata a una cerchia più ristretta, che, a causa dei segreti conosciuti, poteva agire con grande libertà, in parte svincolata dalle norme e dalle leggi alle quali dovevano sottostare tutti gli altri.
Per quanto riguarda le varie associazioni o sette di ispirazione templare, in mancanza di altra documentazione, vale per esse quanto si dice altrove sui Rosacroce: hanno tutto il diritto di chiamarsi Templari nella misura in cui si ispirano alla Regola e ai documenti dell'Ordine, ma non possono dimostrare una loro diretta filiazione dall'Ordine dei Templari, sciolto definitivamente nel 1312. Essendo un Ordine approvato dal Papa, con la sua abolizione a opera del Papa stesso, questo cessa di esistere in quanto tale.

⁕ La Regola templare

I documenti originali della Regola e degli Statuti dei Templari sono andati perduti. Esistono tre copie in antico-francese del XIII e del XIV secolo, conservate in Italia e in Francia, sulla quale Henri

de Curzon ha basato un'edizione importante nel XIX secolo (*La Règle du Temple*, Parigi 1886). Esistono, inoltre, nove manoscritti in latino della Regola primitiva e una redazione incompleta in catalano degli Statuti.
È probabile che la Regola fosse conosciuta anche fuori dagli ambienti templari, mentre gli Statuti circolavano solo all'interno dell'alta gerarchia. La *Regola* primitiva comprende, nella versione francese, 76 paragrafi, dal prologo iniziale alle feste da osservare.

Il *primo paragrafo* indica come la porta del cammino templare sia aperta ai cavalieri secolari che, fino a quel momento, hanno seguito solo le loro inclinazioni. Ora si propone loro di seguire il Re supremo, indossando l'armatura dell'obbedienza. Pieni di fede, essi possono ridare lustro ai valori della cavalleria, purtroppo non più rispettati. Si propone al cavaliere di difendere i poveri, le vedove, gli orfani e le chiese.

Nei *paragrafi dal 3 all'8* si racconta di come i membri del Concilio siano giunti fino a Troyes, nel 1128, per ascoltare da Ugo di Payns la storia delle origine dell'Ordine (nove anni prima), e per decidere l'approvazione della Regola in presenza di notevoli autorità (tra cui Papa Onorio, Stefano Patriarca di Gerusalemme, San Bernardo abate di Chiaravalle) e di un gruppo di Templari giunto con Ugo di Payns.

I *paragrafi 9 e 10* indicano l'inizio della Regola vera e propria "dei Poveri Cavalieri del Tempio". I cavalieri devono osservare la preghiera delle ore canoniche e, qualora siano lontani, sostituiranno l'ascolto dell'ufficio divino con la recita di un certo numero di Padre Nostro.

Il *paragrafo 11* riguarda l'accettazione nell'Ordine, che non deve essere immediata o superficiale: il candidato dovrà essere messo alla prova ed esporre ufficialmente la propria richiesta di fronte a tutti i fratelli.

I *paragrafi 12 e 13* fanno riferimento all'accoglienza di cavalieri scomunicati, cosa possibile dopo il loro perdono da parte del vescovo e se la loro vita risulta essere onesta.

Il *paragrafo 14* pone un limite di età per poter entrare nell'Ordine: i giovani devono essere per lo meno in grado di prendere le armi e usarle con valore, a quel punto, i genitori potranno condurli alla presenza del Maestro e dei cavalieri, che esamineranno la loro candidatura.

I *paragrafi 15 e 16* trattano del comportamento in chiesa.

I *paragrafi dal 17 al 22* trattano del vestiario, della biancheria, delle calzature: ne emerge un quadro di estrema severità e di distacco da ogni desiderio di ricchezza, vanità e superbia.

I *paragrafi dal 23 al 33*, trattano dei pasti, della lettura, delle scodelle, dei cibi, delle limitazioni rituali, del silenzio: i cibi vengono consumati in comune, in silenzio, ascoltando le Sacre Scritture. Poiché mancano le scodelle, i pasti vanno consumati a due a due, condividendo la stessa scodella. La carne può essere consumata tre volte alla settimana (tranne che in date determinate). La domenica, i cavalieri e i chierici ricevono due pasti a base di carne, mentre scudieri e sergenti ne ricevono uno. Gli altri giorni i pasti sono a base di legumi o qualche altro companatico. Il venerdì, ci si ciba come in quaresima, tranne i membri dell'Ordine ammalati o deboli. Al termine dei pasti si recita una preghiera di ringraziamento, possibilmente in chiesa. Il pane spezzato rimasto viene dato ai poveri. Prima di compieta, viene distribuito un leggero pasto. La sera, prima di coricarsi, si osserva il silenzio, tranne che in caso di emergenza. I fratelli ammalati possono essere esentati da alcune preghiere comuni, ma devono recitare un certo numero di volte il Padre Nostro.

Il *paragrafo 34* parla della sollecitudine dei sani per i malati.

I *paragrafi dal 35 al 44* trattano della figura del Maestro, che può ridistribuire i beni dei singoli fratelli come desidera, si parla anche del Consiglio, al quale possono partecipare i fratelli considerati dal Maestro i più assennati, oppure, per questioni importanti (come l'accettazione di un nuovo fratello) tutta la Confraternita.
I fratelli che viaggiano oltremare dovranno avere condotta irreprensibile, così come il comportamento di tutti i fratelli, indistintamente, deve tendere a mantenere la pace. Ciascuno deve obbedire in ogni cosa al Maestro, equiparato in questo alla stessa volontà di Dio. Per esempio, i fratelli non potranno andare in città senza autorizzazione, tranne che per le visite notturne al Sepolcro o ad altri luoghi di preghiera in Gerusalemme. Qui potranno girare solo in coppia. Nessun cavaliere può andare in battaglia senza l'ordine del Maestro, così come non può comprare o vendere nulla, tranne piccole cose, senza la sua autorizzazione. I cavalieri non possono far uso di serrature o lucchetti, ricevere corrispondenza (se non autorizzati), o tenere per sé doni ricevuti da altri, senza autorizzazione.

I *paragrafi dal 45 al 49* trattano delle colpe e dei peccati commessi dai cavalieri: colpe lievi, mai prima commesse, saranno perdonate, colpe più gravi portano il cavaliere a essere escluso, prima dalla compagnia dei fratelli (e a mangiare da solo), quindi a essere estromesso dall'Ordine. Si fa riferimento al Maestro che "regge il bastone e la verga", dal che si può desumere l'esistenza di punizioni corporali dure, ma mai, comunque, eccessive. Particolarmente stigmatizzate sono la maldicenza e la calunnia: se si viene a sapere che qualcuno ha peccato, lo si può riprendere privatamente o alla presenza di altri e, nei casi estremi, anche di fronte a tutto il capitolo; guai anche a chi si vanta dei propri peccati.

I *paragrafi dal 50 al 58* trattano del possesso di beni, terre e animali, della caccia e delle decime: ogni cavaliere ha diritto fino a un massimo di tre cavalli e uno scudiero; i finimenti dovranno essere semplici, non preziosi, le lance non avranno fodero e gli scudi non avranno coperture. La caccia, soprattutto quella con uccelli da preda, è proibita: dal testo si presume che sia proibita ogni forma di caccia, anche quella con armi da lancio (balestre e archi) e con cani. Il cavaliere può accompagnare il cacciatore solo per difenderlo dai Saraceni e mantenendo sempre un contegno corretto. Solo il leone, pericoloso per l'uomo, può essere cacciato. Beni e contadini possono essere gestiti dai Cavalieri del Tempio che, avendo abbracciato la povertà, hanno diritto di riscuotere le decime.

Il *paragrafo 59* autorizza i Templari a svolgere anche funzione di giudice tra parti in causa, a condizione che entrambe le parti siano d'accordo.

I *paragrafi 60 e 61* trattano dei fratelli anziani e di quelli ammalati che dovranno essere accuditi con la massima sollecitudine.

I *paragrafi 62 e 63* trattano dei defunti per i quali si celebra una messa. Nei sette giorni seguenti, i cavalieri reciteranno cento Padre Nostro, inoltre, essi dovranno dare, per quaranta giorni, carne e vino a un povero, quasi il fratello defunto fosse ancora in vita e comportarsi con compunzione, spinti da fede profonda.

I *paragrafi dal 64 al 71* trattano dei rapporti con preti e chierici, cavalieri laici, sergenti, fratelli sposati, sorelle, donne. Ai chierici che servono nell'Ordine vengono riconosciuti cibo e vestiario. I cavalieri laici che prestano servizio per un certo periodo di tempo devono essere trattati come Cavalieri del Tempio: in caso di morte, un povero verrà nutrito per sette giorni e ogni fratello dirà trenta Padre Nostro.
Inoltre, la Confraternita interviene in parte nel provvedere alle esigenze materiali del cavaliere laico, del suo cavallo e del suo scudiero. I sergenti, di varia provenienza, soprattutto se prestano servizio per un periodo limitato, devono impegnarsi con un solenne giuramento. Il mantello bianco dell'Ordine è prerogativa dei cavalieri:

tutti gli altri hanno indumenti diversi (mantelli neri o vesti poco costose). Fratelli sposati possono essere accolti nella Confraternita a certe condizioni; mentre le donne, che inizialmente erano state accettate, da quel momento innanzi non potranno più essere accolte nell'Ordine.

I *paragrafi 72 e 73* trattano dell'obbligo di non fare da padrino e del fatto che le disposizioni della Regola sono a discrezione del Maestro.

I *paragrafi dal 74 al 76* presentano un elenco di festività da celebrare e di giorni in cui digiunare.

Dalle corporazioni greco-romane alla Libera Muratoria

Le Corporazioni romane (*collegia*), che raccoglievano artigiani e operai specializzati di vari settori (dai sarti ai costruttori) non avevano come unico scopo quello economico, esse erano, infatti, più simili alle odierne società di mutuo soccorso, proponendosi in primo luogo l'assistenza legale, materiale, religiosa dei propri membri. Si ritiene che siano cominciate a decadere a partire dal III secolo d.C., ma sembra che se ne possa attestare la continua presenza fin oltre il V-VI secolo d.C. Se questo dato potesse venire confermato (si veda, a questo proposito, il paragrafo successivo), sarebbe possibile sostenere che, in un certo senso, questo genere di istituzioni non sia mai venuto a cessare del tutto.

* Struttura e caratteristiche dei *collegia* romani

I *collegia* romani costituiscono un tema assai complesso, sia per quanto riguarda la loro costituzione sia per quanto riguarda la loro diffusione. In genere, essi erano strettamente controllati dall'autorità imperiale, anche se, in una prima fase, il controllo dipendeva dal Senato (fino al III secolo) nei territori di sua pertinenza, mentre dall'imperatore nei territori controllati direttamente da questi. I *collegia* erano fondamentalmente di due tipi: di tipo statale e liberi (nei limiti delle disposizioni imperiali).

I *collegia* di tipo statale erano particolarmente vincolanti per i propri membri: l'appartenenza era di tipo ereditario e nessun membro del *collegium* poteva abbandonare il *collegium* stesso o la città in cui veniva esercitata la professione. Questo era valido anche per i *collegia* liberi, per quanto non sia possibile dire in quale misura si applicassero queste restrizioni. Senza dubbio, alcune di queste erano collegate all'importanza dell'attività svolta per il bene pubblico: così, nel caso dei *collegia* statali, appartenevano a questi quelle professioni indispensabili per il benessere sociale e per la corte imperiale (panettieri, porcai, muratori, carpentieri, lavoratori di lane e tessuti, trasportatori di derrate alimentari), mentre industriali, commercianti e appartenenti alle professioni liberali avevano maggiore libertà di movimento, anche se sempre sottoposti a un attento controllo statale.

Per quando riguarda la struttura dei *collegia*, si può sostenere che essi dipendessero, nella maggior parte dei casi, dal prefetto del pretorio. Probabilmente, almeno fino alla riforma dei Severi, i capi dei *collegia* erano di tipo elettivo, mentre successivamente compaiono sempre più figure di altro genere, nominate direttamente dall'imperatore.

Nel basso impero capo del *collegium* diventa quello che era stato all'inizio il *patronus*, personaggio potente con disponibilità finanziarie, al quale si affidava il patrocinio del *collegium*. Il collegiato (membro del collegio) non poteva, come si è riferito, abbandonare il *collegium*, anche perché i suoi beni costituivano garanzia per le attività del *collegium* stesso.

Secondo alcuni autori, i *collegia* non si sarebbero occupati che di gestire i rapporti tra collegiati e autorità statale, per ottenere immunità o sussidi[1]; tuttavia, diversi indizi indicano che essi si occupavano anche di altri aspetti, come dirimere controversie tra collegiati e

1. Waltzing, Jean Pierre, *Étude historique sur les corporations professionnelles chez les Romains depuis les origines jusqu'à la chute de l'Empire d'Occident*, Bruxelles-Louvain 1895-1900.

committenti, tutelare giuridicamente ed economicamente i propri membri e, cosa assai importante, interessarsi dell'edificazione spirituale degli stessi occupandosi di sacrifici religiosi, erezione di templi, celebrazioni, banchetti.
Con l'avvento del cristianesimo pare che questa parte devozionale e religiosa venisse a essere scorporata dalle attività dei *collegia*, trasformandosi in attività di beneficenza a sostegno dei bisognosi. Come sostiene Pier Silverio Leicht, non sarebbero state, invece, cancellate le attività di tipo conviviale, costituite da banchetti e feste tradizionali[2].

Elementi iniziatici nelle Corporazioni

La valenza sia formativa e assistenziale (in una fase più antica), sia conviviale e filantropica (in una fase più recente) di queste Corporazioni è particolarmente indicativa, perché costituisce una delle caratteristiche basilari di buona parte delle società cosiddette segrete (o discrete) di epoca successiva: l'obiettivo prefissato è quello sia della buona formazione dell'apprendista/compagno dell'arte, che diviene successivamente maestro, sia della cura della sua evoluzione materiale e spirituale. Una delle obiezioni che viene mossa a parte delle società segrete di tarda istituzione è quella di aver voluto travisare una tradizione (quella puramente formativa ed economica delle Corporazioni medievali) dandole valenze "speculative" inesistenti in origine. Ora, come sappiamo fin dalle tradizioni più antiche (si pensi ai costruttori di tombe e monumenti egizi) è impossibile dividere l'una cosa dall'altra: ogni Corporazione di tecnici/professionisti ha sempre coltivato sia l'aspetto puramente formativo (con i necessari simboli e segni atti a individuare il livello di conoscenze ed esperienze acquisite dai lavoranti), sia quello speculativo, contrattuale e assistenziale.

2. Leicht, Pier Silverio, *Corporazioni romane ed arti medievali*, Einaudi, Torino 1937.

Un punto che può far riflettere, rispetto alla tradizione tipica medievale, è quello che vincolava i membri del *collegium* a rimanere in uno spazio geografico circoscritto: siamo, infatti, di fronte a una situazione antitetica a quella di alcuni maestri medievali, che erano spesso in movimento. Ma se questo può essere giustificato per attività del tutto stanziali (panettieri, porcai, tintori, tessitori), riteniamo non potesse esserlo per altre attività, che comportavano la necessità di spostamenti. Il trasporto di derrate alimentari o di beni vari (legname, pietre, minerali) assomiglia proprio ai continui spostamenti dei maestri e delle manovalanze dell'alto Medioevo, che obbligavano inoltre le Corporazioni a fornire delle garanzie, per esempio, agli architetti committenti, o ad altri gruppi di operatori, sulla formazione e la preparazione dei propri membri. In assenza di documenti scritti queste garanzie potevano essere costituite da parole d'ordine o segni assegnati agli apprendisti/compagni e ai maestri, a conferma di un'avvenuta preparazione, o iniziazione, ai vari livelli dell'arte.

L'aspetto iniziatico è, in ogni caso, sempre presente, come denota la legge della segretezza: nessun membro delle Corporazioni poteva, infatti, comunicare i segreti professionali e speculativi ad altri non iniziati che non fossero, per lo meno, di pari grado. Se, come si è visto, è inoltre presente la valenza religiosa all'interno delle attività delle Corporazioni antiche (di epoca romana), non si possono escludere a priori atteggiamenti iniziatici presenti anche nelle religioni di cui si celebravano i culti.

Si è associato il nome dell'apprendista a quello del compagno perché è assai probabile che, anticamente, il periodo di apprendistato fosse considerato come una semplice preparazione all'ingresso nella Corporazione, per cui quest'ultimo avrebbe coinciso con il termine del periodo di apprendistato e con l'inizio dell'attività professionale vera e propria, tipica del compagno, definitivamente accettato all'interno della Corporazione mediante una cerimonia di iniziazione.

La tripartizione, tipica del pensiero massonico, in base alla quale si distingue una iniziazione per ciascun livello raggiunto, è probabilmente di epoca tarda (di tradizione francese). È d'altra parte vero (e lo si è visto trattando della setta degli Esseni) che il pensiero antico non esclude affatto la gradualità della formazione e delle iniziazioni: vi sarà, infatti, sempre un periodo di "prova", durante il quale il candidato non è vincolato oltre un certo limite.

La trasformazione delle Corporazioni

Dalla metà del VI secolo, fino alla fine del IX, sono rari i documenti che trattano dei *collegia* o delle loro trasformazioni più tarde. Tra questi, vi è un'importante lettera di san Gregorio Magno, relativa a una questione sorta a Napoli nel *corpus sapunariorum* (collegio dei saponai), dalla quale emerge come il *collegio* fosse libero, anche se l'appartenenza era vincolante, e come venisse retto da un sistema interno di disposizioni che trattavano anche di materia economica. In Oriente, abbiamo documenti relativi alle Corporazioni a partire dal X secolo, quando sono presenti a Costantinopoli ben ventidue Corporazioni, dipendenti dal prefetto della città. Non vi sono costrizioni e vincoli ereditari ma, aspetto importante per la nostra ricerca, si menzionano, in alcuni documenti, gli apprendisti e la loro ammissione tramite esame.

Sempre nei documenti di san Gregorio Magno si trovano indizi dell'esistenza di *collegia* romani alla fine del VI secolo (590 d.C.),

I Maestri Comacini

Risalgono invece alla metà del VII secolo le prime attestazioni scritte di Corporazioni o gruppi di Maestri dell'alto Medioevo: la prima citazione dei Maestri Comacini è infatti del 22 novembre 643, data di promulgazione dell'editto di Rotari, solo 53 anni dopo le indicazioni di Gregorio Magno sulle Corporazioni ancora esistenti alla sua epoca. Nei capitolati 144 e 145 dell'editto si parla espressamente delle responsabilità del "maestro comacino con i suoi collaboratori". Poco dopo questa data viene promulgato un altro documento, attribuito ora al re longobardo Grimoaldo, ora al re Liutprando, intitolato: *L'onorario dei Maestri Comacini*.

mentre altri documenti confermano l'esistenza di *collegia* a Roma fra l'VIII e il IX secolo. *Scholae* (scuole) di appartenenti ad arti liberali sono menzionate alla fine del VI secolo (*schola* di notai) anche altrove, per esempio a Ravenna.

* Le corporazioni (gilde) medievali

Le Corporazioni, o gilde medievali, associazioni di artigiani, artisti, costruttori della medesima città o località, costituiscono un momento significativo nel passaggio dalla tradizione antica delle Corporazioni romane a quelle che saranno le società segrete di epoca successiva. Queste istituzioni, che vengono a diffondersi nelle città europee, soprattutto tra XI e XIV secolo, sono presenti, come abbiamo visto, in varia forma, anche in epoca molto antica. Ciò che si nota, in aggiunta alla situazione tipica delle Corporazioni romane, è l'importanza che viene assegnata alla formazione e alle capacità tecniche dei membri, forse retaggio delle tradizioni delle popolazioni germaniche, che davano particolare peso soprattutto a questo aspetto.
Riassumiamo di seguito le caratteristiche fondamentali delle gilde, che ricordano ancora molti aspetti delle Corporazioni romane.

- Costituiscono una forma di definizione e di suddivisione del lavoro su base specialistica.
- Aggregano persone della stessa area geografica (in genere, città).
- Hanno valenze economiche, sociali, formative, educative.
- La partecipazione in una gilda è sia obbligatoria, per chi vuole svolgere una determinata professione, sia vincolante dal punto di vista territoriale: il membro non può esercitare altrove, con l'eccezione delle attività che comportano spostamenti (costruttori, trasportatori ecc.).
- Hanno finalità anche spirituali e religiose, occupandosi di ricorrenze religiose, organizzazione di messe, mantenimento di opere benefiche.

- Hanno a volte valenza politica (soprattutto quando vi sono conflitti di interesse tra varie gilde), come dimostra il fatto che in alcune città, per accedere alle cariche pubbliche, occorre essere membro di una gilda.
- Formano, se necessario alla loro attività (è il caso dei costruttori), specifiche logge in altre sedi, dove possono ritrovare i propri usi, costumi, regolamenti e adeguata assistenza.
- Sono condizionate dalla situazione sociale, economica e politica del tempo.

Quest'ultimo aspetto è particolarmente importante, infatti, quando le gilde avranno in parte esaurito la propria funzione, per esempio con la trasformazione dell'economia che si sposta dalla città in campagna, dove la loro giurisdizione non era più operativa, vedremo che esse si trasformeranno in istituzioni di altro genere. In alcuni casi, esse cominceranno ad accettare al proprio interno anche persone diverse dagli artigiani, come, per esempio, patroni, amici, simpatizzanti. In altri casi, invece, tenderanno a dare maggior importanza ad aspetti sociali e filantropici, oppure ludici, come sottolineava Martin Lutero, che vedeva nelle gilde del suo tempo una degenerazione di quelle del passato, ridottesi solo a club di bevitori e crapuloni.
D'altra parte, altri tre punti fondamentali impedivano a molte gilde (non a tutte) di continuare le proprie attività come prima: esse riflettevano, in primo luogo, un'economia basata su piccole aziende (le leggi stesse delle gilde impedivano la formazione di grossi atelier con molti operai: normalmente era consentito un massimo di sei-otto addetti per azienda); quindi, esse prevedevano aziende che utilizzassero mano d'opera altamente specializzata; infine avevano per lo più come obiettivo la produzione di oggetti singoli, richiesti da un numero ridotto di committenti. Quando l'atelier comincerà a trasformarsi in industria, con produzione di massa e un gran numero di operai, la vecchia struttura non reggerà più e le stesse istituzioni a essa preposte non saranno in grado di gestire la nuova situazione.

È il caso specifico delle gilde dei costruttori: quando cesserà il periodo delle grandi cattedrali, che cederanno il posto a edifici sacri di minori dimensioni (con notevoli eccezioni), scemerà l'importanza delle gilde specifiche, che cominceranno a dedicarsi anche ad altre attività, trasformandosi da fondamentalmente operative a sia operative sia speculative.

D'altra parte, molte persone introdottesi all'interno di queste gilde, in qualità di patroni o sostenitori a vario titolo, non erano personale specializzato, ma persone appartenenti ad altra fascia culturale e sociale, più interessata alla valenza speculativa che non a quella operativa. Saranno forse proprio questi personaggi, che porteranno con sé esperienze associative di tipo diverso, dalla marcata valenza speculativa, a contribuire in maniera determinante alla trasformazione delle logge dei costruttori in qualcosa di ben differente.

Si sottolinea come queste siano solo ipotesi, che non tutti gli autori condividono. Per altri, si assiste solo a una presa in prestito di forme, concetti, usi e abitudini tipici delle logge dei costruttori, e al loro inserimento in qualcosa di fondamentalmente nuovo, frutto della trasformazione di altre istituzioni, come le accademie e i circoli esoterici di epoca umanistica e rinascimentale.

Altri ancora sottolineano l'importanza del Compagnonaggio (evoluzione delle gilde medievali), una forma di associazionismo che si era specializzato soprattutto nella formazione e nell'assistenza dei propri membri, in particolare costruttori. La struttura tipica del Compagnonaggio è assai simile, per molti aspetti, a quella della futura Massoneria (soprattutto per gli aspetti di segretezza, iniziazione e parole d'ordine) che potrebbe essere, a questo punto, il frutto della fusione di più tradizioni: quelle originali delle gilde medievali, rivedute e corrette, quelle assistenziali, formative e iniziatiche tipiche del Compagnonaggio e quelle ermetiche ed esoteriche delle accademie e dei circoli neoplatonici.

Si sottolinea, infine, che tra la fine del XVI e l'inizio del XVII secolo tutto l'humus culturale europeo è permeato di simbolismo, esoterismo, ermetismo, come attesteranno, per esempio, i monu-

Compagnonaggio

Il Compagnonaggio, diffuso soprattutto in Francia, è una ulteriore specializzazione della gilda dei costruttori, trasformatasi in senso sociale e assistenziale proprio per aiutare i maestri costruttori che si spostavano da una zona all'altra del Paese. In ogni località importante vi erano delle case-albergo, gestite da un personaggio femminile, dove i compagni potevano trovare ospitalità, rifocillarsi, ritrovarsi in un ambiente amico e dove, soprattutto, si condividevano gli stessi ideali e le stesse conoscenze. La struttura tipica è quella della società iniziatica, protetta da un proprio linguaggio cifrato. Il Compagnonaggio avrà una lunga storia, che si protrae fino in epoca contemporanea.

mentali *Bildungsomane* (Romanzi di formazione) di epoca più tarda, fra i quali il *Simplicius Simplicissimus*, che risale alla seconda metà del XVII secolo, infarciti di vicende, terminologia e immagini esoteriche, della letteratura tedesca dell'epoca o movimenti come il Rosacrucianesimo, di cui tratteremo in dettaglio nel prossimo capitolo[3].

⁎ Le Accademie neoplatoniche e la tradizione ermetica

Anche le tradizioni neoplatoniche, ermetiche e cabalistiche del 1400 e del 1500 contribuiscono a creare un terreno fertile che porterà all'evoluzione di varie istituzioni in direzione di quella che sarà poi la Massoneria. Due personalità di grande spicco possono essere poste all'inizio di queste attività filosofico-culturali: il filosofo e umanista Marsilio Ficino e il grande genio della seconda metà del 1400, Giovanni Pico della Mirandola.

Marsilio Ficino nasce a Figline Valdarno nel 1433. Compie gli studi a Firenze e a Pisa, quindi rientra a Firenze dove approfondisce lo studio della filosofia con Nicolò Tignosi da Foligno. Il suo interesse

3. Grimmelshausen, Hans Jakob Christoffel von, *Das abenteurliche Simplicissimus Teutsch*, 1668.

preminente è costituito dalla filosofia platonica, alla quale potrà dedicarsi, a partire dal 1458, grazie al mecenatismo di Cosimo de' Medici, che gli fa dono della villa di Careggi. Qui si applica alla traduzione in latino dei *Dialoghi* di Platone (1462-1468) e dà vita a un circolo di amici con interessi filosofici, che formano l'"Accademia platonica" (1474).

In questi anni, particolarmente fecondi, Marsilio Ficino elabora la sua filosofia: una visione magica e simbolica del reale. Di particolare importanza, fino al termine della vita, è la sua opera di traduttore: nel 1492 pubblica la traduzione delle opere di Plotino, quindi di quelle di Porfirio, Atenagora, Senocrate e gli scritti pseudopitagorici. Muore a Careggi nel 1499.

Ficino ha un'importanza fondamentale nella riscoperta del platonismo, del neoplatonismo e del pitagorismo che, tramite il suo lavoro di traduzione e di stesura di opere originali, vengono conosciuti da un ampio pubblico di studiosi. In questo modo, egli contribuisce in maniera determinante a spostare l'asse di interesse da una visione aristotelica a una visione platonica del mondo, molto più produttiva per l'evoluzione degli studi esoterici.

Influssi solo in parte diversi condizionano la vita e l'opera di Giovanni Pico della Mirandola: nato a Mirandola nel 1463, appena quattordicenne, studia diritto canonico a Bologna e continua gli studi filosofici durante numerosi viaggi (Ferrara, Firenze, Padova), approfondendo la conoscenza del greco a Pavia. Nel 1484, lo troviamo a Firenze come membro del circolo platonico del Ficino. Studia l'ebraico e l'aramaico e approfondisce la conoscenza della cabala, prendendo come insegnante un ebreo convertito, Raimondo Guglielmo Moncada, chiamato Flavius Mithridates. Nel 1486 pubblica le *Conclusiones philosophicae, cabalisticae et theologicae*, dove cerca di dimostrare come le varie scuole non siano in contraddizione, ma concordi fra di loro. L'introduzione all'opera, successivamente intitolata *De hominis dignitate*, è uno dei principali testi dell'umanesimo. Liberato dalla prigionia (dovuta all'accusa di eresia), grazie all'intervento di Lorenzo il Magnifico, torna in Italia

e si dedica alla composizione delle sue opere più importanti. Muore a Firenze nel 1494.
Partendo dalla cabala ebraica, Pico si propone di dimostrare la compatibilità di questi antichissimi insegnamenti con la filosofia di Platone e di Pitagora e con la dottrina cristiana, influenzando profondamente gli umanisti degli anni successivi.
Entrambi questi personaggi sono particolarmente attivi nella vita sociale e culturale delle Accademie neoplatoniche e il circolo di Ficino è frequentato da persone di notevole cultura e preparazione.

⁕ Dalle Accademie neoplatoniche alla Libera Muratoria

Le origini della Libera Muratoria si perdono nella leggenda: risulta, infatti, assai difficile risalire ad alcuni eventi indicati come reali dalle tradizioni massoniche, e come semplice frutto di fantasia da parte di alcuni storici. Uno dei motivi su cui poggia la storia massonica, per giustificare le sue presunte remote origini (egizie, ebraiche o altro), è la presenza nei suoi rituali di innegabili elementi che risalgono ad antiche tradizioni iniziatiche o religiose: basti pensare al mito di Iside e Osiride e alla sua presenza nei rituali massonici, oppure alla simbologia legata al tempio di Salomone, alle parole d'ordine in lingue antiche e così via. Lo stesso dicasi per le presupposte tradizioni templari: per quanto in questo caso il collegamento sia sostenuto da più autori, siamo di fronte, più che a chiare prove, a indizi, non sufficienti a risolvere definitivamente la questione.
Come si è riferito sopra, è possibile sostenere che la Libera Muratoria moderna sia sorta, oltre che sulla trasformazione (o imitazione) delle gilde medievali e sul Compagnonaggio, anche come erede delle Accademie neoplatoniche e pitagoriche, così importanti nella formazione di letterati, uomini politici ed esoteristi dell'Umanesimo e del Rinascimento, con forti agganci con il movimento letterario dell'Arcadia, introdotto in Inghilterra nella seconda metà del 1500 da Sir Philip Sidney. A questo proposito riportiamo le parole

dello studioso Franco Baldini, che ha trattato a più riprese proprio il tema del legame Arcadia-Massoneria.

"L'Arcadia era sostanzialmente un movimento esoterico che - in piena controriforma - proseguiva sotto altra veste l'ermetismo delle cosiddette Accademie neoplatoniche. Il nome del movimento proviene dal fatto che l'Arcadia era l'unico luogo in cui - secondo Erodoto - dopo l'invasione dei Dori erano stati conservati e tramandati i Misteri di Demetra - l'Iside degli Egizi - originariamente portati in Grecia dalle figlie di Danao e da queste trasmessi ai Pelasgi. La qualifica di "pastori" è parimenti da riconnettere al nome di *Pimandro*, titolo di un importante scritto ermetico. Uno dei primi commentatori moderni dell'ermetismo, Louis Ménard, pone infatti l'accento su una sorta di tradizione "pastorale" - la parola Pimandro significa in effetti "pastore" - derivata dalle scuole dei Terapeuti egizi: l'insegnamento di questa tradizione si sarebbe tramandato proprio attraverso la rivelazione ermetica. È anche da ricordare che i sacerdoti del culto di Dioniso - l'Osiride egizio - erano noti come *boukóloi*, cioè "mandriani". Echi di questa definizione pastorale del sacerdozio rimangono notoriamente anche nella religione cristiana. La tematica dell'Arcadia fu significativamente introdotta in Inghilterra da Sir Philip Sidney (1554-1586), letterato-ermetista allievo di John Dee e amico di Giordano Bruno, autore di un poema intitolato appunto *Arcadia*"[4].

La data storica alla quale è possibile far risalire gli inizi della Libera Muratoria, come la intendiamo oggi, è il 24 giugno 1717, data di fondazione della Gran Loggia di Londra, costituita a sua volta da quattro Logge.

Qualche anno dopo, nel 1723, James Anderson pubblica il **Libro delle Costituzioni**, fonte normativa fondamentale della moderna Massoneria. Notiamo che già in quest'opera si pongono le basi delle origini leggendarie della Massoneria, fondata da Adamo, con

4. Baldini, Franco, Postilla a *Una questione relativa alle origini della Massoneria, Episteme n. 3.*

l'importante presenza della figura di Gesù (Grande Architetto). Particolarmente significativa la seconda parte del lavoro, dove vengono elencati e descritti gli Antichi Doveri dei Liberi Muratori.

* La ritualità massonica
(Intervista a un Maestro Venerabile)

Abbiamo chiesto a un rappresentante significativo della Massoneria, l'Avvocato Giorgio Padovani, P. Master della Loggia Sir Horace Mann 1732, n. 2, di Firenze (Gran Loggia Regolare d'Italia), di aiutarci a meglio capire il senso e il significato della ritualità massonica.

Maestro Venerabile, cosa si intende per iniziazione in Massoneria?
"La Massoneria è un'associazione iniziatica. Da questo assioma discende che coloro che aderiscono alla Massoneria devono per necessità essere "iniziati" in un duplice senso : in primo luogo devono essere soggettivamente predisposti a voler conoscere se stessi e nello stesso modo il mondo, a dominare i propri istinti per il bene proprio e della comunità, ma soprattutto essere disposti a percorrere il lungo cammino che li porterà alla conoscenza dell'Essere Supremo, inteso come principio di verità assoluta.
In secondo luogo, occorre che colui che vuole entrare in Massoneria sia sottoposto a un rituale di ingresso, che comunemente si indica come "iniziazione". Questo termine non è certamente né esatto, né vero, perché l'iniziazione consiste, come prima si è detto, in un lungo percorso che durerà tutta la vita e che non garantirà a chi lo percorre di raggiungere la Conoscenza e la Verità come categorie assolute.
Ecco perché è necessario che l'iniziando abbia la predisposizione alla ricerca. Ecco perché la Massoneria non esiste se non esiste la Loggia ove si compie questo percorso iniziatico con l'aiuto della catena della fraternità.

È questo della catena di unione uno dei più importanti segreti della Massoneria.
Colui che non accetta di annullare il proprio io nella perfetta conoscenza degli altri membri della Loggia, non potrà divenire un iniziato, perché rimarranno in lui quelle scorie di profanità che impediranno al suo spirito di giovarsi dell'aiuto fraterno senza pretendere di dare o di avere, mentre il suo unico dovere è quello di guardare entro se stesso, specchiandosi nei Fratelli di Loggia e verificare se riesce a percorrere quella via gnostica che lo porterà alla Virtù".

Per quali motivi in Massoneria il rituale è così importante?

"Si è detto che la Massoneria è una associazione iniziatica. Occorre dire che essa opera attraverso simboli che essenzialmente sono il Volume della Legge Sacra, il Compasso e la Squadra. Ma a nulla servirebbero questi simboli senza i "rituali", cioè quelle norme scritte di comportamento che danno la "regola dei lavori". Giacché, essendo un'associazione di Muratori, cioè di Massoni, occorre che ogni Loggia abbia una sua regola scritta.
Certamente, dopo il 1717, anno in cui tutte le diverse Logge esistenti nel Regno Unito, si sono raggruppate in un'unica Gran Loggia, occorreva che diverse regole venissero unificate per consentire un unico e universale modo di procedere.
Di qui l'istituzione dei "rituali", cioè di quelle formule che servono ad aprire e chiudere i lavori nella "sacralità del Tempio".
Si parla di sacralità non a caso, perché i lavori massonici iniziano e terminano nel Nome del Grande Architetto, cioè dell'essere supremo del quale si chiede la benedizione all'apertura e alla chiusura di ogni tornata di lavoro.
Quindi, il rituale indica il percorso da compiere nei vari gradi di Apprendista, Compagno d'Arte e di Maestro, a seconda dello stato di conoscenza del Fratello appartenente alla Loggia. Senza il rituale non si avrebbe un percorso benedetto e sacro e non vi sarebbe una

catena di unione, ma solo disordine, giacché anche i Maestri, cioè coloro che hanno raggiunto almeno la conoscenza completa del significato dei simboli, devono essere soggetti alla regola della quale il Maestro Venerabile, *primus inter pares*, è l'unico garante assieme al Maestro Regolatore o Guardiano Esterno".

Quali sono i principali riti massonici, e qual è stata la loro evoluzione?

"In Italia attualmente si sostiene che vi siano almeno settanta distinti gruppi massonici o Gran Logge.
La più numerosa è quella del Grande Oriente d'Italia che, però, per vicende legate principalmente alla politica, ha avuto negato da oltre dieci anni il riconoscimento della Gran Loggia Unita di Inghilterra, madre di tutte le Comunioni Massoniche dal 1717.
Vi è poi la Massoneria di Piazza del Gesù che, divisasi dal Grande Oriente nei primi decenni del secolo scorso, non è parimenti riconosciuta dalla Gran Loggia Unita di Inghilterra, perché in essa si è consentito l'ingresso alle donne, strettamente vietato dalle Costituzioni del 1717.
L'unica Massoneria riconosciuta in Italia dalla Gran Loggia Unita di Inghilterra è attualmente la Gran Loggia Regolare d'Italia.
Vi sono poi numerosissimi gruppi di Massoni che danno spesso vita a quella che i giornali indicano come Massoneria deviata perché non seguono i principi o *Landmarks* dettati dalla Gran Loggia Unita di Inghilterra, principi che vietano alla Massoneria in genere di trattare di politica o di religione o peggio che mai di affari più o meno legati a interessi oscuri e illegali".

Può descrivere alcune caratteristiche importanti dei riti della Libera Muratoria?

"Posso solo dire che ai Fratelli, nel loro lavoro iniziatico, si chiede in forma simbolica di sgrossare un pezzo di pietra grezza per arrivare, al termine del proprio lavoro, a farne un cubo di pietra perfettamente levigato. Esotericamente ciò significa che l'animo, percorso e dominato all'inizio da passioni profane, si libera delle scorie e diviene puro e libero da qualsiasi difetto".

Quanto è importante il luogo in cui si svolge il rito? Potrebbe descrivercelo?

"Ho già detto del Tempio come luogo sacro e consacrato. Infatti, allorché si innalzano le due colonne della Loggia, cioè quando si costituisce una nuova Loggia, Maestri provenienti da altre Logge, benedicono e consacrano simbolicamente il luogo dove verrà invocata la benedizione dell'Ente Supremo. Normalmente esso ha due colonne all'ingresso, ma non necessariamente una volta, giacché la vera volta è quella celeste. Il pavimento è a scacchi bianchi e neri, simbolo della lotta per la conoscenza. Vi è un trono ove siede il Maestro Venerabile con le tre luci: il Volume della Legge Sacra, il Compasso e la Squadra.

Il Maestro siede a Est, ove sorge il sole, rappresentato da una stella fiammeggiante. Il primo Sorvegliante siede a Ovest opposto al Maestro, mentre il Secondo Sorvegliante siede a Sud e il Segretario a Nord. Questa è, grosso modo, la predisposizione del Tempio nelle Logge regolari secondo il rito *emulation* della Gran Loggia Unita di Inghilterra seguito in Italia dalla Gran Loggia Regolare d'Italia e da qualche Loggia del Grande Oriente d'Italia.

È un ambiente di gran suggestione perché tutto ha un valore simbolico. È chiaro che, sedendo il Maestro a Est, cioè dove sorge la luce che illumina il giorno e, quindi, le menti, il percorso di ciascun fratello è rivolto verso la Luce, cioè la conoscenza, aiutato e protetto dai due Sorveglianti e sorretto dalla catena di unione fra tutti i componenti della Loggia".

Quali sono i simboli di maggior significato in ambito massonico?

"Ho già detto dei simboli principali esposti dinanzi al trono del Maestro Venerabile. Essi sono il Volume della Legge Sacra che deve illuminare la mente del Fratello, il Compasso perché gli dia la misura corretta delle sue azioni e la Squadra che regola esattamente quello che deve fare per far sì che la pietra grezza diventi un cubo perfetto e levigato, cioè si compia perfettamente il lavoro di perfezionamento interiore".

Cosa può proporre una via iniziatica all'uomo contemporaneo?

"Lei mi domanda cosa si possa proporre oggi all'uomo contemporaneo come percorso iniziatico. Nella mia prima risposta ho detto che chi vuole e sente la necessità di divenire un massone deve avere la predisposizione a un lavoro di conoscenza di se stesso e del mondo. Io posso dire con Dante che non fummo fatti a vivere come bruti, ma per seguire virtù e conoscenza. Ognuno di noi ha nel suo DNA i geni del bisogno di conoscenza, indipendentemente dal sesso, dalla condizione e cultura sociale. C'è chi non riconosce questa spinta genetica o non la può sfruttare per ragioni di religione, dato che l'animo non deve esse condizionato da dogmi di qualsiasi natura, anche politici. Ci sono a volte, purtroppo, motivi d'indigenza che obbligano a soddisfare soltanto le prime e vitali necessità, senza che si possa pensare a desideri di spiritualità che non siano quelli di religioni–rifugio. C'è chi, infine, preferisce il pigro rilassarsi e concedersi ai piaceri materiali vivendo come pietra grezza. A costoro, evidentemente, manca la possibilità o la voglia di permettersi un primo esame interiore.
Per le donne, cui riconosco perfetta eguaglianza e forse una maggiore capacità di introspezione, vi è soltanto, per ora, l'ingresso nella Massoneria di Piazza del Gesù, che le accoglie alle stesse condizioni soggettive della predisposizione al lavoro di levigare la propria pietra grezza.
Agli uomini (la Massoneria Regolare si rivolge soltanto a loro per antica tradizione) non posso che consigliare, dopo tanti anni di vita massonica, l'adesione a una Loggia perché, dal lavoro che essi compiranno per raggiungere o tentare di raggiungere la Conoscenza e la Verità, non potranno altro che trarre un beneficio spirituale che si tradurrà di riflesso in una migliore condizione dell'animo.

Essi potranno conoscere il pregio di aver fiducia nei Fratelli e nel Mondo per il bene spirituale e materiale di se stessi e dell'Umanità, così come si legge nei nostri rituali".

* Storia, riti e iniziazione in una delle prime logge massoniche d'Italia

Dopo aver trattato di Massoneria in senso generale, rifacendoci ad alcuni dei suoi concetti base, per amore di verità storica, proponiamo di seguito i risultati della significativa ricerca condotta da Pasquale Tanzini, su una delle prime logge massoniche d'Italia: la Loggia Inglese di Firenze. Si tratta di un documento eccezionale perché consente di seguire la nascita, lo sviluppo e le caratteristiche iniziatiche e rituali di una loggia massonica agli albori della storia ufficiale della Libera Massoneria. Dello studio di Pasquale Tanzini pubblichiamo solo alcune parti significative.

La Loggia Inglese a Firenze, 1732-1738
(di Pasquale Tanzini)

Fonti e studi principali

A oggi non è stato ritrovato alcun documento ufficiale della Loggia Inglese a Firenze, attiva per lo meno dal 1732 al 1738. Vi è testimonianza che si tenevano atti o verbali ma si dispone solo di notizie fornite da alcuni membri e da altre fonti dell'epoca. In oltre duecentocinquanta anni si sono accumulati numerosi e vari elementi, di cui non si può rendere adeguatamente conto in breve. Di qui la scelta di una sintesi delle fonti e delle opere principali, poi quella di alcuni documenti basilari, praticamente sconosciuti e ancora inediti nella loro integrale versione originaria, che compare qui per la prima volta. Neppure è possibile proporre tutto il materiale inedito raccolto, data la sua mole e la sua varietà, perciò a molti altri aspetti, non meno interessanti, si potrà eventualmente accennare solo di passaggio. Le notizie raccolte sulla Loggia Inglese a Firenze sono state individuate fondamentalmente attraverso questi due ordini di fonti:

- uno collegato all'interesse numismatico tipico dell'epoca, con le pubblicazioni al riguardo; così sono venute in luce le notizie sulla "Medaglia Sackville", in sé elemento abbastanza collaterale, che però ha favorito anche indagini più approfondite e utili. Si tratta della più antica medaglia di argomento muratorio conosciuta, datata 1733 e dedicata a "Carolus Sackville Magister Fl.".
- L'altra fonte sono gli atti e i documenti ufficiali del processo al poeta Tommaso Crudeli che, per essere egli Libero Muratore, fu accusato, imprigionato e inquisito dal S. Uffizio di Firenze. La documentazione relativa è di consistenza e complessità notevoli, per i molteplici aspetti toccati e implicati.

Nei paesi di lingua tedesca e inglese si è seguita la "pista numismatica", mentre in Toscana e in Italia la vicenda di Tommaso Crudeli è sempre stata presente nella memoria storica. Essa è stata resa nota, per la prima volta, nei paesi di lingua inglese solo nel 1945, grazie a un saggio di J. H. Lepper[5], che ha riproposto, con qualche integrazione, l'opera di F. Sbigoli del 1884. Adesso si dispone soltanto di un profilo generale abbastanza completo, con informazioni più precise. Per acquisire una conoscenza più esauriente, attraverso notizie e documenti appropriati, le indagini dovrebbero prevedere un esame anche di archivi privati, oltre che pubblici, sia a Firenze sia a Londra.
L'attenzione per la "Medaglia Sackville" nasce praticamente con la sua comparsa: la sua riproduzione nella "*Wochentlichen Historischen Munz-Belustigung*" è del 1736, subito seguita dalla pubblicazione di una lettera attribuita al Barone Filippo Stosch dove, spiegando la medaglia, si parla anche della Loggia Inglese stabilita a Firenze.
Le notizie relative agli anni 1737-1738 e quelle sul "caso Crudeli", del 1739-1740, ebbero risonanza anche fuori d'Italia, specie sulla stampa. Fra quelle su Crudeli sono ben noti i verbali della Gran Loggia di Londra del 12 Dicembre 1739.
Qui si menziona solo il caso del Fratello T. Crudeli, senza alcun accenno alla Loggia. Vediamo che: "La Petizione ... fu letta e discussa da diversi Fratelli e particolarmente raccomandata dal G.M." ma non ne abbiamo

5. Lepper, John Heron, *The Earl of Middlesex and the English Lodge in Florence*, A.Q.C. n. 58 (1945), pagg. 4-77.

il testo, né sappiamo chi parlò e cosa fu detto, sia nel Comitato sia in Gran Loggia. Gran Maestro era Lord Robert Raymond, ovvero il Maestro Venerabile della Loggia Inglese a Firenze quando questa sospese la propria attività, quasi certamente nel maggio 1738.

A ogni modo notizie più complete sulla vicenda di T. Crudeli e la Loggia Fiorentina sembrano essere circolate solo in Italia, in parte confinate alla sola Firenze, anche se non è da escludere che una appropriata indagine su carteggi epistolari possa fornire qualcosa di nuovo in proposito. Inizialmente sono notizie contenute in documenti manoscritti, specie gli atti del processo[6]. Questo fu seguito molto attentamente dallo Stato Toscano, specie dal Conte Emanuele di Richecourt, in pratica ministro plenipotenziario del Granduca Francesco Stefano, e dal Senatore Giulio Rucellai, Segretario della Giurisdizione Ecclesiastica, ovvero la magistratura che presiedeva ai vari rapporti giuridici fra le Corti di Firenze e di Roma, nei diversi campi e sotto i vari profili. Esplose così un duro contrasto in materia giurisdizionale fra le due Corti, poiché a quella di Roma faceva capo il Tribunale del S. Uffizio. La vicenda fornì a Firenze l'occasione di interventi volti a condurre sotto un qualche controllo dello Stato, nel suo territorio, le procedure di quel Tribunale. Perciò lo Stato non fu mero spettatore ma intervenne direttamente nella vicenda, non sul merito delle accuse ma sulla legittimità sia di queste sia delle procedure e degli atti. Notizie specifiche compaiono successivamente anche in qualche opera a stampa, mentre la vicenda generale è sempre ricordata con varie interpretazioni dagli storici[7].

La molteplicità delle opinioni, le incertezze anche nei lavori più attenti, le inattendibilità che sorgono anche dai confronti, hanno spinto ad acquisire direttamente (per quanto possibile) e a esaminare tutta la documentazione originale, a cominciare dagli atti processuali. Da que-

6. Gli atti del processo sono conservati nell'Archivio di Stato di Firenze, Fondo 'Consiglio di Reggenza', Filze n. 339 e n. 340. In parte è documentazione del Governo Granducale, in parte è copia - non sappiamo quanta rispetto al totale prodotto - trasmessa dal Tribunale del S. Uffizio (specie capi d'accusa, deposizioni e verbali di interrogatori). L'originale di quest'ultima dovrebbe essere negli archivi del S. Uffizio, però "ci troviamo davanti alle difficoltà create dallo 'status' che regge l'archivio del Santo Uffizio di Roma, e che ci pone di fronte all'impossibilità di una verifica del fatto. " (cit. da J. Ferrer Benimeli: *La Prima Loggia a Firenze*, in '250 Anni di Massoneria in Italia', Foggia, Bastogi, 1985, pag. 15).

7. Per un'attenta e documentata analisi di numerose fonti storiche importanti rimandiamo al testo originale di Tanzini [n.d.a.].

sti fra l'altro risulta che il Dott. T. Crudeli, imprigionato il 9 Maggio 1739 nel S. Uffizio in Santa Croce, fu interrogato la prima volta il 10 e la seconda volta il 14 Agosto successivo. Fu così "sottoposto a oltre novanta interrogatori" vertenti sulla Società dei Liberi Muratori e sulla Loggia operante a Firenze, come evidenziato dai verbali che seguono di entrambi gli interrogatori e da alcuni stralci o appunti delle domande postegli e delle sue risposte. I verbali non sono in forma di domanda e risposta ma in forma narrativa, come se fosse stata una deposizione spontanea dell'inquisito. Vi sono poi alcuni biglietti fatti avere da T. Crudeli al suo Avvocato, da cui si ricavano utili chiarimenti.
Questi verbali forniscono alcune informazioni generali fondamentali e abbastanza dettagliate sulla Loggia. Benché abbondantemente saccheggiati da F. Sbigoli, essi non sono né ricordati, né riportati nell'appendice del suo libro, che pure contiene alcuni importanti documenti ufficiali.
I documenti qui presentati, lasciati alla valutazione del lettore, sono preceduti da alcune considerazioni solo su pochi fra i tanti aspetti. Annotazioni per ulteriori indagini, confronti e spiegazioni possono stimolare altri quesiti, nella speranza di stuzzicare l'interesse e dare una migliore conoscenza di un passato stimolante, forse non del tutto compiuto.

Le riunioni della Loggia e il modo di lavorare

Un programma tipico completo di riunione di Loggia appare composto da tre momenti o parti fondamentali.
All'inizio si svolgono le cerimonie: quella di ammissione, oggi diremmo del primo grado, e quella di un successivo conferimento la cui descrizione ricorda qualcosa dell'odierno terzo grado; non saprei se allora si usasse il termine "grado". Forse nella medesima riunione potevano svolgersi entrambe le cerimonie o forse una sola; a ogni modo un nuovo ammesso (Novizio) riceveva questo secondo e ultimo conferimento in una riunione successiva, non in quella del suo ingresso.
La loggia operava quindi secondo il "sistema dei due gradi". Dall'insieme delle notizie sul rituale, sui membri, sulla direzione e conduzione, sui problemi di lingua, la Loggia appare strettamente britannica. Il palese avvicendamento dei membri inglesi, nella conduzione complessiva e nella presenza, è un buon indizio che il sistema praticato costituisse la norma anche in patria.
Dopo le cerimonie nel modello tipo di riunione segue la cena, "che si fa a spese dell'aggregato" (evidentemente se vi sono ammissioni).

Al suo termine si passa, terza fase, allo svolgimento di altri affari, ben precisando che è vietata "ogni sorta di discorso di religione e di Governo". Quale esempio di altri affari T. Crudeli descrive la procedura di presentazione e votazione di una richiesta di ammissione, essenzialmente la stessa di oggi.

Il momento conviviale è anche materialmente al centro della riunione, separando la prima parte, più specificamente e compiutamente cerimoniale, dai lavori successivi, riferiti a una diversa formalità. Si precisa inoltre che al momento intermedio della cena "pare che sia terminato tutto il segreto, perché allora c'entrano alla stanza della cena i servitori, e ho veduto entrare altra gente, che non sono aggregati al Frimesson".

T. Crudeli precisa che, almeno negli anni della sua appartenenza, le riunioni si tenevano in un albergo o ristorante e aggiunge che avevano cadenza settimanale, prevedendo un "desinare", oppure una "cena". Sembra quindi che fossero previste in parte di mattina e in parte di sera e che potessero essere di diversa importanza e impegno.

È arduo pensare che ogni settimana, per dodici mesi, si svolgesse l'intero programma tipico, sempre con ammissioni, o conferimenti del "grado" successivo, e pratiche a ciò attinenti. Se così fosse stato nel giro di due o tre anni i soli nuovi ammessi, senza considerare i visitatori di passaggio, si sarebbero dovuti contare in svariate decine, il che, dalle indicazioni raccolte, si deve escludere.

Non che sia da ritenere falsa l'indicazione della settimanalità delle riunioni; piuttosto non dobbiamo immaginarle pensando alle abitudini di oggi. Si può pensare che in un anno buona parte delle riunioni consistesse solo nel convito, o poco più, forse qualcosa prossimo all'odierna istruzione, o perfezionamento.

Tale convivialità sistematica, in locale pubblico, alla presenza di altre persone non appartenenti né alla Loggia né alla Libera Muratoria, può anche in parte spiegare l'origine delle voci andate diffondendosi sull'appartenenza a essa di numerose personalità cittadine.

Neppure da escludere che talvolta vi fossero a pranzo amici o conoscenti. Tanto più che, almeno fino alla metà del 1737, non vi era alcun divieto o proibizione, né da parte dello Stato, né dell'autorità ecclesiastica. Esistevano all'epoca altre associazioni, le Accademie, a cui per qualche aspetto la Libera Muratoria veniva esplicitamente paragonata o vista affine. Era norma e consuetudine di queste ammettere alle proprie riunioni solo i membri, col severo divieto di riferire all'esterno sull'at-

tività svolta; se ogni tanto si stabiliva un'occasione apposita per far partecipare anche chi non era membro, era rispettata la regola della inammissibilità di estranei alle riunioni.
Tutto questo evidenzia che alcune regole delle Logge erano usi correnti dell'epoca e non rappresentavano affatto elemento di novità.

Le cerimonie e il rituale
La sommaria descrizione della cerimonia di ammissione di un "novizio" fa vedere come si configurava prima della sua ripartizione che ha portato agli attuali primo e secondo grado; abbiamo quindi un'idea di ciò che permane tuttora inalterato, anche se diversamente distribuito.
Elementi dell'attuale secondo grado si possono osservare nelle battute, nella lettera "G", nella menzione dei cinque ordini di architettura, nel segno di fedeltà (sembra però che allora venisse dato con la mano sinistra), nell'indicazione di entrambe le colonne, nelle modalità dei segni riferiti alle nocche della mano e nelle parole stesse di riconoscimento.
Inequivocabile l'indicazione del "grado" successivo, con questa descrizione di una distinta stretta della mano:
"... gli toccano il dito indice, tirano al Novizio il dito indice, poi il medio e successivamente entrambe le dita, poi abbranca tutta la mano, distendendo le suddette due dita verso il polso e un pochino tirano...".
Interessante il modo di rendere i termini inglesi *Master* e *Warden* in italiano: "Maestro" è il termine costante, accompagnato dalle differenti qualifiche di "Capo", "Primo" e forse "Secondo" (ma di quest'ultimo non c'è prova). La versione italiana mostra il ricorso costante alla nozione di "Maestro": "Capo Maestro" (Maestro Venerabile), "Primo Maestro" (Primo Sorvegliante) e forse "Secondo Maestro" (Secondo Sorvegliante), sottolineando lo status o condizione costante di Maestro (il membro ordinario, a pieno titolo di un'Arte o Mestiere), con le specificate differenze di funzioni. Da ricordare che Firenze era socialmente, economicamente e politicamente organizzata, dall'XI-XII secolo fino agli anni 1780, in un sistema di Arti e Mestieri codificato in centinaia di leggi, sì che negli anni 1730 a tutti erano familiari i termini a cui la Libera Muratoria ricorreva come sistema organizzato di quello stesso carattere.
L'accenno all'impegno prestato sulla *Bibbia* riporta alcuni motivi che, nell'ordine in cui compaiono, ci ricordano le pene tradizionali oggi spiegate in rapporto rispettivamente al primo, al secondo e al terzo grado.

Nella cerimonia di iniziazione il rituale è, almeno in parte, in forma di domande e risposte, le prime formulate dal Maestro, le seconde dal candidato o da chi lo guida, o da altri, a seconda delle circostanze. Nel complesso tutti i motivi evidenziati, peraltro non molti, sono tutt'oggi presenti, talvolta letteralmente, talvolta con qualche variazione di espressione ma con significato immutato.

A titolo di curiosità, nella cerimonia di iniziazione nell'odierno rituale italiano sussiste l'usanza che T. Crudeli indica al momento dell'introduzione in Loggia del candidato bendato:

"... gli Associati dentro fanno un gran romore con spade, ferri, e batter tavole".

Ulteriore elemento di interesse è la descrizione del disegno fatto col gesso sul pavimento, con la disposizione degli oggetti e dei partecipanti:

"... doppo fatto il giuramento gli si leva la Benda dagli occhi e vede in terra il sole descritto, come sopra (il quale è dipinto in terra col gesso, e in mezzo al Sole è scritto Geometria) in mezzo a un quadro bislungo fatto di gesso rappresentante il Ponente, Oriente, e le due altre Parti = mezzo giorno, e tramontano, e tutti gli aggregati fanno circolo alla detta figura, cioè stanno attorno. Il Capo Maestro sta dalla parte d'Oriente rimirando l'Occidente, e vi sono di detta figura cinque Colonnette distribuite, sopra alle quali c'è un Cero ardente, rappresentante i cinque ordini d'architettura, una chiamata Dorico, Jonico, Corinzio, Composito e Toscano".

Questa descrizione concorda in maniera singolare con quanto riferisce H. Carr a proposito di un catechismo del 1740 c.: "*A Dialogue between Simon and Philip*", in particolare con uno dei due diagrammi ivi presenti, anche se lì sono indicate tre sole candele[8]. Nel diagramma del *Dialogo* c'è anche un N.B.: "Questo circolo e la sacra fiamma sono aggiunti quando vengono costituiti dei Maestri".

Dalle indicazioni di T. Crudeli apparirebbe invece che il sole con la "G" ci siano fin da quando viene iniziato un candidato.

Nella descrizione della cerimonia di iniziazione c'è un altro passaggio che ricorda ancora l'odierno Terzo Grado:

"Poi lo fanno passeggiare dicendogli che passeggia da buon Frimesson sopra la suddetta figura quadrata bislunga e poiché dubita di guastar

8. Carr, Harry, *The letter G*, in *Harry Carr's World of Freemasonry*, Lewis, London 1984, pagg. 180-221.

le figure, o gettar giù le colonnine, cammina con gran riguardo per non guastarle..."
Questo "passeggiare sopra" significa che deve passare e ripassare sopra, in più passi e con cautela; il candidato deve scavalcare, certamente più di una volta, il rettangolo (che è inoltre un doppio quadrato, nelle proporzioni 2:1) con le colonnine e le candele accese.
T. Crudeli avverte anche che "... succedé alle volte qualche variamento secondo la qualità dei primi Maestri", quindi questa pratica appare in corso di elaborazione, almeno in qualche dettaglio. Ad altri, più esperti in materia, approfondire opportunamente le indicazioni qui disponibili, per una migliore e più completa interpretazione.
Fra le varie indicazioni vediamo che i Fratelli indossano grembiule e guanti: "il grembiule è di cuoio bianco da far guanti", ovvero di pelle morbida, e che "si comprano guanti bianchi da Uomo e da Donna per ognuno".
Non so se debba intendersi nel senso di due paia di guanti, uno da Uomo e l'altro da Donna, oppure una foggia o tipo di guanti.
C'è la benda, usata nelle cerimonie di ammissione: "di che materia sia poco importa", purché serva allo scopo.
Ci sono le "seste", cioè il compasso, che il "Primo Maestro" porta appese al collo con un nastro; queste sono utilizzate anche nella cerimonia di ammissione.
Sempre il "Primo Maestro" dispone di un "martello di legno", cioè un comune maglietto. Sia qui, come sopra, può essere che si debba intendere "Capo Maestro", dato anche che è facile confondere fra "Primo" e "Capo", termini abbastanza sinonimi in un contesto del genere.
Questa nel complesso tutta l'attrezzatura indicata; anche se può essere stato dimenticato qualcosa, nell'insieme appare assai ridotta, facile da essere sgomberata e riposta; quasi nulla a confronto di quanto verrà via via a costituire l'arredo di una Loggia, le insegne e gli attrezzi di lavoro.

Notizie sulle origini della Loggia

T. Crudeli specifica di essere stato ammesso circa quattro anni prima del suo interrogatorio, ovvero circa nell'estate del 1735; quindi che: "In tanti anni, che è stata instituita qui in Firenze tal società, che non so il tempo gl'Inglesi sul principio non introducevano gli Italiani".
Non sapendo né quando, né chi l'avesse istituita questo lascia supporre che i "fondatori" non fossero più a Firenze.

Se all'inizio gli Inglesi non introducevano gli Italiani, il Dott. Antonio Cocchi ci ha documentato di essere stato ammesso il 4 agosto 1732, circa tre anni prima di T. Crudeli. Annotando la sua ammissione scrive: "a Capo di essi era Mr. Shirley e gli altri erano Capt. Spens, Mr. Clarke, Capt. Clarke, Mild. Middlessex, Milord Rob.t Montaigu, Mr. Frolik, Mr. Collings, Baron Stosch. Novizi meco il Sr. Archer e Mr. Harris". quindi non erano presenti italiani e sembra abbastanza plausibile che il primo di questi sia stato lui.
Nel 1732 la Loggia appare pienamente in attività, come suggerisce anche un avviso di convocazione del 30 settembre, a firma di Shirley, Maestro e di Spens e Middlessex, Sorveglianti.
Quest'ultimo era partito da Londra all'inizio del 1732 per Parigi e Firenze e da qui ripartì per Londra nel giugno 1733, per tornare due anni dopo. Per quanto breve possa essere stato il suo soggiorno a Parigi, considerando il tempo necessario per il viaggio, è assai poco plausibile che sia giunto a Firenze prima dell'inizio di aprile. Pertanto può aver assunto la carica di Sorvegliante tra l'aprile e il Luglio del 1732.
A. Cocchi il 22 giugno 1733 restituisce al Cav. Hugh Smithson la chiave della cassa dei Freemasons, che questi gli aveva dato quando lo aveva "deputato" Maestro[9]. Quale che in dettaglio fosse stato questo conferimento, per esercitare una tale prerogativa pare doversi concludere che questo Cav. Hugh Smithson dovesse essere il Maestro (Venerabile) della Loggia, dopo Shirley.
Quindi, se l'elezione del Maestro e le nomine (se tali) dei Sorveglianti avvenivano ogni anno nella ricorrenza della "costituzione" della Loggia e dell'elezione del suo primo Maestro, si può dedurre che ciò cadesse fra la metà di aprile e la metà di giugno.

9. "Nel 18° secolo le Logge si riunivano in taverne e caffè. Prima entrava il Maestro Venerabile e due Fratelli Anziani, che noi chiamiamo Sorveglianti. Ciascuno aveva una chiave per aprire uno dei tre lucchetti della Cassa della Loggia. Da questa Cassa si estraevano gli strumenti necessari per la Riunione di Loggia... Se vi era da conferire un Grado il Tegolatore avrebbe disegnato col gesso i simboli sul pavimento... I Reggimenti viaggiavano in tutto il mondo e ciascun Reggimento aveva la sua Cassa Muratoria contenente i simboli, gli strumenti di lavoro, le proprietà della Loggia...", cit. da G. Power: *Address to Junior Master Masons - 5th June 1985*, in *A Masonic Collection*, Dublin 1989, pagg. 30-34.

I Rosacroce

Fenomeno culturale singolare, perché non è il frutto dell'attività riconoscibile di un gruppo organizzato e identificabile di persone, il movimento rosacrociano si identifica con un complesso di tradizioni esoteriche, iniziatiche e mistiche, che ha origine dalla pubblicazione di alcuni scritti anonimi nel 1614 e nel 1615.

Nel 1614 viene pubblicata la prima edizione dell'operetta *Fama Fraternitatis*, seguita, l'anno successivo, dalla *Confessio Fraternitatis*. I due libelli, completati da un'appendice, hanno diverse edizioni, tra cui quella pubblicata a Regensburg nel 1681.

Il titolo completo dell'opera è indicativo degli obiettivi che si proponevano gli autori (o l'autore): "Riforma universale e generale del mondo intero. Seguita dalla *Fama Fraternitatis* dell'Onorevole Confraternita della Rosa-Croce, indirizzata a tutti i dotti e ai sovrani d'Europa. In appendice: *Risposta inviata dal signor Haselmeyer, alla nobile Fratellanza dei Teosofi di Rosacroce*".

A questi due scritti fa seguito, due anni dopo, un libro, attribuito al teologo protestante Andreae: *Le nozze chimiche di Christian Rosenkreutz*.

La pubblicazione delle tre opere avvia un importante dibattito nella cultura dell'epoca, non solo sui misteriosi autori degli scritti ma anche sui contenuti rivoluzionari dei testi. Alla pubblicazione degli scritti fa seguito infine l'affissione a Parigi, a partire dal 1623, di manifesti di contenuto rosacrociano inneggianti a un rinnovamento imminente, insieme con la possibilità, per chi è interessato, di condividere le misteriose e importanti conoscenze iniziatiche dei membri della Confraternita.

Cosa si può dire, oggi, di queste opere? Secondi alcuni (seguendo l'ammissione dello stesso Andreae), si sarebbe trattato di una burla, di uno scherzo ben congegnato, senza alcuno scopo particolare.

Se sottoponiamo ad analisi il testo dei manifesti di Parigi, questa ipotesi potrebbe trovare conferma: lo stile e i contenuti dei manifesti sembrano studiati ad arte per creare aspettative prive di un possibile seguito. I primi testi rosacrociani potrebbero essere quindi il frutto di una ristretta cerchia di amici e collaboratori, di cui, probabilmente, Andreae era parte integrante, che si proponeva in realtà la diffusione di alcune idee di rinnovamento, al di là dell'esistenza o meno della Confraternita di cui si tratta.

Per diffondersi, stimolando la curiosità, queste idee dovevano essere inserite in un mito, creato ad arte dalle pubblicazioni, così come l'atmosfera di falsa reticenza che circondava tutta l'operazione.

Si è sostenuto che, in seguito, alcuni fautori di questa nuova visione del mondo avrebbero ritrattato. Non bisogna, tuttavia, dare molta importanza alle ritrattazioni, conseguenza del clima di vero e proprio linciaggio (o del timore del fuoco dell'Inquisizione) cui sarebbero stati sottoposti i presunti membri della Confraternita.

L'operazione avrebbe comunque funzionato egregiamente, consegnando al mito e alla tradizione insegnamenti di grande importanza, forse anche troppo moderni per i tempi in cui erano stati proposti. Secondo altri autori, tutta l'operazione non sarebbe stata che un tentativo di ricostruire, su altre basi, la collaborazione sempre esistita tra gli umanisti in quanto, dopo la Riforma Protestante e la Controriforma, occorreva ritrovare una base comune di discussione tra i dotti dei due campi.

Il Rosacrucianesimo, di impronta protestante, avrebbe dovuto costituire la visione del mondo su cui ricostruire l'unità degli "spiriti eletti" e l'inizio della *Fama Fraternitatis* sembrerebbe dare ragione a questa tesi.

✻ Una via iniziatica collegata alla tradizione

Gli insegnamenti rosacrociani si basano sul desiderio di portare a conoscenza degli "spiriti eletti" quanto il sapere tradizionale ha rivelato, sia agli adepti del passato sia del presente. In questo senso si notano punti di contatto con altre tradizioni, come quella dei Sufi, anch'essi alla ricerca dei frammenti di conoscenza antica sparsi su tutta la Terra.
È interessante paragonare la lunga permanenza di Christian Rosenkreutz presso i sapienti arabi, e l'ottima accoglienza da loro fatta all'ospite, con la decisa chiusura da parte degli ambienti accademici europei, sperimentata da Rosenkreutz al suo ritorno, quando cerca di diffondere le sue idee.
Alla base della conoscenza rosacrociana del mondo vi è la convinzione dell'unità del Cosmo: per cui il Macrocosmo è rappresentato nel Microcosmo dell'uomo. Tutto, inoltre, risuona e vibra armonicamente all'unisono con Dio, il Cielo e la Terra.
La mancanza di vibrazione armonica è causata dal male e, in particolare, dal demonio, principio primo della dissonanza presente nel mondo. Scopo dell'uomo è quindi quello di conoscere l'universo, capirne il funzionamento, utilizzare questa conoscenza per accrescere la propria capacità spirituale ed evolvere verso dimensioni sempre maggiori della coscienza, guidati dalla morale e dalla vera religione. L'aspetto etico, quello morale e la purezza spirituale sono di fondamentale importanza: secondo la *Fama Fraternitatis*, infatti, il primo gruppo di persone che si radunano attorno a Christian Rosenkreutz fa voto di purezza fisica, sposando la castità.

✻ I Rosacroce oggi

L'Ordine della Rosa-Croce, in quanto Ordine generatore degli scritti pubblicati sotto questo nome, forse, non è mai esistito, per lo meno come viene descritto dai testi. Ma la forza del mito è stata tale che numerose Confraternite si sono sentite ispirate dai suoi ideali, così come molti personaggi si sono sentiti, individualmente, attratti a tal punto dagli insegnamenti spirituali impartiti, da ritenersi veri e propri rosacrociani. Per questo motivo, non è corretto stigmatizzare società o ordini iniziatici che si ritengono eredi della Rosa-Croce.

In un certo senso, negarne la legittimità di eredi della tradizione, sarebbe come negare la legittimità di un vero alchimista o di un vero ermetista che non ha avuto una diretta iniziazione da parte di un Maestro della Tradizione, ma che ha, ciononostante, ottenuto risultati importanti nel suo campo. Se queste organizzazioni, che si definiscono rosacrociane, operano nell'ambito della filosofia rosacrociana e ottengono risultati significativi nell'alchimia spirituale dell'uomo, secondo gli antichi insegnamenti dei Manifesti rosacrociani, hanno tutto il diritto di definirsi eredi della loro tradizione.

Alcuni di questi Ordini utilizzano, infatti, un linguaggio e propongono insegnamenti che sono in linea con quelli utilizzati all'epoca dei Manifesti rosacrociani e denotano, se non una filiazione diretta, almeno una profonda comprensione dei temi presentati dagli scritti rosacrociani.

⁕ Il percorso iniziatico rosacrociano

Come abbiamo visto, gli scritti fondamentali della tradizione rosacrociana sono la *Fama Fraternitatis*, apparso a Kassel nel 1614, il Manifesto *Confessio Fraternitatis*, apparso a Francoforte sul Meno nel 1615 e *Le Nozze Chimiche di Christian Rosenkreutz*, pubblicato a Strasburgo nel 1616.

La Fama Fraternitatis

La *Fama Fraternitatis* intende indicare al pubblico dei lettori un percorso iniziatico, che trova la propria origine nel viaggio effettuato in Oriente dal fondatore della Confraternita, Padre C.R. Una delle funzioni dell'attività della Confraternita consiste, infatti, proprio nella trasmissione ai suoi membri delle superiori conoscenze raccolte dal loro Maestro nel corso dei suoi viaggi e degli incontri con grandi iniziati.

L'opera comincia con una formula di saluto, rivolta dai fratelli della Confraternita della R.C. a tutti i lettori della *Fama*. I fratelli ritengono che i tempi possano essere considerati felici, sia perché essi hanno avuto la possibilità di venire a conoscenza di una parte segreta del mondo, sia perché sono sorti numerosi spiriti illuminati che hanno portato a maturazione la conoscenza della natura e la comprensione dei valori più grandi dell'uomo. Si tratta di risultati che incontrano purtroppo lo scherno della gente e, soprattutto, l'opposizione delle persone dotte. Le credenze antiche impediscono loro, infatti, di trovare una posizione comune sulla comprensione del libro della natura, e le discipline di un tempo (teologia, fisica, matematica) sono in contrasto con la verità.

Il fondatore della Confraternita, Padre C.R., ha lavorato a lungo proprio per risolvere questo problema. Versato fin dall'infanzia nello studio delle lingue antiche, da adolescente accompagna un fratello lungo la strada verso la Terra Santa. Il fratello muore a Cipro ma C.R. prosegue il viaggio, prima a Damasco, dove viene bene accolto dai Turchi, quindi a Damcar in Arabia, dove giunge all'età di sedici anni. Qui egli impara perfettamente l'arabo, approfondisce la conoscenza della fisica e della matematica e traduce in latino un libro misterioso. Dopo tre anni si reca in Egitto, quindi viaggia attraverso il Mediterraneo fino a Fez, dove continua a studiare matematica, fisica e magia.

Venuto a contatto con misteriosi personaggi (forse una società iniziatica segreta), approfondisce ulteriormente le varie discipline. Qui giunge alla comprensione dell'unità di Macrocosmo e di Microcosmo, e alla conoscenza che l'universo intero è contenuto nel nostro organismo e che tutto vibra all'unisono con Dio, il Cielo e la Terra. Dopo due anni di permanenza egli lascia Fez e si trasferisce in Spagna, dove si scontra con l'incomprensione dei dotti locali, ai quali le sue conoscenze sembrano troppo rivoluzionarie. Anche quando C.R. visita altri Paesi europei, ritrova le stesse posizioni sfavorevoli a una riforma dell'umanità: perché è proprio questo l'obiettivo che egli si è dato.

Informando solo i sapienti e gli spiriti elevati egli avrebbe dato vita a una società che avrebbe consentito ai regnanti e ai potenti di disporre dei mezzi culturali (e finanziari) necessari per la grande riforma del genere umano. In questa sua attività la *Fama Fraternitatis* paragona C.R. a Paracelso, che, pur non essendo membro della Confraternita, ne avrebbe condiviso le aspirazioni. Sarebbe, inoltre, anche stato a conoscenza del contenuto del libro segreto tradotto da C.R. Questi, da parte sua, dopo aver a lungo viaggiato, ritorna in Germania, dove si costruisce una grande dimora, nella quale procede negli studi, soprattutto di matematica. Dopo cinque anni decide di porre mano alla sua riforma culturale e di prendere degli aiutanti: chiama presso di sé tre persone di grande maestria, provenienti dal primo convento dove aveva dimorato agli inizi della sua attività. Essi avrebbero dovuto registrare tutti i suoi insegnamenti, comportandosi con fedeltà, riservatezza e operosità. I quattro fratelli fondatori costituiscono il cuore della nuova Confraternita della R.C.

La Confraternita utilizza una lingua segreta, con parole e grafia proprie, che nascondono grandi contenuti spirituali. La sua attività si divide tra la trasmissione delle conoscenze del Maestro, la cura degli ammalati, che arrivano sempre più numerosi, e la costruzione di una nuova ala dell'edificio, dedicata allo Spirito Santo. L'incremento delle attività li porta ad accogliere nuovi fratelli, fino ad arrivare a otto persone, tutte di nazionalità tedesca tranne una.

I confratelli sono celibi e hanno fatto voto di castità. A questo punto, chi scrive informa che, nonostante siano passati cento anni, la sapienza della Confraternita è rimasta invariata e rimarrà tale fino alla fine dei tempi. Tornando alla storia degli otto fratelli, la *Fama Fraternitatis* racconta che, dopo aver tanto lavorato e tanto appreso,

al punto che non rimaneva più nulla da fare, i fratelli decidono di disperdersi per il mondo, con l'obiettivo di comunicare con i sapienti nei luoghi più vari e per accumulare ulteriori esperienze.
Dopo aver giurato di osservare le regole, i fratelli si disperdono nel mondo, tranne due che rimangono accanto a C.R. e che sarebbero stati sostituiti da altri due quando anche quelli se ne fossero andati. Ogni anno i fratelli si riuniscono in grande letizia e si scambiano le informazioni e le conoscenze raccolte in tutto il Mondo. La *Fama Fraternitatis* descrive, a questo punto, la levatura morale dei fratelli e della loro vita. Infatti, pur essendo dei veri e propri scienziati, a conoscenza di tutto lo scibile in merito agli uomini e a Dio, essi vivono in armonia, riservatezza e bontà di carattere.
Uno dopo l'altro, i fratelli muoiono di vecchiaia: il primo è I.O., grande conoscitore della cabala, che viene a mancare mentre si trova in Inghilterra. I luoghi della sepoltura vengono tenuti gelosamente celati e, anche se coloro che li sostituiscono sono altrettanto preparati e sapienti, non è dato loro di conoscere in anticipo le sventure della loro vita o il momento della loro morte. Dopo la morte di I.O., fratello C.R. convoca gli altri fratelli e comincia a farsi costruire il sepolcro.

La Regola rosacrociana

Come regola fondamentale da seguire, essi definiscono sei punti da rispettare.

- Ciascuno deve esercitare solo la professione di curare i malati gratuitamente.
- Non occorre portare particolari vestiti per distinguere la Confraternita, ma ci si deve adattare al posto in cui si vive.
- Ogni anno si sarebbero incontrati in un giorno determinato presso la casa dello Spirito Santo o avrebbero comunicato il motivo della loro assenza.
- Ogni membro delle Confraternita avrebbe individuato una persona che lo avrebbe sostituito dopo la sua morte.
- R.C. sarebbe stato parola d'ordine, emblema e sigillo.
- Per cento anni la Confraternita sarebbe rimasta nascosta e segreta.

La *Fama Fraternitatis* continua narrando del segreto comunicato ai fratelli della terza generazione da parte di A., appartenuto alla seconda generazione, che aveva conosciuto i fondatori. Si allude a un periodo particolare di cento anni, misterioso per i fratelli di questa generazione, che, dopo la morte di A., hanno potuto accedere alle informazioni del passato soprattutto grazie ai libri conservati nella biblioteca.

Ora, nonostante il mistero nel quale era avvolta, la sepoltura di C.R. viene scoperta dai fratelli, che hanno ricevuto l'incarico di farla conoscere al mondo.

In concomitanza con questo evento, essi decidono di uscire allo scoperto, dichiarandosi pronti a dare ogni informazione su loro e sulla vita della loro Confraternita.

Uno dei motivi di questa decisione è da ricercare nelle parole affidate da A. al suo sostituto, fratello N.N., il quale riferisce agli altri membri della Confraternita che, secondo il membro più anziano, la Confraternita stessa avrebbe operato alla luce del sole nel Paese dove essa era nata, cioè in Germania.

L'anno successivo a queste rivelazioni, proprio il fratello N.N., esperto di architettura, prima di mettersi in viaggio, ha l'idea di ristrutturare la sede della Confraternita.

Nella parte finale della *Fama Fraternitatis*, si fa professione di fede luterana. La conoscenza della Confraternita non è cosa recente: essa risale, in origine, fino a Adamo, Mosè e Salomone. Inoltre, e questo è forse uno degli aspetti di maggior importanza, si sottolinea come le varie forme di conoscenza (dovute a Platone, Aristotele, Pitagora, Enoch, Abramo, Mosè e Salomone) siano tra di esse concordi.

Un altro aspetto di grande importanza è la posizione della Confraternita in tema di alchimia: secondo i fratelli, la produzione dell'oro è soltanto un *parergon* (opera secondaria), che non è nulla in confronto con la sapienza spirituale che apre i Cieli. L'opera termina con una messa in guardia nei confronti dei testi di falsa alchimia e di chi volesse eventualmente agire contro la Confraternita.

UNA SCOPERTA SBALORDITIVA

Durante i lavori per la ristrutturazione della sede della Confraternita, viene riscoperta una lapide in bronzo con i nomi dei fratelli fondatori, che i membri della Confraternita decidono di sistemare in una nicchia più adeguata. Mentre estraggono un grosso chiodo che fissa la lapide alla parete, oltre all'intonaco, si stacca anche una grande pietra, che occulta una porta segreta sulla quale scoprono un'iscrizione: *Post CXX annos patebo* (Dopo centoventi anni mi aprirò).
La *Fama* racconta delle riflessioni dei fratelli sul significato, anche simbolico, dell'evento: si dice infatti che, come si è ora aperta in maniera inaspettata questa porta misteriosa, si aprirà presto anche una porta in Europa, con il crollo delle mura che la circondano. La mattina del giorno seguente i fratelli aprono la porta segreta e scoprono una cripta con setti lati e sette angoli, di cui ogni lato misura 1,5 m. di lunghezza e 2,4 m. di altezza. Una luminosità strana, dovuta a una luce simile al sole e proveniente dal centro del soffitto, rischiara la scena. Al centro della sala vi è un altare circolare con una lastra di ottone che riporta le seguenti parole: "Mi sono fatto da vivo questo sepolcro come compendio dell'universo". Intorno al bordo vi è la scritta: "Gesù per me è tutto". Al centro, all'interno di altrettanti cerchi, vi sono quattro figure con le seguenti parole:

"In nessun luogo il vuoto"
"Il giogo della legge"
"La libertà del Vangelo"
"La gloria di Dio è intatta".

Ai fratelli della Confraternita, tutti i simboli e i testi appaiono chiari e comprensibili e la loro grande emozione e profonda deferenza li porta a ringraziare Dio.
Il riferimento all'importanza del triangolo, come componente base della struttura dell'edificio, è una diretta componente (neo)platonica, mantenuta fino a oggi nella tradizione esoterica rosacrociana. Il triangolo, infatti, è presente (da solo o come figura composta) come componente del soffitto, dei lati e del pavimento. Sui lati della struttura vi è una cassetta, con oggetti importanti e gli stessi libri conosciuti dai membri più recenti della Confraternita. Secondo la *Fama Fraternitatis*, tutta la cripta era stata strutturata in maniera tale da consentire, anche in caso di perdita completa della memoria della Confraternita, di attingere nuovamente alle sue conoscenze con il materiale contenuto nell'edificio. Sotto l'altare, spostando una lastra di ottone, essi scoprono un corpo incorrotto, con in mano un libro, che porta il titolo di T., considerato in seguito dalla

Confraternita il libro più importante dopo la *Bibbia*. Riporta testi in latino, con la firma dei primi fratelli della Confraternita. Dopo aver esaminato il contenuto di tutto ciò che si trova nella cripta, ogni cosa è rimessa al suo posto e le lastre ricollocate nella posizione originaria. A questo punto, la *Fama Fraternitatis* riconosce la difficoltà che le aspirazioni della Confraternita possano trovare immediata accettazione da parte di tutti; tuttavia, anche i pochi che potranno aggiungersi a essa, avranno la possibilità di godere delle conoscenze dei fratelli e contribuiranno ad alleviare le pene del mondo.

La Confessio Fraternitatis

La *Confessio Fraternitatis* si apre con la rivelazione che ciò che è stato in precedenza divulgato (per esempio nella *Fama*), non è decisione della Confraternita, ma un vero e proprio desiderio di Dio. I fratelli rispondono a questa richiesta facendo libero dono delle conoscenze acquisite.

Non si può nemmeno sostenere che gli autori possano essere accusati di eresia, perché essi sono a favore dell'Impero e contro musulmani e papisti. Scopo dell'opera è anche quello di chiarire punti oscuri della *Fama*, spingendo i dotti ad avere un'opinione più favorevole della Confraternita.

Secondo i fratelli R.C., in questo secolo nel quale la filosofia è ormai agonizzante, i membri della Confraternita sono invece in grado di aiutare le persone interessate a comprendere i principi della vera filosofia da loro individuati. La loro filosofia è il compendio e l'essenza di ciò che occorre sapere.

Un altro obiettivo che si pongono i fratelli è quello di rendere accessibili gli arcani scoperti a molti altri, aiutandoli a scuotersi dall'apatia culturale nella quale sono caduti.

Gli insegnamenti di C.R. sono poi così profondi e importanti che, qualora si dovesse verificare una catastrofe naturale che portasse alla distruzione di tutte le opere dell'uomo, quelle del Maestro sarebbero sufficienti a riportare la civiltà. D'altra parte, è un peccato che queste misteriose conoscenze debbano rimanere celate agli uomini di questo secolo, in attesa di essere scoperte in un futuro lontano: è molto meglio che esse siano insegnate ora, per consentire all'uomo di oggi di liberarsi dalla fame e dalla necessità, dalla malattia e dalla vecchiaia. Il vantaggio sarebbe quello di poter trarre tutti gli insegnamenti da un'unica fonte (un unico libro), invece di doverli ricavare con fatica da numerose fonti diverse.

Ora, i fratelli hanno compreso che occorre fare in modo che la Confraternita aumenti i suoi membri, opera che comporta impegno e dedizione. Qualcuno potrebbe ritenere che insegnare segreti così potenti possa essere pericoloso: non tutto può essere insegnato a tutti. A questo riguardo, la posizione dei fratelli R.C. è che chi non è interessato a questi temi (menti rozze e meschine) non si avvicinerà comunque alla Confraternita, che giudicherà in ogni caso l'ammissione sulla base delle sue regole. Inoltre, nessuno potrà fare alcun male ai membri della Confraternita a causa dell'impossibilità a raggiungerli.

La Confraternita comprenderà diversi ordini, perché diverse sono le persone e il livello di maturazione culturale e spirituale di ognuno. Lo stesso sistema di governo esiste anche nella città araba di Damcar, dove alcune persone di particolare cultura sono autorizzate dal sovrano a legiferare. Questo avverrà in futuro anche in Europa, quando si sarà verificato un evento straordinario che sconfiggerà il papato e porterà l'Europa a un nuovo sistema politico.

Anche se non è chiaro a cosa si faccia riferimento, è possibile ipotizzare che gli autori avessero in mente l'arrivo al potere di Federico V del Palatinato che, eletto nel 1619 re di Boemia, avrà una politica antiabsburgica e antipapale.

Nel sesto capitolo si indica la data di nascita di Padre C.R.: il 1378 aggiungendo inoltre che egli sarebbe vissuto 106 anni.

Si indica quindi chi può entrare a far parte della Confraternita: la persona alla quale, per ispirazione divina, è stato concesso di individuare e comprendere i simboli posti da Dio nella Creazione. Costui non dovrà temere nessuna frode, ma potrà avvicinarsi con fiducia, aderire alla Confraternita e mantenere il vincolo del silenzio. Verranno invece respinti i ciarlatani e chi non è interessato alla vera saggezza.

I tempi sono comunque maturi per una nuova era di luce, verità e gloria, simile a quella che aveva conosciuto Adamo prima della sua caduta: dopo questo periodo, si avrà la fine dei tempi. Quest'epoca felice porterà termine alla grande confusione in cui vive il mondo: già altri personaggi, pur non appartenendo alla Confraternita, hanno cominciato a operare per realizzare questa grande riforma dell'umanità. Al tempo stesso, sono comparsi dei segni, inviati da Dio, come messaggeri che ne testimoniano la volontà, per esempio, nuove stelle apparse in cielo. Questi segni vogliono confermare all'uomo l'appoggio divino nella scoperta dei grandi simboli che Dio ha nascosto nel libro della natura, con l'obiettivo di scuotere l'uomo dal torpore nel quale è caduto. Ma non si tratta di simboli della sola natura: essi sono simboli presenti anche nella Sacra Scrittura che, opportunamente decifrati, consentono alla Confraternita di conoscere con precisione l'avvento delle tenebre che oscureranno la Chiesa. Da questi simboli la Confraternita ha ricavato una scrittura magica e un nuovo linguaggio, mediante il quale è possibile descrivere la natura di tutto ciò che esiste.

Il decimo capitolo sottolinea l'affinità esistente tra i membri della Confraternita e coloro i quali hanno fatto della *Bibbia* la regola della loro vita: infatti, anche i fratelli della Confraternita ritengono che nessun libro sia superiore a questo, in termini di eccellenza e utilità.

L'undicesimo capitolo è dedicato al problema dei falsi alchimisti e dell'importanza relativa della trasmutazione dei metalli, quando viene realizzata come fine a se stessa: infatti, non è trasmutando i metalli in oro che si acquisisce la vera scienza, ma, al contrario, acquisendo la vera scienza (filosofia della natura), viene come conseguenza anche la conoscenza dell'arte di trasmutare i metalli. Quindi, prima della tintura dei metalli, occorre dedicarsi allo studio della natura. Questi personaggi ricchi e alteri saranno puniti. Come occorre fuggire dai falsi alchimisti, occorre anche fuggire

dalle loro opere e, tra le numerose che sono state scritte, ben poche se ne salveranno.
Contrariamente a quanto richiesto da questi falsi sapienti, che tutto fanno per ottenere denaro, i fratelli della Confraternita mettono a disposizione il loro sapere gratuitamente, portando la persona interessata a comprendere, senza violenza, come funzioni la scienza occulta. Ciò che li spinge a operare in questo modo, non è l'interesse personale ma la volontà dello Spirito Santo.
È ora il momento della chiamata: i fratelli, dopo essersi presentati, chiedono al lettore se non ritiene di potersi impegnare assieme a loro per migliorare il mondo e vivere nella pace di Dio. Essi potranno anche, in contraccambio della loro collaborazione, venire a conoscenza dei grandi segreti della natura che la Confraternita ha scoperto. Gli altri uomini, invece, che sono mossi da presunzione, esaltazione personale e desideri smodati, non potranno entrare nella Confraternita e non potranno nemmeno raggiungerne i membri, protetti dal silenzio e da Dio.

La formazione iniziatica in Estremo Oriente

Abbiamo visto come l'iniziazione e la sua ritualità siano presenti in ogni epoca storica, sia in Eurasia sia nel Vicino Oriente antico: è giunto ora il momento di analizzare riti di iniziazione in altre parti del mondo, in particolare in Asia estremo orientale, dove affronteremo alcuni aspetti del buddismo Zen, dell'iniziazione del monaco *Kūkai*, che introdusse il buddismo *Shingon* in Giappone nel IX secolo e i riti di iniziazione alla regalità dell'Imperatore del Giappone.

⁕ Lo Zen

Lo Zen costituisce l'evoluzione giapponese del buddismo indiano Dhyana, attraverso la mediazione cinese.
L'importanza del buddismo Zen è dovuta, soprattutto, all'apporto conoscitivo alternativo che esso può dare: infatti, esso propone a chi intraprende questa strada, oltre alle grandi finalità dell'illuminazione e della liberazione dalla ruota delle nascite, anche una serie di esperienze particolarmente significative a livello psicologico e spirituale, che trovano riscontro anche in alcune pratiche esoteriche o mistiche di altre tradizioni.

L'esperienza iniziatica del buddismo Zen

Per molti occidentali, il pensiero Zen costituisce una sfida alla quale risulta difficile sottrarsi. Chi si confronta con esso può, infatti, reagire in modi diversi, ma si sente obbligato a dare una qualche forma di risposta. Molti, forse la maggior parte delle persone, scontrandosi con un mondo così diverso dal proprio, potrebbero avere una reazione totalmente negativa: nulla di ciò che si propone è accettabile, perché ogni cosa è in contrasto con la nostra tradizione filosofica.

Cosa significa, per esempio, per noi, che uno deve compiere qualcosa *mushotoku* (senza scopo)? Perché fare qualcosa, se non c'è un motivo per farla? E perché è importante giungere alla conclusione che è essenziale dimenticare il proprio Io, sostenendo che tutto ciò che riteniamo esistente non è altro che illusione? Chi siamo, allora, noi? Tutta la nostra speculazione occidentale, che si basa sul fatto che, poiché penso, io sono, dove va a finire?

Altri, invece, potrebbero rimanere folgorati dalle rivelazioni del pensiero buddista di scuola Zen. Sconvolti proprio da questa grande diversità, potrebbero porsi domande drammatiche, del tipo: se io non esisto se non in forma illusoria, alla fine, cosa sono? Forse una parte del tutto, di cui ogni cosa è direttamente o indirettamente un aspetto? O solo una manifestazione di qualcosa di superiore, che potremmo identificare con un'energia divina? Si tratta di domande alle quali è difficile rispondere: se la motivazione della pratica Zen è *mushotoku* risulta quasi impossibile trovare giustificazioni razionali...

Allora, occorre riscoprire un altro aspetto di importanza fondamentale: cosa sostiene il pensiero Zen di scuola Soto (una delle due maggiori scuole Zen giapponesi) per superare questa difficoltà? Che quando la mente cerca di circoscrivere se stessa essa risulta impotente. Come può un cerchio circoscrivere un cerchio di eguale diametro? La risposta è semplice: non è possibile!

Occorre, allora, chiedere al corpo di venire in nostro aiuto, median-

te tecniche di respirazione e particolari posizioni, dimostrando che la debolezza della mente può essere superata da queste due funzioni fondamentali del nostro organismo.
La posizione (postura) e la respirazione. Ogni volta che la mente si scontra con se stessa e risulta incapace di dare una risposta razionale alle proprie domande, occorre dimenticarsi di essa e dedicarsi a postura e respirazione: in questo modo, ogni vissuto torna a galla, e siamo in grado, distaccandoci da esso proprio mediante la concentrazione su posizione e respirazione, di farlo transitare di fronte a noi come l'acqua di un fiume che scorre e che non si ferma.
Il segreto della scuola Soto Zen, e la sua iniziazione, consiste proprio in questo: abituare la nostra mente, tramite l'aiuto del corpo (che si pone nella posizione di *Zazen* "meditazione stando seduti"), a non legarsi al manifestarsi delle proprie fissazioni, dei propri problemi e dei propri traumi. Tutto scorre come in uno spettacolo cinematografico e ciascuno di noi, vedendolo, deve rimanere impassibile, senza attaccarsi alle singole situazioni traumatiche. Questa imperturbabilità si ottiene concentrandosi su posizione e respirazione, aiutati dalla lettura dei *sutra* (passi dei testi sacri) buddisti, alcuni dei quali cantati per sostenere la respirazione.
Questa impassibilità, all'inizio difficile, è alla base della maturazione della persona: quanto più riesco a mantenere le distanze da questo film di emozioni, tanto più riesco a mantenere le distanze dalle emozioni della vita quotidiana. Scopo del buddismo è l'eliminazione della sofferenza: il buddismo Zen, erede del buddismo Ch'an cinese, costituisce una delle forme più elevate di meditazione orientale, in grado di aiutare l'uomo a raggiungere questo obiettivo.
Poiché il buddismo in genere, e quello Zen in particolare, si propone di liberare l'uomo dalla sofferenza, convincendolo che essa è frutto degli attaccamenti dell'Io (che, a sua volta, non esiste), occorre educarsi a non provare attaccamento per qualcosa che è fondamentalmente illusorio. Tutto è illusione, per cui sia colui che si attacca a qualcosa, sia ciò a cui ci si attacca, non sono altro che movimenti della mente, come ricorda una nota storiella Zen (vedi box a p. 160).

I benefici della pratica si riscontrano dopo poco tempo (varia a seconda delle persone, ma, normalmente, dopo circa due mesi). La persona si calma, ritrovando la tranquillità della psiche e dello spirito. Abituandosi a non attaccarsi a quanto emerge durante la meditazione, comincia, poco per volta, il distacco dagli accadimenti della vita. Occorre, però, fare attenzione: non stiamo scappando dalla realtà, ma stiamo cercando di dare a essa il giusto peso. Sbaglierebbe chi cercasse di praticare lo Zen per sfuggire da qualche grave problema personale, senza voler veramente liberarsi dalle illusioni del mondo materiale.

Dobbiamo, in ogni caso, usare con saggezza quest'aumentata capacità di resistenza, compensandola con un miglioramento delle caratteristiche più nobili dell'uomo, come la compassione (comprensione della sofferenza altrui e tentativo di aiutare gli altri a superarla); altrimenti si rischia di cadere nel campo opposto a quello che si vuole raggiungere. Non dobbiamo dimenticare che il buddismo Zen ha effettivamente formato i monaci Zen, famosi in tutto il mondo per la loro saggezza, ma anche i *samurai*, che hanno fatto, sì, del *Bushido* (codice militare dei *samurai*) un sistema per dominare la paura della morte, ma anche per adempiere a una missione di altro tipo, cioè combattere e vincere gli altri.

L'INCESSANTE MOVIMENTO DELLA MENTE

In un monastero due monaci stanno discutendo tra di loro su un tema cruciale: è la bandiera a muoversi o è il vento che fa muovere la bandiera? La soluzione è ben diversa, come fa notare l'abate del monastero: non è il vento a muovere la bandiera, e non è neppure la bandiera a muoversi da sola, sono le menti dei due monaci che si muovono.

Allora, se è il movimento a creare il problema, perché non rinunciarvi? Perché non sedersi, con le gambe nella posizione del loto, immobili, sullo zafù (cuscino per la meditazione *Zazen*), concentrati sul mantenimento della posizione? Ma oltre al mantenimento della posizione, occorre concentrarsi anche sulla respirazione che, per poter ridurre al minimo il movimento della struttura del tronco, deve essere rigidamente addominale.

Caratteristiche rituali dello Zen

L'iniziazione rituale nello Zen avviene attraverso varie fasi: dal noviziato si giunge al monachesimo vero e proprio, attraverso un lungo percorso che deve abituare la persona a giungere all'illuminazione ed, eventualmente, a rinunciarvi per portare aiuto compassionevole agli altri esseri umani.
A seconda delle scuole, si prediligono strade diverse: nel Soto Zen si dà importanza preminente allo *Zazen*, cioè alla meditazione, mentre in altre forme, che pure praticano la meditazione, si predilige l'assegnazione di un *Koan* (quesito) che l'allievo deve risolvere per trovare l'illuminazione (o per avvicinarvisi), o ancora la ripetizione di una breve preghiera, simile a un *Mantra*.
L'obiettivo di ogni forma è quello di contribuire allo scardinamento del sistema di ragionamento logico-deduttivo al quale siamo incatenati a doppia mandata.
Nel caso dello *Zazen* l'allievo giunge gradatamente e dolcemente all'intuizione e all'illuminazione; nel caso del *Koan*, vi giunge in modo più drammatico, perché nel tentativo di risolvere logicamente qualcosa che logico non è, accumula una tale tensione da provocare un'esplosione cognitiva che porta all'intuizione; nel terzo caso, la recita costante del *Mantra* addormenta la parte logica delle nostre capacità, risvegliando invece quella intuitiva e creativa.
Un esempio tipico di *Koan* è: "Qual è il suono di una mano sola?".

⁕ L'iniziazione nel buddismo esoterico

Il monaco Kūkai, vissuto dal 774 all'835 d.C., trascorse un periodo di formazione presso la corte imperiale cinese di Ch'ang-an, come allievo del maestro Hui-kuo, della setta buddista *Shingon* (in sanscrito *Mantrayana*), allievo, a sua volta, del maestro indiano Amoghavajra.

Racconto del monaco giapponese Kūkai

Su incarico del suo governo, il monaco Kūkai si reca in Cina per raccogliere informazioni e insegnamenti sulla tradizione buddista *Shingon*. Nell'opera *Memoriale contenente l'elenco dei sutra importati di recente*, Kūkai descrive il suo apprendistato presso la Pagoda Orientale del Tempio del Drago Verde, dove Hui-kuo era abate. Riportiamo di seguito la traduzione del testo relativo alle iniziazioni ricevute da Kūkai sotto la guida dell'abate cinese.

"Feci visita all'abate insieme a cinque o sei monaci del Tempio Hsi-Ming. Non appena mi vide, sorrise con piacere e disse con voce gioiosa: 'Sapevo che saresti venuto. Ti ho aspettato a lungo. Che piacere mi fa vederti oggi, infine. La mia vita sta giungendo al termine e fino alla tua venuta non c'era nessuno cui trasmettere i miei insegnamenti. Vai immediatamente all'altare delle ordinazioni con incenso e fiori'. Tornai al tempio dove dimoravo e presi quanto necessario per la cerimonia. Erano i primi giorni della sesta luna quando entrai nella stanza delle ordinazioni. Rimasi di fronte al Garbha Mandala e gettai il mio fiore come prescritto. Casualmente, il fiore cadde sul corpo del Buddha Vairochana, che si trovava al centro. Il maestro esclamò pieno di letizia 'Che cosa stupefacente! Che cosa del tutto stupefacente!'. Ripeté la frase tre o quattro volte pieno di gioia e, al tempo stesso, di stupore. Ricevetti quindi il quintuplice battesimo e fui istruito sui Tre Misteri che procurano l'intercessione divina. Successivamente ricevetti l'insegnamento delle formule in sanscrito per il Garbha Mandala e imparai la meditazione yoga su tutti gli Onorevoli. All'inizio della settima luna entrai nella camera dell'ordinazione del Mandala del Diamante per un secondo battesimo. Quando lanciai il mio fiore, questo cadde nuovamente sul Buddha Vairochana, e l'abate se ne stupì nuovamente, come la volta precedente. All'inizio del mese successivo ricevetti anche l'ordinazione come *acharya*. Il giorno della mia ordinazione ordinai una festa per 500 monaci (...). Successivamente studiai lo Yoga della Corona di Diamante e le cinque divisioni degli insegnamenti del buddismo *Shingon*, dedicandomi per un certo periodo di tempo allo studio del sanscrito e degli inni in sanscrito. L'abate mi informò che le scritture esoteriche sono così astruse che non è possibile trasmetterne il significato se non per via artistica. Per questo motivo egli commissionò all'artista di corte Li Chen e ad altri dodici pittori di realizzare dieci rotoli del Garbha Mandala e del Mandala del Diamante, e mise assieme oltre venti scribi per fornire copie del sutra del Diamante e di altre scritture esoteriche".

Dopo aver ricevuto tutti gli insegnamenti necessari, al termine della vita di Hui-Kuo, Kūkai riceve da quest'ultimo l'incarico di lasciare la Cina e di portare il buddismo *Shingon* in Giappone, insieme con tutta la documentazione che gli era stata preparata[1].

⁎ L'iniziazione alla regalità imperiale in Giappone

Uno degli aspetti caratteristici del Giappone moderno è la sopravvivenza di un'istituzione antichissima (oltre che della dinastia regnante più antica del mondo): il cosiddetto *Tenno*, concetto assai difficile da rendere in italiano, comunemente (ed erroneamente) tradotto con "imperatore".

Il termine giapponese significa "Signore del Cielo", "Celeste Signore" e può essere assimilato al nostro "imperatore" solo nei primissimi periodi della storia dell'istituzione (a partire dal VII secolo d.C.) e nel periodo compreso tra il 1868 (anno della rivoluzione o, meglio, restaurazione Meiji) e il 1945.

Il termine "imperatore" identifica infatti il detentore del potere politico e militare, esercitato su popolazioni diverse: cosa che non si è mai verificata nella storia del Giappone, se non, appunto, soprattutto nel periodo in cui il Giappone ha abbattuto la dittatura militare dello *Shōgun* (istituzione che vigeva ormai da circa sei secoli) proprio nel 1868, con la salita al trono del *Tennō* Meiji, e ha cominciato ad ampliare i propri confini con le guerre di conquista.

Per secoli, il *Tennō* era stato soprattutto una figura dall'enorme importanza religiosa e simbolica: discendente diretto della dea Amaterasu, veniva considerato, tra tutti gli uomini, quello che aveva al massimo grado la natura *kami* (divina), senza la cui protezione

1. Eliade, Mircea, *From Primitives to Zen. A thematic sourcebook of the history of religions*, Fount, London 1979.

nulla avrebbe potuto svolgersi per il bene del Paese[2]. Quando, a partire dal XIII-XIV secolo, l'autorità, anche politica e militare, dell'imperatore passa al dittatore militare (lo *Shōgun*), rimarrà sempre al *Tennō* questa funzione di intermediario con la dimensione celeste, retaggio di una funzione religioso-sciamanica che non è mai andata scomparendo. Basti dire che, quando nel XVII secolo una serie di disastri si abbatterono su Tokyo e altre località, lo *Shōgun* depose il *Tennō* e lo sostituì con un altro membro della sua famiglia, nella convinzione che la sfortuna fosse causata dalla rabbia degli dèi per l'indegnità della vita del massimo rappresentante spirituale del Giappone.

La funzione del *Tennō* è assai ben presentata dallo studioso Fosco Maraini, in sua opera importante ripubblicata di recente:

"In passato ho sostenuto più volte che il *Tennō* del Giappone, insieme al Papa di Roma e al Dalai Lama di Lhasa, va inteso non tanto come un sovrano temporale, bensì come un augusto e significativo Ambasciatore dell'Assoluto. Mentre il Papa è l'Ambasciatore dell'Assoluto per vicariato e rappresentanza, e il Dalai Lama lo è per reincarnazione, il *Tennō* vanta la sua qualifica per discendenza e consanguineità.

Il Papa coglie il suo carisma nella trasmissione apostolica, il Dalai Lama nella presenza terrena di un *Bodhisattva*, il *Tennō* nel perpetuarsi di mitologiche linfe. Più avanti vedremo che, in alcune particolari concezioni esoteriche giapponesi, il *Tennō* finisce per trovarsi, in una classificazione ideale di sovrani sacrali, vicinissimo al Dalai Lama"[3].

Nel 1989 passò a miglior vita il *Tennō* Hirohito (nome dinastico *Showa*) e nel 1990 salì al trono il figlio Akihito (nome dinastico

2. Si sottolinea come questo concetto non implichi affatto che l'imperatore sia una divinità: ogni essere umano ha in sé una piccola parte di natura divina; l'imperatore, grazie alla sua diretta discendenza dagli dèi, assomma in sé una quantità maggiore di questa natura divina, cosa che ne fa l'intermediario ideale per trattare con le divinità.

3. Maraini, Fosco, *L'Àgape celeste. I riti di consacrazione del sovrano giapponese*, Luni Editrice, Milano 2003.

Heisei). Per la prima volta, in epoca contemporanea, si poté assistere all'importantissimo cerimoniale dell'iniziazione alla regalità di un sovrano, secondo il rituale degli antichi *Tennō*.

Il rituale della successione dinastica

Il rituale della successione dinastica costituisce un caso emblematico di iniziazione alla regalità, importante perché mantiene, in epoca contemporanea, elementi di notevole antichità, che si perdono nella storia mitologica del Giappone delle origini.
Tradizionalmente, dopo la morte del sovrano, il nuovo sovrano può accedere al trono attraverso tre importanti fasi cerimoniali.

- Occupazione del trono (in giapponese, *Senso*).
- Perfezionamento della Dignità o Ascesa al Rango (in giapponese, *Sokuirei*), traducibile con "Incoronazione".
- Festa della Grande Degustazione (in giapponese *Daijōsai*), che potremmo tradurre con "Consacrazione".

Occupazione del trono

Si tratta della cerimonia più intima e misteriosa, anche se è la più importante di tutte: senza di essa nessuno può essere riconosciuto *Tennō*, mentre se un sovrano ha superato questa cerimonia, potrebbe essere riconosciuto come tale anche senza essersi sottoposto alle altre due.
L'Occupazione del Trono consiste essenzialmente nel ricevere i Tre Sacri Tesori del potere (i cosiddetti "regalia", cose regali): il Gioiello, la Spada e lo Specchio. Si tratta di tre oggetti legati alla tradizione mitologica del Giappone.
All'epoca delle origini, la dea Amaterasu (il Sole) era stata gravemente insultata dal fratello Susanoo e si era pertanto rinchiusa in una grotta, oscurando così il mondo. Gli altri dèi cercarono di attrarne l'attenzione, aprendo uno spiraglio nella porta di roccia che sbarrava l'ingresso, e mostrando alla dea una collana di gioielli ricurvi e uno specchio. La dea, incuriosita dai doni, uscì alla fine

all'esterno, riportando la luce nel mondo. La spada è invece quella miracolosa che Susanoo aveva trovato nella coda di un drago da lui ucciso, e che egli aveva donato alla sorella. I Tre Sacri Tesori vengono consegnati dalla dea Amaterasu a suo nipote Ninigi no Mikoto, il primo essere divino a scendere sulla Terra. Nipote di quest'ultimo sarà il mitico sovrano deificato Jinmu, fondatore dello stato giapponese. La spada originaria è andata perduta in battaglia nel Medioevo, ed è stata sostituita da un'altra altrettanto antica. Lo specchio sacro è un oggetto troppo importante per poter essere trasportato, ed è conservato nel tempio Naiku di Ise (a sud ovest di Nagoya). Per il rito si utilizza una copia conservata nel palazzo imperiale di Tokyo, che non viene comunque spostata, è un dignitario di corte che si reca nel luogo dove è custodito (presenza tangibile della dea) e canta l'avvenuto passaggio dei poteri. Durante il *Senso* viene anche scelto il nome dinastico con cui verrà designata la nuova era: in questo caso, *Heisei* (Perfezionamento della pace).

Perfezionamento della Dignità

Dopo la restaurazione di Meiji (1868), i riti legati al *Sokuirei* non sono più appannaggio del buddismo: da secoli, infatti, durante la cerimonia il *Tennō* veniva assimilato a un importante prelato buddista.

Dopo il passaggio allo scintoismo come religione di Stato (o a una sua ricostruzione artificiale, come effettivamente fu) operata dal *Tennō* Meiji, i riti sono attualmente esclusivamente scintoisti.

Il *Sokuirei* consiste di due momenti: il primo, più mistico e sacro, prevede la visita del nuovo *Tennō* al Sacro Specchio, al quale, accompagnato dalle autorità dello Stato, annuncia il suo subentro, seguita dalla visita ad altri templi sacri del palazzo (cosa che non è in linea col dettato costituzionale, che separa politica e religione). Il secondo, prevede una grandiosa celebrazione civile. In occasione del *Sokuirei* del 1990 si è assistito a una situazione assai interessante: per quanto la nuova costituzione del 1947 riconosca

all'imperatore il solo ruolo di simbolo dell'unità nazionale, le celebrazioni si sono svolte molto più in linea con la tradizione di quanto ufficialmente consentito.
Durante la grande cerimonia, tenutasi a Tokyo, e non a Kyoto, come tradizione vuole, il *Tennō* con la moglie sono saliti sui loro rispettivi troni (enormi pulpiti lignei), mentre il primo ministro rimaneva in una posizione inferiore (circa un metro e mezzo) rispetto all'imperatore. Di fronte, disposti con ordine preciso, vi erano i membri della corte, i rappresentanti delle Camere, del governo, le alte autorità dello Stato, soldati e funzionari in antichissimi abiti dell'età Heian.
Dopo il discorso programmatico del *Tennō*, il primo ministro, a un certo punto, ha innalzato tre volte le braccia, proclamando ad alta voce: "Banzai! Banzai! Banzai!" (che significa diecimila anni, s'intende di vita, per il sovrano).

Festa della Grande Degustazione

La ritualità del *Daijōsai* è antichissima: i temi collegati con la coltura del riso, gli oggetti utilizzati (come le stoviglie di rozza terraglia), le costruzioni erette appositamente (senza alcun utilizzo di metalli), riportano ad antiche feste agricole giapponesi vecchie di almeno duemila anni. La festa si divide in quattro parti.

- Preparativi per il rito, che durano diversi mesi.
- Preparativi del Tennō.
- Rito del *Daijōsai.*
- Cerimonie conclusive.

Il *Daijōsai* è particolarmente complesso, di difficile interpretazione e possiamo solo riassumerne i punti fondamentali, rimandando al lavoro di Fosco Maraini per una trattazione approfondita.
"Nel corso dei cerimoniali, si dà particolare importanza a:

1. Vestizioni sacre;
2. Varie forme di agapi celesti, con offerta dei cibi ai *Kami*, degustati dal consacrando sovrano;

3. Ci si riferisce al passato mitologico, in particolare alla dea Amaterasu e ai suoi discendenti;
4. Si coinvolge tutto il Paese nel rito;
5. Si sottolinea il concetto dell'incarnazione dello Spirito del *Tennō*, di *Tennō* in *Tennō*, in alcuni momenti della Festa;
6. Si pongono in essere paralleli tra morte e rinnovamento degli astri e morte e rinnovamento dei *Tennō*;
7. Viene data molta importanza ai rituali della fertilità scintoisti;
8. Si ricorda il periodo in cui a ogni morte di *Tennō* si cambiava la capitale;
9. Si ricorda un'epoca in cui sciamanesimo e oniromanzia avevano un ruolo determinante"[4].

4. Maraini, Fosco, *op. cit.*

I riti di Nuova Guinea e Australia

Lasciato l'estremo Oriente vedremo in questo capitolo due interessanti aspetti concernenti i riti di iniziazione in diversa area geografica. Il primo in Nuova Guinea, Oceania, dove seguiremo il processo di iniziazione all'età adulta della popolazione degli Arapesh. Il secondo in Australia, dove assisteremo alla cerimonia di iniziazione dei giovani della tribù degli aborigeni Kurnai.

* L'iniziazione all'età adulta nella tribù degli Arapesh

L'etnologa americana Margaret Mead, nata nel 1901 e morta nel 1978, ha dato un contributo essenziale alla comprensione di numerosi fenomeni legati al comportamento umano nelle società a livello etnologico. Dopo un breve periodo trascorso a Samoa (nel 1925) e nelle Isole dell'Ammiragliato (1928), la Mead partecipa a numerose spedizioni etnologiche, tra cui quelle condotte dal marito nelle stesse località, e a Bali nel 1931-33.
L'importanza della Mead per la nostra ricerca, consiste nell'aver raccolto nelle sue numerose pubblicazioni molto materiale sull'adolescenza, il sesso, il temperamento e i rapporti tra uomini e donne in queste società, proponendo diverse interpretazioni di rilevante valore etnologico e antropologico. In particolare, sono fondamentali i suoi lavori per la comprensione dei riti di passaggio, descritti con

dovizia di particolari. Riprendiamo, dalla sua opera fondamentale, *Sesso e temperamento in tre società primitive*, le notizie relative ai riti di passaggio nella tribù degli Arapesh in Nuova Guinea[1].

La Mead racconta che i ragazzi Arapesh completano la formazione della propria personalità intorno ai sette anni. Dedicando poco tempo ai giochi, e molto a rendersi socialmente utili alla comunità in cui vivono, essi giungono alla pubertà ben integrati all'interno del proprio gruppo e pronti ad assumere il proprio ruolo di adulti, tramite l'osservanza di una serie di prescrizioni alimentari e di alcuni tabù.

Al termine di questo periodo, della durata di circa un anno, si organizza un'importante cerimonia di iniziazione, rivolta solo agli uomini, che deve sottolineare in modo marcato e drammatico la separazione tra la funzione riproduttiva della donna e quella alimentare dell'uomo. La cerimonia è quella del *Tamberan*, il patrono soprannaturale degli uomini della tribù. Soltanto i giovani iniziati (con alcune eccezioni) possono vederlo, ma tutti (comprese le donne e i bambini) possono sentirne l'arrivo, accompagnato da suoni di flauti, gong, zufoli. Al suo approssimarsi, l'entità, che proviene dal mare, mette in fuga donne, bambini e ragazzi non iniziati, terrorizzati dal timore di poter essere trovati nel villaggio quando egli entrerà insieme con gli uomini adulti. I bambini si immaginano questo essere come un mostro enorme, alto come un albero di cocco. Dopo che il *Tamberan* è entrato nel villaggio, e ha preso dimora nella sua bella casetta, donne e bambini possono rientrare. Passando accanto agli stipiti delle porte, essi notano stendardi di foglie e quello è il segno che il *Tamberan* ha sostato in quel punto. La presenza dell'entità nella casetta è segnalata dal forte suono dei flauti: uomini e ragazzi iniziati (insieme anche con qualcuno non ancora iniziato) entrano ed escono dall'abitazione del *Tamberan*. I ragazzi più giovani sanno che verrà il momento anche della loro iniziazione e vivono nel terrore di quello che succederà loro. La Mead sottolinea come questo

1. Mead, Margaret, *Sesso e temperamento in tre società primitive*, Milano 1967.

sistema di intimidazione (utilizzato contro donne e bambini) è particolarmente crudele, e a volte cruento, in diverse tribù della Nuova Guinea, ma molto meno drammatico nella tribù degli Arapesh.
L'iniziazione dei giovani Arapesh avviene in maniera graduale, anche se, poi, si giunge a una vera e propria grande cerimonia. Si tratta di un evento che rimarrà impresso a lungo nella memoria degli iniziati, oltre che per i risvolti iniziatici veri e propri, anche perché il salasso economico richiesto alla loro famiglia, per pagare la grande festa, richiederà anni e anni di sacrifici.
Le grandi iniziazioni avvengono solo ogni sei-sette anni, mentre in caso di necessità si procede a iniziazioni a livello più familiare. Circa dodici-quindici ragazzi vengono segregati dalle donne in un unico posto, dove rimangono alcuni mesi, accuditi dai padrini. Durante questo periodo, vengono "scarificati" (vengono cioè prodotte loro delle lesioni cutanee), circoncisi e devono seguire dei tabù alimentari, consumando un pasto rituale a base di sangue degli anziani. Il sangue ha un'importanza significativa nella cultura degli Arapesh ed è collegato con il concetto di crescita.
L'istruzione prosegue con la presentazione di cose meravigliose (tipico di ogni iniziazione ovunque nel mondo), tra queste, maschere segrete, oggetti artistici e, cosa principale, il segreto del *Tamberan*: viene, infatti, loro rivelato che il *Tamberan* è prodotto dagli uomini e non è altro che una pantomima di suoni e rumori tramandata da epoca immemorabile, con l'obiettivo di aiutare i giovani a crescere.
Si stabilisce inoltre un rapporto privilegiato tra i padrini e i giovani iniziati. I giovani mangiano a profusione (cosa rara nella loro vita quotidiana), partecipano a pantomime, dove si creano delle mogli immaginarie che sono identificate con le foglie che vengono applicate sulle ferite e corrono tra due file di uomini armati di fasci di ortiche. Dopo due o tre mesi di questa vita, i giovani, splendidamente rivestiti, tornano alle loro famiglie. Quindi, i padri li accompagnano dagli amici fornitori e dalle sorelle, sposatesi lontano dal villaggio; dopo di che, sarà compiuto un viaggio finale, di tipo iniziatico, lungo la cosiddetta strada degli antenati.

⁕ Riti di iniziazione all'età adulta in Australia

Le caratteristiche dell'iniziazione degli Arapesh sono presenti anche in altre zone della stessa area, oppure in zone assai distanti da questa. Sembra, infatti, che i riti di iniziazione all'età adulta siano assai simili ovunque nel mondo, un aspetto che ne denota la grande antichità. Forse, siamo di fronte a riti che fondano le proprie radici nella più lontana preistoria.
Tra le caratteristiche comuni, citiamo innanzitutto il concetto di separazione: i giovani candidati devono prima essere separati dal loro ambiente quotidiano (il mondo dei fanciulli e delle donne), devono passare un periodo di purificazione rituale, sviluppando tutta una serie di nuovi legami sociali e di amicizia sia con gli altri futuri iniziati sia con gli adulti che li condurranno attraverso l'iniziazione. L'importanza della separazione non va taciuta: il passaggio dalla fanciullezza (epoca dell'animalità, del disordine, della mancanza di conoscenza iniziatica) all'età adulta (epoca dell'ordine, della conoscenza, della civiltà) è essenziale per il benessere psicofisico del giovane, così come per la sua buona permanenza all'interno della compagine sociale cui ora apparterrà di diritto.

La tribù dei Kurnai

Nella tribù dei Kurnai, al momento della separazione, le madri siedono dietro i giovani, mentre gli uomini, disposti in una lunga fila, si frappongono tra le madri e i figli, separandoli. Gli insegnanti, a questo punto, sollevano i neofiti verso l'alto, mentre questi tendono le braccia il più possibile verso il cielo, a significare che sono consacrati al Dio Cielo. Sono quindi condotti nel recinto sacro, dove vengono fatti sdraiare a terra e coperti da coltri, in modo da non poter vedere e sentire nulla. Essi si addormentano (anche grazie all'accompagnamento di un canto monotono), quindi le donne si ritirano e lasciano gli uomini da soli. Al risveglio comincia l'istruzione vera e propria, e i giovani ricevono la "Cintura degli Uomini".

La parte principale della cerimonia è costituita dalla cosiddetta "Ostentazione del Nonno", cioè dalla visione del *Tundun*, una raganella sacra (strumento musicale costituito da un pezzo di legno che gira attorno a un perno centrale) che rappresenta il Nonno, o *Tundun* (Uomo), e del *Rugat-Tundun* (Donna), una seconda raganella che rappresenta la "Moglie del Nonno".
Poco prima del tramonto, i giovani sono condotti dai loro insegnanti in un'area specifica, dove vengono fatti inginocchiare in riga, sempre coperti con la loro coperta per impedire che possano vedere. A questo punto, da una certa distanza, si avvicinano, l'uno dopo l'altro, diversi uomini, che fanno girare le raganelle Uomo e Donna, fino a raggiungere il gruppo dei novizi, ponendosi a semicerchio e continuando il discordante concerto. Al termine, vengono tolte le coperte dalla testa dei ragazzi, mentre il capo della cerimonia punta il proprio strumento "getta-lancia" verso il cielo, gridando: "Guardate!" Quindi lo punta verso un'altezza intermedia e infine verso gli uomini che suonano il *Tundun*, mentre due anziani corrono da un giovane all'altro ordinando di non dire mai nulla di ciò che hanno visto a nessuno (madre, sorella o uomo) che non sia iniziato. Quindi, vengono insegnati ai giovani i grandi miti delle origini dei Kurnai, che discendono dal figlio di una divinità civilizzatrice. L'essere, di nome *Tundun*, era quello che per primo aveva fabbricato gli strumenti che dovevano rimanere un segreto degli uomini. Un tempo, un traditore aveva rivelato il segreto alle donne, e la punizione degli dèi era stata terribile: morti, devastazione, inondazioni che avevano distrutto quasi tutta l'umanità. I Kurnai discendono dai superstiti di quell'evento. Infine, ai giovani iniziati viene messo in mano il *Tundun*, che possono ora far risuonare[2].

2. Eliade, Mircea, *op. cit.*

I nativi americani

Non esiste un'unica cultura e un'unica religione dei nativi americani: se si considera solo il numero di lingue parlate dai nativi (circa 200 ancora esistenti, delle 500 presenti all'epoca dell'occupazione degli europei), ci si rende conto di essere di fronte a un caleidoscopio di culture, tradizioni, religioni e miti diversi.
Questo non impedisce di ritrovare una comune eredità, portata in epoca preistorica dall'Eurasia, legata in particolare alla vita nomade delle tribù e alle figure fondamentali per la sopravvivenza, come quella dello sciamano.
Ulteriori elementi di unificazione sono dovuti ai continui e numerosi contatti commerciali e di altro genere, per cui, almeno in alcune aree, ritroviamo punti di incontro sia dal punto di vista delle tradizioni sia da quello delle pratiche religiose e iniziatiche.

* Le tribù del Nord

Le popolazioni dell'America del Nord giunsero nel Nuovo Mondo circa 20-30.000 anni fa, provenendo dalla Siberia, attraverso lo stretto di Bering.
Nel corso di alcune migliaia di anni si diffusero in tutto il continente, spostandosi verso sud e coprendo praticamente ogni regione abitabile.

I "PELLEROSSA"

Normalmente le tribù indiane vengono suddivise per area geografica. Si riconoscono nove grandi aree culturali: le foreste del Nord-Est (con almeno 17 nazioni, tra cui gli **Irochesi**, gli **Uroni**, gli **Ojibwa**); la regione del Subartico (con 19 nazioni, tra cui i **Cree** e i **Chipewyan**); la regione delle Pianure (con 24 nazioni, tra cui gli **Arapaho**, i **Cheyenne**, i **Comanche**); l'altopiano delle Montagne Rocciose (con 7 nazioni), quella del Grande Bacino (con 4 nazioni, tra cui gli **Shoshoni**), e ancora la Costa di Nord Ovest (12 nazioni), la California (13 nazioni), il Sud-Ovest (8 nazioni, tra cui gli **Hopi**, i **Navajo** e gli **Apache**), il Sud-Est (con 7 nazioni, tra cui i **Cherokee**). Questa collocazione (che, oltre che geografica, si basa anche, parzialmente, su contiguità linguistiche) consente di seguire sia i tratti comuni sia quelli tipici di ogni gruppo culturale. Occorre sottolineare che questa suddivisione ha valore solo a partire da un certo periodo (circa XIV secolo d.C.) in poi, dopo un periodo di grandi migrazioni che ha modificato drasticamente la situazione precedente.

Fondamentalmente cacciatori e raccoglitori, con la loro diffusione modificarono significativamente la fauna del continente, portando a estinzione numerose specie animali[1].
Tra i tratti comuni abbiamo alcune idee fondamentali: in primo luogo la posizione importante dello sciamano, il cui ruolo può variare da quella del saggio e del terapeuta a quello dell'organizzatore di numerose attività significative della tribù. Lo sciamano viene scelto per vocazione e per iniziazione e fa parte di importanti società sciamaniche, chiamate, per esempio, "Società di Medicina", o "Azioni Mistiche".
In secondo luogo riscontriamo un comune rapporto con la natura e gli animali.

1. Diamond, Jared, *Armi, acciaio e malattie*, Einaudi, Torino 1998. Secondo Diamond, l'occupazione delle Americhe da parte dei cacciatori raccoglitori della preistoria avrebbe avuto luogo soprattutto intorno al 14.000 - 10.000 a.C. La cultura Clovis si diffonde in particolare in America intorno all'11.000 a.C. In concomitanza con l'espansione delle comunità umane si verifica l'estinzione della maggior parte dei grandi mammiferi presenti nelle praterie del West (elefanti, cavalli, leoni, ghepardi, cammelli, bradipi giganti), avvenuta proprio tra 17 e 12.000 anni fa.

Troviamo, infine, una comune matrice nella cosmogonia e nella cosmologia, che ripetono alcuni schemi costanti, per quanto assai variegati.
Tra questi: l'essere o gli esseri primordiali, che creano la Terra, per esempio, prelevandola dal fondo del mare e portandola in superficie. L'esistenza di vari livelli cosmici: quello degli inferi, formato da più strati, quello dell'uomo, cioè la Terra, e quello degli spiriti, costituito da vari strati superiori, in cielo. L'esistenza di un collegamento tra i tre regni, rappresentato da un palo verticale, attraverso il quale è possibile accedere agli altri mondi.
Il concetto basilare di tutta la religione dei nativi americani è quello di "potere invisibile". Si tratta di una forza particolarmente efficace, posseduta dagli spiriti e dalla loro incarnazione terrena, gli animali e gli altri esseri viventi, che è però possibile anche ritrovare (e rinchiudere) in un oggetto.
Secondo alcune tradizioni, l'uomo delle origini era un essere indifferenziato, in parte uomo e in parte animale, ed era dotato del potere di trasformarsi in ogni cosa. Successivamente, questi esseri si sono differenziati in esseri umani e animali, perdendo così il potere di trasformazione e di azione nei confronti delle cose del mondo: l'uomo perde il "potere", che rimane invece agli animali (traduzione terrena, simbolica, degli spiriti).
L'essere umano deve, quindi, trovare il modo di ottenere nuovamente il "potere", mettendosi in contatto con il mondo degli spiriti e con gli animali stessi, ai quali chiede di poter ricevere questa importante forza.
Lo può fare in modi diversi: tramite celebrazioni comunitarie oppure, caso più frequente, mediante un contatto diretto, attraverso sogni e visioni di quelli che diventeranno poi i suoi spiriti/animali guida.
Per questo motivo acquista particolare importanza la dimensione onirica, nella quale la persona ha la possibilità di viaggiare in altre dimensioni del Cosmo e conoscere i segreti che gli spiriti vorranno rivelarle. Si tratta di contatti abbastanza occasionali per la persona

semplice, ma di una pratica costante, di ogni notte, per lo sciamano. Si situa in questo contesto la cosiddetta "contraddizione del cacciatore": se gli animali (e gli esseri viventi in genere) sono i possessori di questo "potere invisibile", in quanto incarnazione terrena di entità spirituali superiori (da non intendere come esseri personali, ma come energie spirituali, modulazioni dell'unica grande forza presente in tutto l'universo), come posso, in quanto cacciatore, ucciderli?
Il problema viene risolto in un'ottica di reciproco scambio: io chiedo all'animale di lasciarsi uccidere, affinché io possa trarne beneficio, e gli consento in cambio di accedere a una nuova incarnazione, oppure gli offro qualcosa in contraccambio.

La "contraddizione del cacciatore" nei popoli delle Ande

Questo concetto di scambio (ti do qualcosa che gradisci per prendere qualcosa che tu hai, di cui ho bisogno), è presente in tutto il pensiero dei nativi americani, anche in America meridionale, come risulta chiaramente da questo passo, tratto da un saggio dell'antropologo e archeologo Mario Polia, che riporta le parole rivolte da uno sciamano andino a un cactus colonnare senza spine, chiamato "sanpedro", nel momento in cui questo viene tagliato:

"Presento offerte a questo sanpedro per poter parlare a tutta la mia gente. E qui, in questo istante ti taglio, perché tu mi parli e mi renda libero spezzando i lacci che legano i miei sogni e i miei riti. Ti offro acqua fiorita. In quest'ora e in quest'istante ti recido perché mi sveli tutto ciò che conosci, così che mi resti impresso nel petto. Lasciati raccogliere per poter vedere le malattie di tante persone. Tu che conosci il passato il presente e il futuro dirai la verità senza mentire"[2].

2. Polia, Mario, *Il sangue del condor. Sciamani delle Ande*, Milano 1997.

Gli "strumenti" dello sciamano

Tra le tecniche sciamaniche più importanti per mettersi in contatto con il mondo degli spiriti abbiamo l'uso del "tamburo sciamanico", sulla cui pelle tesa su un cerchio in legno sono riportate le immagini delle entità viste dallo sciamano nei suoi viaggi.
Il tamburo viene utilizzato in diverse situazioni e in particolare all'interno della "tenda tremante". Si tratta di una capanna costruita ponendo in circolo dei pali, piantati nel terreno, con un'apertura in alto. Lo sciamano, all'interno della tenda, suona il tamburo e canta, mentre i pali, in presenza di entità, spiriti e animali, che producono forti rumori, cominciano a oscillare con violenza. Secondo diversi autori, nonostante i numerosi tentativi fatti per smascherare trucchi o altro, non si sarebbe ancora riusciti a spiegare l'origine di questi fenomeni, di cui anche molti europei sono stati testimoni.
Un altro strumento di collegamento col mondo degli spiriti è la "pipa da tabacco". Costituita di due parti distinte (il fornello e il lungo cannello in legno), la "pipa" simboleggia il Cosmo intero.
In particolare, il fornello rappresenta la Terra, il cannello, il palo che attraversa i mondi, mentre l'ornamento in penne di quest'ultimo simboleggia la dimensione del mondo superiore degli spiriti. Strumento di preghiera, utilizzato in particolare dai nativi delle Praterie (per esempio dagli Arapaho e dai Lakota), serve a far innalzare, col fumo del tabacco, le preghiere al mondo superiore, ed è un preliminare essenziale a qualsiasi altra attività rituale.

L'iniziazione

Come riferivamo prima, lo sciamano veniva (e viene) scelto per vocazione e iniziazione. La vocazione può consistere nella visione spontanea di uno spirito guida, normalmente sotto forma di animale, o di un sogno particolare. Il giovane che intende seguire le orme dello sciamano dovrà quindi affrontare un lungo apprendistato che ricalca, in fondo, il percorso dell'iniziato ad alcune forme

di Misteri, come quelle greche di Dioniso. Questo vale non solo per lo sciamano, ma anche per i giovani che devono essere iniziati a qualche forma di conoscenza superiore.
Riportiamo a questo proposito un passo dalla bella antologia *Riti e misteri degli Indiani d'America*, curata da Enrico Comba. L'autore tratta dell'iniziazione dei giovani di alcune tribù della Costa di Nord Ovest (isola di Vancouver) che imitavano alcuni giovani del mito, catturati e tenuti segregati nella foresta da spiriti che avevano insegnato loro i segreti di cui erano a conoscenza. Dopo aver sostenuto che l'essere umano, sentendosi incompleto, ha bisogno di questo contatto col mondo non umano degli spiriti della foresta, così continua:
"In questo processo di iniziazione, l'essere umano sperimenta una vera e propria disumanizzazione, trasformandosi in animale feroce e in cannibale insaziabile, spogliandosi per un momento da quella costrizione culturale che fa dell'uomo un essere particolare e distinto dagli altri abitatori dell'universo, ma che ne limita e condiziona anche fortemente la condotta. D'altra parte, le caratteristiche inumane e selvagge, se da un lato costituiscono un ampliamento a dismisura del potere dell'essere umano, si configurano dall'altro come impossibilità di realizzare un mondo ordinato e regolato, quale quello della società umana. Per questo motivo l'iniziato deve essere addomesticato, ricondotto a una condizione compatibile con le esigenze della società e della vita comunitaria, esorcizzando il potere straordinario ma pericoloso che lo domina"[3].

Il viaggio iniziatico

Dimensione iniziatica acquista anche il viaggio che spesso viene compiuto da elementi scelti della tribù in particolari occasioni. Un esempio tipico è quello compiuto dai nativi Huichol, dello stato

3. Comba, Enrico, *Riti e misteri degli Indiani d'America*, Torino 2001.

messicano del Nayarit (Sierra Madre), per procurarsi il Peyote, il piccolo cactus senza spine alla base di molte azioni rituali delle popolazioni del Messico e dei territori statunitensi confinanti[4]. Poiché la pianta non cresce nella regione degli Huichol, essi percorrono oltre 300 miglia per procurarselo nel deserto di San Luis Potosì.
Questa dimensione iniziatica la si ritrova anche nella leggenda Navajo sull'origine del Peyote che, ricordiamo, è stato introdotto negli Stati Uniti solo in epoca relativamente tarda (verso la fine del XIX secolo), mentre era di uso comune nell'America centrale forse già da diverse migliaia di anni.

La leggenda del Peyote

Secondo la tradizione Navajo, durante una razzia una bimba viene catturata e portata nella tribù dei vincitori, dove cresce fino a diventare una donna.
Aspettando il momento propizio, la ragazza riesce, alla fine, a fuggire, nel tentativo di raggiungere nuovamente la propria tribù. Dopo giorni e giorni di marcia, ormai stanca, disperata, affamata e assetata, si rifugia tra gli arbusti, dove percepisce un sussurro che si fa sempre più forte. Più il tempo passa, più le sembra che qualcuno, che parla una lingua sconosciuta, si stia avvicinando a lei, senza però farsi vedere. Passati i primi attimi di smarrimento, la fuggiasca si rende conto che la voce non proviene da esseri umani, ma proprio dalla pianta del Peyote, che si trova in abbondanza ai suoi piedi.
La donna, non avendo di che omaggiarla, strappa allora un pezzo del proprio vestito e lo offre in dono alla pianta, che, gradendo l'offerta, le dice di sfamarsi e dissetarsi con essa, insegnandole poi tutti i segreti del suo utilizzo.

4. "Esiste una certa confusione tra gli Europei e gli americani di origine europea sul Peyote (*Lophophora williamsii*), nome di origine azteca (*Peyotl*), che viene spesso confuso con il Mescal (*Sophora secundiflora*). Quest'ultimo, a differenza del Peyote, è molto più ricco di sostanze tossiche. Entrambe le piante crescono nella stessa area. Mescal è un termine utilizzato anche per indicare la pianta di agave (fermentata, si usa per una bevanda alcolica). Il Peyote (...), è invece al centro di un culto spirituale vecchio di migliaia di anni, e non viene ingerito dai nativi per avere visioni, ma per pregare per una persona malata, per chiedere protezione e benedizione, per cercare aiuto, per avere una crescita spirituale, per facilitare il contatto con gli spiriti" (D'Azevedo, Warren L.; Massignan, Marco, *La strada del Peyote*, Xenia Edizioni, Milano 1998).

> Così, istruita dal Peyote, la donna potrà ritornare presso la sua tribù, ripercorrendo lo stesso cammino a ritroso, portando con sé una gran quantità della pianta miracolosa e, con essa, l'importante conoscenza acquisita.

In questo racconto vediamo come ci si trovi di fronte a una chiara situazione iniziatica: la bambina viene prima allontanata dalla propria tribù e deve soffrire una penosa prigionia (simile a una morte rituale), riesce quindi a fuggire, dopo un periodo di terribili prove e stenti (le varie fasi dell'iniziazione), è finalmente in grado di sentire la voce della pianta, che prima non riusciva a intendere, fino a quando, sfamatasi e dissetatasi con essa, giunge alla piena conoscenza, e può riprendere il posto nella propria tribù come donna ormai completa[5].

Importanza del movimento rituale

Una delle numerose popolazioni dei nativi americani è quella conosciuta con il nome di Sioux. Il termine viene utilizzato per indicare tribù che, in lingua locale, si definiscono invece, a seconda dei tre grandi gruppi dialettali, come Lakota, Dakota e Nakota, e viene dalla storpiatura francese della parola con cui i loro nemici, gli Ojibwa, li chiamavano: *nadowe-is-siw-ug* (piccoli serpenti)[6].
Tra gli aspetti di maggior interesse nella ritualità dei nativi americani è la persistenza di alcuni atteggiamenti rituali. Tra questi vi è il movimento circolare dei riti, che viene compiuto sempre in senso orario.
La spiegazione nasce da un'antica leggenda della nazione dei Sioux: Tate, divinità del vento, sposa Ite, bellissima figlia di Wakanka e del vecchio Waziya, abitatori del sottosuolo. La donna dà a Tate

5. D'Azevedo, Warren L.; Massignan, Marco, *op. cit.*

6. Massignan, Marco, *I Sioux*, Milano 1996. (La pronuncia del termine sarebbe, secondo i nativi, Su, anche se il termine non viene da loro usato per indicare i rispettivi popoli).

quattro figli, nell'ordine: Vento del Nord, Vento dell'Ovest, Vento dell'Est e Vento del Sud.
Poiché il Vento del Nord si comporta in maniera crudele e sconveniente, il padre Tate gli toglie la primogenitura, dandola al Vento dell'Ovest. In questo modo viene cambiato l'ordine dei figli, che sarà Ovest, Nord, Est e Sud, corrispondente all'ordine del movimento da seguire nel rituale.

Una vocazione sciamanica moderna in Nordamerica

Riportiamo di seguito il racconto di una vocazione sciamanica avvenuta nel 1989, da noi raccolta dalla persona che la visse nei pressi della città di Buffalo, lungo le cascate del Niagara.
All'epoca l'uomo, manager in una grande azienda, non era stato in grado di definire con precisione il tipo di esperienza che aveva avuto: non sapeva se tutto si fosse verificato sotto forma di una visione da un'altra dimensione, come un sogno a occhi aperti o come un susseguirsi di effetti fisici precisi (immagini e voci effettivamente viste e sentite).
L'onestà intellettuale della persona, unita ad alcuni particolari, che sono tipici della vocazione sciamanica, come turbe nervose, spirito sotto forma di animale, associazione spirito guardiano-ambiente naturale, cambiamento di vita, ci fanno ritenere che si sia trattato di un'esperienza vissuta come reale da chi la ha raccontata.

"Dopo un periodo di intenso lavoro, che mi aveva portato a una forte tensione nervosa, mi ero preso alcuni giorni di riposo e avevo approfittato dell'occasione per recarmi a visitare le cascate del Niagara. 'Sicuramente interessanti, mi dissi, anche se non così eccezionali come mi ero immaginato'.
Mentre mi stavo allontanando dal parapetto sullo strapiombo, ecco una voce risuonarmi in testa: 'Prova a guardare ora...'.
Per quanto un po' perplesso, obbedii, mi riavvicinai al parapetto e guardai di nuovo verso la cascata. Lo spettacolo era da mozzare il fiato: un arcobaleno bellissimo attraversava la cascata per parte della sua lunghezza, e terminava su una roccia sporgente dall'acqua dove vidi... un cormorano. Si muoveva appena e mi osservava con attenzione.

Di nuovo sentii la voce: 'Ecco, io sono qui da sempre, per lo meno da un periodo lunghissimo. Finché sarò qui, rimarrà anche la cascata. Quando non ci sarò più, scomparirà anche la cascata'. Chiesi chi fosse e perché mi parlasse. 'Chiamami Spirito della Cascata. Ti chiamo perché per te, da oggi, cominciano a cambiare le cose. Ti sarò vicino e ti aiuterò. Ora va'.
Guardai di nuovo l'arcobaleno, mi voltai.
Poi mi voltai di nuovo verso la cascata: non c'era più nulla.
Sparito l'arcobaleno, sparito il cormorano".
In seguito, la persona, che aveva compiuto studi di marketing ed era di impostazione assai razionale, cambiò attività, cominciò a operare come naturopata e sviluppò marcate capacità di sensitivo.

America centrale e del Sud

Le popolazioni della cosiddetta America precolombiana si concentravano su un territorio limitato che comprendeva l'attuale Messico, l'America centrale, le Antille e la parte settentrionale e centrale delle Ande; esse raggiunsero il loro massimo splendore quando furono di fatto distrutte dalla conquista europea. Ricordiamo qui i Toltechi e gli Atzechi degli altipiani del Messico, i Maya dello Yucatan, i Caribi delle Antille, i Chibcha della Colombia e gli Incas delle Ande peruviane e boliviane.
Prenderemo in considerazione due importanti civiltà con quanto è giunto sino a noi sui loro riti di iniziazione, quella dei Maya e quella degli Incas.

La ritualità dei Maya

Il popolo dei Maya ha dato vita alla maggiore civiltà precolombiana del Mesoamerica, ed è stato contraddistinto, per tutta la sua storia, da una vera e propria ossessione rituale: anche dopo l'invasione dei Toltechi, la divisione che si venne a creare nella classe dirigente avrebbe lasciato a questi ultimi la classe nobiliare, mentre

ai Maya quella dei sacerdoti, demandati, appunto, alla gestione dei riti sacrificali.
I Maya sono vissuti in un territorio compreso tra le coste dell'Oceano Pacifico e quelle del Golfo di Canpeche e del Bacino di Yucatan (mar dei Caraibi). I loro antenati giunsero nella zona intorno al 2500–2000 a.C., dando vita a comunità rurali basate su villaggi agricoli, caratterizzate da forti tendenze a mantenere i matrimoni all'interno della comunità stessa. Già a partire dal 1500 a.C. i vari gruppi si possono considerare antenati diretti dei Maya, come attestano le ricerche linguistiche di questi ultimi anni.
L'influsso socioculturale di altre popolazioni, come gli Olmechi, caratterizzati da una rigida gerarchia sociale, ed esigenze di ordine materiale, spinsero i villaggi a unirsi tra di loro sotto dinastie sempre più importanti, le sole in grado di gestire in maniera centralizzata le opere idrauliche necessarie alla raccolta e alla ridistribuzione dell'acqua piovana, di fondamentale importanza per l'irrigazione di terreni, sempre più estesi, coltivati soprattutto a mais. Non si giunse però mai a un unico stato unitario centralizzato, bensì a più centri dinastici in guerra tra loro, per motivi di ordine economico e anche per motivi di ordine rituale.
La gestione di territori più ampi portò a un surplus di derrate alimentari e di manufatti, che consentirono una differenziazione della società in classi, per esempio quella della dinastia regnante, con i vari membri della nobiltà, designati dal sovrano e in grado di trasmettere le proprie funzioni per via ereditaria, o quella dei sacerdoti, che potevano trasmettere anch'essi la loro funzione ai propri figli. L'influsso olmeco si interruppe verso il 400 a.C.
Intorno al 200 d.C. ha luogo la fondazione della prima dinastia reale a Tikal e, nei duecento anni successivi, si fondano altri centri importanti, tra cui la città di Palenque, verso il 390. Questo periodo viene descritto come protoclassico ed è seguito dal periodo medioclassico propriamente detto, durato dal 400 al 610, sotto il dominio di Teotihuacan (parte settentrionale dell'alta valle del Messico).
Dopo il crollo economico di Teotihuacan vediamo il lento risorgere

dei centri maya (tra cui Tikal), che si strutturano, per motivi economici e politici, come le *polis* greche, costituite cioè dalla città e dal circondario, e fortemente stratificate dal punto di vista sociale: la società maya comprendeva la dinastia regnante, i nobili, i contadini, gli artigiani, i sacerdoti ecc. A partire dal IX secolo il Mesoamerica è oggetto di invasioni dal Nord e vive una situazione di crisi, con dominazioni non sempre locali, che portano a un lento declino, nonostante alcuni Stati continuino a fiorire, almeno fino al XIII secolo. Con alterne vicende vi furono dinastie dominanti in tutta la regione fin verso la seconda metà del XV secolo, quando tutto il sistema maya dello Yucatan crollò completamente, per ragioni non ancora del tutto chiarite, ma, forse, riconducibili a problemi di ordine demografico e alimentare, oppure a causa di qualche grave catastrofe naturale.

Il sacrificio

Il rituale maya è incentrato sul sangue, che è inteso come strumento di fondamentale importanza per nutrire gli dèi, il Cosmo e l'universo. Le pratiche rituali fanno continuo riferimento al sacrificio di sangue, dal quale nessuno è indenne: lo stesso sovrano deve sottoporsi, al momento della sua elevazione al trono, a un rito costituito dalla perforazione del pene, con la raccolta del sangue su un foglio che viene poi bruciato; nelle donne, questa pratica è sostituita dalla perforazione della lingua. Ma il sangue si otteneva, soprattutto da un certo periodo in poi, dagli schiavi, soprattutto bambini, che venivano sacrificati in cima alle piramidi: quattro incaricati tenevano le gambe e le braccia del giovane da sacrificare, disteso sull'altare sacrificale, mentre il sacerdote gli apriva il petto per estrarne il cuore, da offrire al sole nascente. Il sangue raccolto era quindi versato sia sulle statue delle divinità sia verso i quattro punti cardinali, mentre il corpo del sacrificato veniva gettato dalla piramide.
L'ossessiva esigenza di procurarsi vittime sacrificali comportava uno stato di belligeranza continuo, dovuto quindi non solo a motivi di ordine economico o territoriale. Secondo alcuni calcoli, sarebbero stati circa tre milioni gli esseri umani così sacrificati agli dèi.

Tra i testi religiosi più interessanti si annovera il *Popol Vuh*, libro sacro dei Maya Quiché, che sottolinea l'importanza del sangue come elemento sacrificale. In un passo dell'opera si racconta di come sacerdoti e sacrificatori giungessero al cospetto delle divinità e come queste, per magia, rivolgessero loro queste parole: "In verità queste saranno le nostre montagne e le nostre valli. Noi siamo vostri, grande sarà la nostra gloria e numerosi i nostri discendenti, attraverso l'opera di tutti gli uomini. Vostre sono tutte le tribù e noi i vostri compagni (...). Non mostrateci alle tribù quando siamo adirati per le parole uscite dalle loro labbra o a cagione della loro condotta. Né dovete lasciarci cadere in un tranello. Dateci, invece, le creature dei boschi e dei campi, e anche la femmina del cervo e gli uccelli femmine. Venite a darci un po' del vostro sangue, abbiate pietà di noi".

Dopo che i cacciatori avevano trovato "i giovani degli uccelli e dei cervi, andavano subito a metterne il sangue nella bocca delle pietre che erano Tohil e Avilix. Non appena il sangue era stato bevuto dagli dèi, le pietre parlavano, quando venivano i sacerdoti e sacrificatori a portare le loro offerte"[7].

Il rituale dei morti

Il panteon maya è alquanto complicato: gli dèi sarebbero stati assai numerosi, anche se alcuni avevano più manifestazioni. Alcune fonti menzionano anche un dio supremo, accompagnato da una consorte.

Il mondo, che era contrassegnato da cicli di esistenza di 5200 anni, e il cui ultimo ciclo dovrebbe terminare intorno al 2011 della nostra era, era tripartito: la terra, vista come un gigantesco coccodrillo, sopra al quale vi era il cielo (raffigurato da un serpente bicefalo), suddiviso in tredici strati, a ciascuno dei quali era preposta una divinità.

7. Tentori, Tullio (a cura di), *Popol Vuh. Il Libro Sacro dei Quiché*, TEA, Milano 1988.

Dalle Ande all'Amazzonia

I nativi dell'Amazzonia appartengono a oltre cento popolazioni diverse, sparse in un territorio vastissimo. L'arrivo dell'uomo bianco ha portato a rapidi processi di deculturazione, con la scomparsa di circa la metà delle lingue originariamente parlate dagli indios e con l'estinzione di numerosi gruppi umani[8].
La diffusione del cristianesimo ha inoltre ridimensionato o completamente cancellato diversi riti di iniziazione di cui ci narrano le cronache dei primi colonizzatori europei.
Abbiamo raccolto, dalla viva voce di un giovane ecuadoriano, il racconto di quanto gli avevano narrato gli anziani sulle varie fasi di una delle cerimonie di iniziazione della tradizione locale, diffuse sia in numerose parti della Selva sia nelle civiltà andine e cioè, il taglio dei capelli del bambino.
Dal confronto abbiamo potuto così constatare che si tratta esattamente dello stesso rituale visto nella civiltà incaica, rimasto invariato per secoli giungendo intatto fino a noi.

Sotto il coccodrillo, separato da uno strato di acqua, vi era il regno dei morti, suddiviso in nove strati, ciascuno governato da un signore della notte. Non tutti i Maya, dopo la morte, potevano accedere al regno superiore, ma soltanto alcuni: anche il sovrano doveva transitare nel regno dei morti ma, dotato di poteri speciali, poteva risorgere nell'aldilà, trasformato in divinità.
Dopo la morte il Maya veniva sepolto con particolari cerimonie: studi recenti hanno confermato che esistevano fino a sei diversi tipi di sepoltura, anche se non è chiaro se questo rispecchiasse una divisione di tipo gerarchico o se fosse soltanto basata sul censo. Il defunto veniva vestito degli abiti migliori e fornito di cibo per il viaggio, che aveva luogo, nella sua prima parte, sott'acqua: il defunto doveva, infatti, attraversare lo strato di acque che copriva il regno degli dèi inferi, per presentarsi al loro cospetto. Il viaggio, per i Maya dell'interno, era invece effettuato a piedi, attraverso le grotte.

8. Polia, Mario, *Gli Indios dell'Amazzonia*, Milano 1997.

Il sovrano veniva sepolto nelle piramidi o sotto il pavimento del palazzo (con una piccola apertura atta a favorire il viaggio del defunto), una usanza tipica anche delle persone comuni, sepolte sotto il pavimento di casa: segno tangibile della presenza del culto degli antenati.

L'iniziazione presso gli Incas

La civiltà Incas rappresenta un caso estremamente interessante di gruppo sociale altamente ritualizzato, assai simile, per molti versi, alla società dell'antico Egitto. Come nell'Egitto dei faraoni, anche nell'impero Incas tutto appartiene al sovrano (*Sanpa Inca*, Supremo Inca) e tutto procede a cascata, dal sovrano ai sudditi, secondo una struttura piramidale estremamente organizzata, nella quale ogni responsabile risponde al diretto superiore e si occupa di gestire in maniera corretta le risorse per il benessere dei sudditi e del sovrano regnante.
Una delle caratteristiche più interessanti della società incaica, per lo meno per uno studioso dell'iniziazione, è la suddivisione dei sudditi per fasce di età: tutto il tessuto sociale appare quindi già tendenzialmente orientato verso l'appartenenza a gruppi separati, diversi gli uni dagli altri, divisi in base a criteri ufficialmente demografici, ma praticamente funzionali. Infatti, se anche ogni persona doveva trovare una propria collocazione in una fascia di età, queste erano caratterizzate in base alla funzione, per cui, se, per esempio, una persona di età superiore ai cinquant'anni (quindi adatta solo ad attività di controllo e guardia delle abitazioni o ad attività agricole) rientrava ancora funzionalmente in una classe precedente (soldati, agricoltori-colonizzatori o altro), poteva ancora farne parte.
Tutto era comunque minuziosamente controllato dal Supremo Inca, tramite la suddivisione della società in gruppi di famiglie (dalle dieci famiglie in su, fino ad arrivare alla massima unità, composta da diecimila famiglie), ciascuno dei quali sottoposto a un funzionario con attività di controllo, giudizio, amministrazione e raccolta delle

imposte. Il principio fondamentale è quello dell'assoluta importanza dell'Inca: in quanto discendente dagli dèi, egli ne è il tramite, il sacerdote, il mediatore, colui la cui pratica rituale è causa diretta del benessere del popolo[9].

Riti incaici

Tra i riti di iniziazione tipici della civiltà incaica, si riassumono di seguito quelli di passaggio tipici dei fanciulli e delle fanciulle, quindi dei ragazzi e delle ragazze. Come si è visto in più occasioni, anche in questo caso risulta fondamentale il concetto iniziale di separazione: per vari motivi coloro che devono essere iniziati sono portatori di qualche forma di contaminazione, che, soprattutto nella fase di transizione, viene ritenuta assai potente e negativa. Per questo motivo è necessario tenere la persona segregata per un certo periodo, per prepararla al passaggio allo stadio successivo.

Il rito del primo anno

I bambini e le bambine, al compimento del primo anno di età, venivano sottoposti alla cerimonia del *rutuchiku*, il primo taglio di capelli, eseguito da un parente stretto, di norma uno zio materno. Sia lo zio che eseguiva il taglio, sia gli altri membri della famiglia e gli amici, lasciavano un'offerta (prodotti della natura o manufatti). Lo zio materno, poi, imponeva al bambino il primo nome, quello che porterà fino alla cerimonia di iniziazione alla pubertà, chiamata *warachiku*.

Il warachiku

Il rito di iniziazione alla pubertà segnava il passaggio del ragazzo dall'infanzia all'età adulta, quella contraddistinta dalla capacità di

9. Per una trattazione riassuntiva ma assai ben informata sugli Incas e sui loro riti d'iniziazione, si veda Polia, Mario, *Gli Incas*, Milano 1999, opera alla quale siamo debitori delle informazioni qui riportate.

combattere e di generare. Come si è visto, anche nella popolazione australiana dei Kurnai, segno tangibile del passaggio di età è la consegna di una cintura, nel caso precedente chiamata "Cintura degli Uomini", qui invece fascia inguinale (*wara*), una fascia coprisesso. Dopo un pellegrinaggio rituale a una località sacra (la stessa visitata dagli eroi proto-inca del mito) e dopo avervi dormito, essi portavano con sé della paglia, da dare ai propri parenti.
Successivamente, cominciavano le cerimonie vere e proprie, che duravano ventidue giorni ed erano contraddistinte da vari momenti anche assai cruenti, che dovevano dimostrare la capacità di resistenza, il coraggio, la forza e l'ostinazione dei giovani, che intendevano diventare guerrieri. Molti giovani morivano o si ferivano gravemente durante una delle cerimonie, che comprendevano, tra l'altro, rituali di vestizione, visite a templi e luoghi sacri, sacrifici di lama, frustate rituali, la consegna delle armi e corse rovinose.
Il primo giorno di luna di dicembre, gli iniziati, ormai considerati veri guerrieri, combattevano una finta battaglia, rompendo il digiuno alla presenza del Supremo Inca e delle mummie della famiglia reale.

Il kikuchiku

Il rito di iniziazione della pubertà femminile coincideva con il primo ciclo della giovane (menarca) che costituiva il momento della sua iniziazione all'età adulta.
Contraddistinto dal digiuno, per lo meno durante i primi due giorni, questo veniva rotto il terzo giorno, che corrispondeva in genere alla fine del ciclo. La giovane, dopo essere rimasta segregata in casa, si lavava e si rivestiva con una veste e sandali di lana bianca, le venivano acconciati i capelli e riceveva una cuffia. Seguiva una festa, che durava due giorni, durante la quale lo zio più prossimo imponeva alla giovane il nome definitivo e le forniva utili insegnamenti di vita, mentre i parenti le offrivano manufatti utili per la futura conduzione della casa.

La ritualità iniziatica oggi

Nella nostra breve introduzione abbiamo accennato al fatto che molti riti di iniziazione che avremmo analizzato ci avrebbero aiutato a comprendere diversi fenomeni sociali del mondo contemporaneo. È ora giunto il momento di mantenere la promessa.

In questo capitolo vedremo come certi fenomeni tipici della società contemporanea, alcuni dei quali valutati oggi positivamente, altri negativamente, non siano che il tentativo, a volte confuso, di ripetere in qualche modo cerimonie iniziatiche del passato.

La cosa non deve peraltro destare grande meraviglia e stupore: se i riti sono l'espressione più antica e vera delle esigenze personali e sociali dell'essere umano (probabile eredità dei comportamenti simil-rituali degli animali), questi non possono certo scomparire ma solo trasformarsi, celandosi, quando occorre, sotto altra veste.

Alcuni comportamenti rituali sono facilmente riconoscibili, in quanto esatta riproduzione, oppure traduzione contemporanea, di comportamenti identici già attestati in altri momenti della storia umana: si pensi, per esempio, alle fasi fondamentali dell'esistenza, come la nascita, l'ingresso nella maturità, il matrimonio e la morte. Tra gli esempi si possono citare, per il primo caso, la cerimonia ebraica del *Bar Mitzvà*, l'ordinazione sacerdotale, il battesimo, il matrimonio, le cerimonie iniziatiche della moderna Massoneria o degli ordini d'ispirazione cavalleresca. Per la seconda categoria: i riti della prima sigaretta, dell'iniziazione sessuale, della ribellione

all'autorità familiare o del gruppo cui si appartiene o, al contrario, delle cerimonie atte a far entrare il giovane in un moderno clan tribale, come i fenomeni di nonnismo in ambiente militare e i riti di iniziazione, tra il serio e il faceto, della goliardia.
Un aspetto poco studiato ma assai importante è costituito da alcune forme di reviviscenza dei Misteri (per esempio di tradizione dionisiaca) presenti in alcune forme assai diffuse di musica, come il Rock. Uno degli esempi più noti è offerto dal gruppo musicale dei *Doors* e dal loro fondatore, il cantante Jim Morrison, di cui ci presenta di seguito una breve scheda interpretativa Christian Baldari, appassionato studioso di musica contemporanea.

* Jim Morrison e i Doors
(di Christian Baldari)

Il gruppo dei Doors ha dominato lo scenario della musica internazionale durante il triennio 1967-69, periodo in cui il Rock è diventato la massima espressione della creatività di una generazione in cerca di libertà. Leader del gruppo era Jim Morrison, lo sciamano prestato alla musica, che come pochissimi altri, ha saputo interpretare le istanze rivoluzionarie della sua generazione e che ha voluto bruciare tutto in fretta, per diventare un mito. In poco più di cinque anni e con sei album, i Doors hanno dato vita a una musica che è divenuta patrimonio comune di giovani di ogni generazione; poche band, come loro, sono riuscite a esprimere il vero spirito insito all'interno del Rock, la libertà. La storia del Rock è come l'origine della tragedia greca: un gruppo di fedeli che danzano e cantano; poi, un giorno, emerge dalla folla una persona posseduta e comincia a imitare il dio. Jim Morrison non era solo un cantante: la sua vera passione era la poesia e la sua massima aspirazione era quella di fare della sua vita un'opera d'arte. In cerca di una forma di espressione rivoluzionaria, Morrison sceglie il Rock e diventa il cantante dei Doors. Il suo riferimento letterario sono i poeti cari alla *beat generation*, Baudelaire e

William Blake, e proprio da un poema di Blake, prende spunto la rivoluzione psichedelica che scoppia in California nel 1965, intorno a personaggi come Aldous Huxley e Timothy Leary. In quell'anno Morrison è in California, nel cuore di quella rivoluzione, in fuga dalla famiglia e da una società di cui non condivide assolutamente nulla. Da quello stesso poema di Blake prende il nome la band, The Doors: "ci sono cose note e ignote, e in mezzo ci sono le porte".
Nel racconto della sua vita, l'episodio chiave avviene all'età di cinque anni quando, durante un viaggio in auto, Jim assiste a un incidente stradale in cui perdono la vita alcuni nativi: in quel momento è come se gli spiriti dei nativi morti si fossero impossessati del suo corpo e non l'avessero più abbandonato. Il tema dell'incidente è assai ricorrente nelle sue canzoni (*Peace frog*, 1968) e ha dato luogo alla figura da lui interpretata del "Re Lucertola", rock star sciamano votato alla distruzione che, nella sua violenta affermazione della libertà, alla fine non nasconde altro che la fragilità e il bisogno di amore.
La grande fortuna del gruppo, inoltre, è stata quella di trovarsi al posto giusto nel momento giusto. A questo va aggiunto, però, il merito di aver saputo cogliere le necessità di una generazione in crisi, che vedeva nella morte di J.F. Kennedy prima e di Martin Luther King poi, anche quella dei propri ideali[1].

Un approccio psicologico al tema

Questi comportamenti distruttivi, di impronta dionisiaca, come quello che abbiamo ora visto della musica Rock, venivano riequilibrati, nelle società tradizionali, dall'iniziazione e dalla formazione sciamanica, che indirizzava e guidava le esplosioni emotive tramite una rigida disciplina e percorsi ormai confermati dal tempo.
Ciò che viene a mancare al giorno d'oggi è proprio questa funzione

1. Sul tema di Jim Morrison sciamano si veda Mandel, William (a cura di), *Jim Morrison, La danza dello Sciamano*, Ed. Blues Brothers, Milano 1995.

di guida e di indirizzo, lasciata alla libera iniziativa dei singoli, che non trovano più con facilità riferimenti culturali adeguati. Le società iniziatiche non sono facilmente accessibili, in quanto tutta la cultura dominante è decisamente contraria a qualsiasi formazione in senso sciamanico e, più in generale, tradizionale: si pensi all'atteggiamento dei genitori nei confronti dei bambini che riferiscono di vedere o sentire cose diverse rispetto alla norma (entità, voci o semplicemente i colori dell'aura); si passa, di solito, dalla banalizzazione a una vera e propria repressione.
La psicologia, e la psicologia sociale in particolare, hanno studiato a fondo alcuni di questi aspetti. Per questo motivo abbiamo collaborato, nella stesura del libro, con una psicosociologa e psicoterapeuta, che ci ha aiutato fornendo alcune sue meditazioni sui fenomeni di cui parliamo. La dottoressa Mirna Guerzoni, che lavora a Milano, ha avuto modo, nella sua lunga attività terapeutica, di interagire a più livelli con singoli individui o con gruppi sociali (compresi quelli di ispirazione politica), raccogliendo una messe di importanti informazioni sugli aspetti rituali della società contemporanea[2]. Presentiamo di seguito un suo contributo originale sul permanere dei riti in epoca moderna.

* I riti non muoiono *(di Mirna Guerzoni)*

"Cambiano i nomi ma resteranno i numi"
C. Meier

Occorre trovare un accordo su cosa si intenda per rito, campo molto disordinato e indagato solo dai primi del 1900, senza peraltro arrivare a darne una definizione canonica. I primi studi e concet-

2. Mirna Guerzoni, dopo aver frequentato la Scuola Interpreti di Milano, si è laureata e specializzata in Storia dell'Arte all'Università di Bologna. Psicologa e psicoterapeuta in campo junghiano e in quello sistemico-relazionale familiare e sociale, ha lavorato come ricercatrice e operatrice in strutture pubbliche, svolgendo negli ultimi anni '90 attività di ideatrice e dirigente regionale del Servizio Formazione del Personale, del Servizio Biblioteche e del Servizio Giovani.

tualizzazioni nascono da analisi di società molto diverse dalla nostra, le cosiddette società primitive ed esotiche, fatto che ha molto condizionato, rimandato e reso difficili la ricerca e l'analisi dei riti delle società contemporanee, pensati spesso come sempre più indeboliti, desacralizzati oppure presenti dappertutto. Tuttavia, dato che una delle caratteristiche fondanti dei riti è la plasticità e l'adattabilità sociali, nel mantenere aspetti universali sono soggetti a molte variabili nello spazio, nel tempo e nelle forme.

Così pure gli archetipi, connotati psicologicamente e non disgiunti dai riti, mutano nel tempo, pur restando temi umani dominanti e universali, anche per la loro forza simbolica, il cui contatto viene a essere difficile in un mondo da secoli sempre più razionale e tecnologico come il nostro.

Il simbolo è infatti qualcosa di sconosciuto ma complementare al pensiero logico, quindi esprimibile. Ne siamo portatori a livello personale e collettivo, non solo attraverso i sogni, i miti e le religioni, ma anche attraverso le fiabe e le leggende, espressioni che continuano a manifestarsi, anche se a volte in modo discontinuo e difficile da indagare e collocare.

Mentre nelle società primitive il rito era il fulcro della vita della tribù, nei suoi piani collettivi e individuali, e il religioso e il sociale erano un tutt'uno, nelle società attuali i piani sono separati. Per rito si è per lo più inteso "ordine", armonizzazione dei rapporti tra gli dèi e gli uomini e degli uomini tra di loro, mentre "iniziatico" sta per trasformazione attraverso una morte, cioè il superamento di una porta che dà accesso altrove.

Una panoramica storica

Nonostante l'atteggiamento classificatorio dei primi studiosi, già nel 1912 Émile Durkheim, studiando l'etnologia degli aborigeni australiani e dei nativi del Nord America, scrive nel suo famoso saggio *Le forme elementari della vita religiosa*: "I riti più barbari o più bizzarri, i miti più strani, traducono qualche bisogno umano, qualche aspetto della vita individuale o sociale". I riti vengono colti come momento di "effervescenza" collettiva, nella distinzione di tempi sacri e profani.

In seguito, l'antropologia e l'etnologia prendono coraggio e gli studiosi si soffermano, non più solo come osservatori esterni, sui fenomeni delle nostre società e ne danno proprie interpretazioni. Negli anni '60, a seguito dei rivolgimenti socioculturali che dilagano ovunque, i rituali sembrano scomparire, così come cambia radicalmente il concetto di rapporto, sia a livello individuale sia collettivo. Per esempio, le comunità locali, investite da un'urbanizzazione capillare, abbandonano le loro tradizionali modalità rurali, scandite dal tempo della natura. Così avviene per tutte le tradizioni più diffuse, come le cerimonie del battesimo, del matrimonio e del funerale, come quelle legate alla famiglia e alla vita scolastica.

L'etnologia contemporanea non sembra seguire la scuola di pensiero della deritualizzazione ma, decodificando le pratiche, individua uno spostamento del campo rituale dal centro ai margini del sociale. Nelle società primitive il centro è dato dal rituale e non viene distinto un tempo libero da altre specificità temporali; nella nostra società industriale il centro è dato dalle attività produttive e dalle professioni e i rituali si collocano ai margini, nel campo del tempo libero, dello sport, dei giochi, delle feste di anniversario e tant'altro. E così viene sempre più rilevato che, pur non essendo al centro delle nostre società, i rituali partecipano fortemente del loro funzionamento. Anche le realtà locali hanno avuto una forte ripresa, con conseguenze positive grazie a celebrazioni pubbliche di ogni tipo e, dagli anni '70, vengono studiati anche i carnevali e le celebrazioni religiose, oltre alle feste locali ritualizzate con danze, musica, pranzi.

Mentre Durkheim riporta i fatti osservati dal religioso, classificandoli in base alla forma o alla funzione, un altro grande etnologo francese, di cui si tratta in altra parte di questa pubblicazione, Arnold Van Gennep, approfondisce nel suo saggio *I riti di passaggio* (1909) una serie di manifestazioni di cui riporto il titolo per evidenziarne la ricchezza: *Studio sistematico dei riti della porta e della*

Il bisogno di simboli

Oggi è l'individuo, con la sua specifica condizione psico-sociale, il perno di ogni comportamento, ma se, trasferiti nel privato, i riti perdono forza e l'individuo è più solo, non per questo si deve credere che i riti stiano scomparendo. Cambia la forma ma la ricerca di nuovi riti non può che continuare. Le nostre società, per poter respirare, hanno sempre un forte bisogno di simbolizzazione.

Possiamo notare un parallelo possibile tra il rito di iniziazione dei giovani maschi delle società africane occidentali al passaggio dell'età adulta, e quello di iniziazione delle matricole universitarie in certe realtà.

A volte si tratta di pratiche complesse che, a seconda delle situazioni, assumono forme diverse. Dalla separazione dall'infanzia, con la perdita di identità, attraverso una morte simbolica e la rinascita. Gli iniziati, sotto la guida di adulti, imparano disciplina e saperi ed esercitano coraggio e forza. Dopo l'apprendistato i giovani vengono accolti dalla collettività con grandi feste; hanno ornamenti particolari, tatuaggi che segnano nel corpo la memoria dell'iniziazione e accedono al mondo adulto.

Questi riti vanno scomparendo anche nelle Università, sostituiti da nuove forme aggregative come le gare sportive, i gemellaggi e simili.

soglia, dell'ospitalità, dell'adozione, della gravidanza e del parto, della nascita e dell'infanzia, della pubertà, dell'iniziazione, dell'ordinazione, dell'incoronazione, del fidanzamento e del matrimonio, dei funerali, delle stagioni.

Non sorprende il fatto che lo schema della sua etnologia esotica, dopo trent'anni, venga da lui applicato, finalmente, all'etnologia delle società rurali francesi. Le società presentano discontinuità e il rito di passaggio cerca di ricomporre quell'ordine sociale disturbato a ogni tappa biologica; Van Gennep individua in ogni rito una sequenza fissa che chiama: separazione, margine, aggregazione. Fasi ben visibili fino a tre-quattro decenni fa, per esempio, nel battesimo, nel matrimonio, nel funerale. Per "margine" si intende uno stadio intermedio, transitorio, come era il fidanzamento tradizionale. Passaggi metaforici e materiali nello stesso tempo.

Victor Turner, nel 1976, nello studio *La foresta dei simboli*, riprende la teoria dei riti di passaggio, approfondendo lo stato di margine

dove individua una “antistruttura” contro le gerarchie, e lo chiama “liminari” (soglia), mentre gli altri due stati (separazione e aggregazione) vengono chiamati “pre-liminari” e “post-liminari”. È una fase priva di status dove l’individuo subisce molte prove che un tempo erano un anello di congiunzione tra un prima e un dopo; ora, poiché lo sviluppo dell’adolescenza, non più ritualizzata, si prolunga inarrestabilmente, i vari modi, anche molto turbolenti o patologici, per l’accesso allo stato adulto sono fonte di continui studi e interventi scoordinati.
I passaggi della vita, come la nascita, il matrimonio e la morte, nelle società primitive come in quelle rurali occidentali, presentavano un carattere pubblico e una profondità storica e avevano, inoltre, un punto di forza nell’amministrazione del tempo. Oggi abbiamo poco tempo e questo va a danno del rito, che invece lo richiede.

Tempo libero e riti familiari

Anche molte attività del tempo libero presentano forti aspetti ritualistici, come la caccia, il calcio, le maratone, la corrida, il combattimento dei galli che permettono un alto livello di integrazione o di simbolizzazione. Nel calcio, come nella caccia, si esprime una dimensione di guerra ritualizzata: gli “ultras” per esempio hanno dei teschi come distintivo. Si tratta qui di una “antistruttura” (Turner) abbastanza tollerata dai pubblici poteri.
Alla fine degli anni ’60 la corsa in città, per esempio, era considerata eversiva e di disturbo. Ora il podismo è molto praticato. Come nel calcio si possono notare delle analogie ritualistiche: i corridori sono dei “praticanti”, le corse collettive “messe”, mentre il calendario che le regola è un ciclo annuale pseudoreligioso e così via, si possono rilevare altre specificità ritualistiche. Riconosciamo anche ritualità minori legate al quotidiano, il caffè preso insieme sul lavoro o l’aperitivo hanno un carattere collettivo: vengono ripetuti, hanno elementi di ingiunzione e di mediazione, favoriscono aspetti di integrazione.

I riti familiari si sono anch'essi adattati ai cambiamenti sociali postindustriali; per esempio, il matrimonio non segna più l'inizio della vita coniugale perché già si coabita, mentre un tempo il matrimonio segnava il passaggio a una nuova dimora, allo status di adulto, all'accesso alla sessualità. Oggi il rituale lo decidono gli sposi. Chi richiede la cerimonia religiosa manifesta un bisogno di solennità, anche simbolica, pur se contrastata nella sua intimità da questa nostra società-spettacolo.

Le tante variazioni del matrimonio, dalla fase preparatoria a quella finale, esistenti oggi richiedono diversi modi di procedere per tentare di capirne sia la diversità rispetto ad altri riti sia per mettere ordine nei diversi stili. In realtà, oggi i riti rappresentano anche delle sfide da affrontare per rafforzare l'integrazione sociale, ma essendo creazioni per lo più ancora molto inconsce, bisognerà tenere un'attenzione vigile e aggiornata.

Giovani e ritualità

I giovani hanno una grande difficoltà a farsi catturare dai riti di iniziazione perché morte e rinascita richiedono prove a cui bisogna assoggettarsi, anche senza alcuna speranza di successo, mentre loro sono attratti invece dal mito dell'eroe nel suo aspetto più interessato al vincere e all'imporsi, e non importa se ci sarà punizione, o anche morte, per la propria *hybris*.

Icaro, figura mitica che ben rappresenta l'idealità giovanile e la fiducia eccessiva nelle proprie forze, spinto da fragili ali si avvicina troppo al sole e muore precipitando. Moderno rappresentante della cultura dello sballo e della trasgressività estrema, scatenata nei *rave party* e negli *after hours*, dove non troviamo né Apollo né Hermes, ma Dioniso, il dio fanciullo simbolo dell'eccesso e della sfrenatezza. Tuttavia, la ricerca dell'extraordinario e dell'esperienza estrema permette anche salutari esplorazioni del limite, ma quale il confine? Come misurare gli effetti di esperienze così particolari? La musica *rock* e *heavy metal*, la *techno* e la *hardcore* con le loro droghe

sintetiche, gli sport estremi, l'ossessiva dipendenza da realtà virtuali tecnomediate, la manipolazione del corpo e i comportamenti sessuali a rischio come rappresentarseli?
Se nel rito tradizionale l'alterazione dello stato di coscienza era raggiunta con il vino e la musica, ora i nostri giovani con le danze, le corse, le arrampicate praticate tutte fino allo sfinimento, spesso con l'uso di sostanze psico-attive, alimentano un coraggio e un eroismo spesso vuoti e dolenti. I nuovi riti sono dettati dal gruppo di coetanei e sembrano confermare una pericolosità non sufficientemente codificabile, in quanto viviamo in società che perseguono ossessivamente la sicurezza e vi si trova quindi poca duttilità per accogliere e organizzare strategie positive, ferme e aperte.
Dice Fulvio Scaparro, psicoterapeuta milanese militante, che i paradossi come sicurezza/insicurezza e i problemi dell'esistenza, non vanno risolti ma accettati e digeriti, mantenendone la centralità e la consistenza. Così come insegnano i monaci tibetani, che lentamente girano intorno al tempio pregando e suonando.
Raccogliere le sfide può attivare l'immaginario iniziatico e, da una disgrazia, si può muovere un rinnovamento interiore. Il "risveglio" è molto perseguito nella ricerca di senso dei giovani occidentali, che reagiscono ai disvalori e alle minacce della mancanza di ruolo e di identità, di lavoro spesso precario e di assenza di continuità studio-lavoro.
Nelle lacerazioni prodotte dai grandi mutamenti socio economici delle società postindustriali è rilevante, infatti, la frammentazione del lavoro e delle figure con incontrollati spazi di arbitrio dominante. I confini delle identità sociali e politiche sono continuamente travolti, fino all'esclusione, più o meno mascherata e perseguita, di profughi e migranti in particolare, senza luoghi e spazi per vivere ed esprimersi.
Se la laicizzazione, la globalizzazione, il consumismo, rispetto a rassicuranti comportamenti non molto lontani nel tempo, tendono oggi a un'asfittica razionalizzazione di ogni cosa, nel contempo siamo travolti anche da una fioritura straordinaria di iniziative individuali

o di gruppo, dal campo religioso a quello del pensiero, difficili da raccogliere e da fare interagire. La reazione dei giovani che si aggregano intorno a valori, modelli, stili di vita di qualche sub-cultura giovanile apre un grande campo di espressione e di azione, e conferma la possibilità di costruzione di mappe ragionate e condivisibili, necessarie per una stabile partecipazione trasformativa.
È verificato che l'interesse per la politica ufficiale sia assente nei giovani. E se invece contenesse elementi di nuova politicità? Se lo chiede il sociologo tedesco Ulrich Beck, attento agli orientamenti dei giovani impegnati nel volontariato, nel privato sociale, nella solidarietà e nelle organizzazioni ecologiche.
Ci sono infine giovani che si firmano sui muri, sui treni, dappertutto, le prime "tag firme" compaiono già verso gli anni '70, e i *writer*, che disegnano a volte creativamente, vengono repressi, con l'offerta di spazi messi loro a disposizione non risolvendo il problema, perché questi amano restare anonimi: troviamo così una escalation che li vede spesso come "categoria di reato", in una liceità indifferenziata per la crescente sostanziale latitanza del mondo adulto.

Il perdurare della ritualità

Se mutano continuamente gli scenari iniziatici non così i loro archetipi, e la scomparsa del sacro dal quotidiano è solo apparente, perché il sacro ricompare in tante forme: dal senso di esperienza totale vissuta in una partita di calcio o nell'assistere a un serial televisivo e l'elenco sarebbe lungo. Si ricreano emozione e sentimenti: dalla fedeltà, alla giustizia per non parlare della verità. Per esempio, viene riguardata un'azione sportiva tantissime volte in moviola! Così come molti concerti, per citare un altro campo, sono diventati dei rituali sacri.
Tenuto conto di quanto da me già detto, secondo un metodo che cerca il senso in passi indietro e passi in avanti, queste società non sono caratterizzate da forme centrifughe o conservatrici. Citerò un altro dibattito ampiamente sostenuto negli Stati Uniti e il cui

principale esponente è il saggista Robert Bly, il quale, tra l'altro, conduce gruppi di riflessione sulla psicologia maschile. Al suo saggio *Per diventare uomini* (1992) hanno risposto in tanti, anche in Europa, e in particolare da noi lo psicoanalista Claudio Risé con il saggio *Essere uomini* (2000) e altre iniziative simili.
Già negli anni '60, l'antropologa americana Margaret Mead, per altre vie, era arrivata a dire che non avremo antenati né successori e sempre Bly, con lo studio *La società degli eterni adolescenti* (1996), approfondisce con grande intensità le caratteristiche della cosiddetta "società orizzontale".
L'omologazione dei comportamenti del tempo sempre presente, delle società postindustriali, ha appiattito e livellato le generazioni. Niente più società patriarcale, ma società senza un prima e un poi, un sopra e un sotto, senza più padri, figli e nipoti, ma tutti fratelli e sorelle, obbligatoriamente giovani e in fuga dalle responsabilità.
Non troviamo più la fruttuosa rivalità edipica, ma invidia di fratelli, che non hanno accesso alla gratitudine come alla ribellione. E così i giovani, in tutto il mondo, vestono allo stesso modo e parlano un linguaggio identico influenzato dall'uso dell'informatica. È una società di massa, in cui gli adulti regrediscono e i giovani non possono prenderli come modelli. È venuto meno il piano verticale con la forza delle tradizioni, delle religioni, della devozione. Il rapporto edipico con il padre non è più sperimentato dai figli per poter crescere, il padre è assente o è troppo debole, e così la rabbia maschile o viene troppo repressa o si manifesta in modo violento, le fantasie si fanno irreali e pericolose in un primitivismo inconsapevole.
Anche le figlie trovano ostacoli a disidentificarsi da una madre spesso assente. Le analisi degli studiosi sottendono l'idea, già di Margaret Mead, che comportamenti appresi ed essenziali per la vita umana possano andare facilmente perduti. Così l'estensione del momento iniziatico dell'adolescenza, che ormai dura decenni, ne accresce il caos con tutte le conseguenze.
Che fare? Il maggior ostacolo all'iniziazione di giovani uomini e giovani donne sta nell'incapacità di immaginare realtà invisibili.

La società dei consumi è una società che si risolve tutta nel senso letterale delle cose e i padri, così come le madri, dovranno partecipare alla ricostruzione, perché possano nascere nuovi significati. Dovranno ambedue entrare in relazione con l'esperienza dei sentimenti: il maschile e il femminile, dovranno imparare a relazionarsi anche con la natura nei suoi aspetti più profondi, così come con l'irrazionalità, tutti aspetti che richiedono di essere individuati e gestiti.
Saper vedere simbolicamente e mitologicamente, praticandone i rituali, toglie la piattezza, mentre dal profondo vengono ordine e

La New Age

Anche il fenomeno della New Age cerca il "risveglio". Non è un movimento, ma piuttosto una rete culturale, nella quale diversi comportamenti sono ispirati da una comune sensibilità nell'idea che stiamo vivendo un passaggio epocale.
L'età dell'Acquario introdurrà un nuovo paradigma in tutti i campi dell'attività umana: fisica quantistica, visione fluida della realtà, dalla ragione all'intuizione e ai sentimenti, in sintonia con natura e Cosmo e, di conseguenza, con un forte passaggio a una medicina più basata sull'autoguarigione, nella ricostruzione del legame tra aspetti spirituali e fisici nel ricomporre l'armonia della persona.
Si tratta di una visione olistica che supera il dualismo bene/male, uomo/natura, maschio/femmina e la frammentazione del razionalismo filosofico e scientifico. La riscoperta di valori e di rituali, che trova gli iniziati del pensiero esoterico proprio della New Age, porta alla vera conoscenza o gnosi, cioè alla fusione col divino. Nel Cristianesimo è l'amore di Dio che ci trasforma, "è una sinergia invece che una fusione", perché è la consapevolezza del nostro limite, che apre all'amore di Dio la possibilità di agire in noi, e non l'individualistica esaltazione del Sé.
Anche la psicologia secondo la New Age è intesa come un mezzo per espandere la mente, così come lo yoga, la meditazione, la musica pura e primordiale e le tante diete particolari.
Le esperienze, come si può vedere, sono tante e la New Age ne rappresenta una rete con forme non sempre consapevoli e definibili. Per gli aspetti ritualistici, così come per altri campi sopra citati, bisognerà saperli vedere per cogliere, dove è possibile, gli elementi di rinnovamento.

armonia che comprendono il divino. Dobbiamo quindi istituire rituali che proteggano l'uomo e lo rendano più completo, restituendo il passato e il futuro, l'alto e il basso. In America ci sono già molti insegnanti di rituali che lavorano per mantenere uno sguardo mitologico e per il ritrovamento dell'interiorità.
All'interno del processo di omologazione in corso i giovani hanno bisogno di differenziazioni singole, nella ricerca di una identità molto specifica. Si disegnano allora tatuaggi sul corpo, come per una continuità con i segni e i disegni fatti sui muri o sulle carrozze di treni e metropolitane. Spesso, si disegnano sul corpo scritte nelle quali ricorre l'ideogramma giapponese con parole come "forza" "amore" "coraggio" e così, quasi ossessivamente, adottano tanti altri comportamenti, perché non hanno nessuna restituzione, né in termini di identità specifica né di passaggio a qualcosa.
Spesso sono ritualizzazioni che diventano subito di consumo, senza nemmeno la consueta protezione dell'emarginato. L'energia centripeta che va all'interno lì si arresta.
Il corpo individuale è rimosso perché preda del collettivo e nelle città, lontani dalla natura e dalle tradizioni, senza propri spazi, il corpo non parla e quindi va segnato e tagliato. Una parte dei giovani fa palestra e una parte rifiuta i modelli dimagrendo: ambedue nello sfiancamento del corpo, procurandosi disturbi alimentari.
Tesi a distruggere le energie in eccesso o a non crearne, viene meno la spinta interiore come unione di corpo, anima e sociale, trattenuta in una desolata solitudine da una forte arcaicità di ignoranza e inconsapevolezza. Per non lasciarsi agire dai riti, c'è chi cerca forme molto spirituali che si esprimono individualmente o in gruppo.

* Una ricerca americana nelle scuole

La dottoressa Guerzoni ha presentato alcuni casi emblematici del pericolo che l'iniziazione, quando non venga opportunamente guidata, può comportare soprattutto per i giovani, desiderosi di entrare a far parte di un gruppo e soddisfare così l'istinto di appartenenza. Purtroppo, quello che si sta riscontrando da più parti è che queste legittime esigenze di iniziazione, intese come porta per l'ingresso in determinati gruppi, scadano spesso nella violenza gratuita, come accadeva (e ancora accade) in alcune forme di ritualità iniziatica in società tribali, dove i giovani venivano quasi puniti fisicamente per essere ancora tali (quindi per tutto il disturbo che avevano arrecato con la loro dimensione ancora fanciullesca/animalesca), prima di passare a un altro livello di esistenza.

Alcuni anni fa la dottoressa Nadine C. Hoover, insieme con Norman J. Pollard, della Albert University, N.Y. (USA), condusse una importante ricerca sui riti di iniziazione all'interno delle scuole americane, dalla quale risultava come il fenomeno, ben lungi dall'essere occasionale, costituisse invece una costante dai risvolti talora drammatici. Per gentile concessione della direzione della Albert University di New York, siamo in grado di riportare di seguito la traduzione italiana di parte del riassunto (*Executive Summary*) dei risultati ottenuti[3].

"Entrare a far parte di gruppi è un'esigenza umana essenziale. La costruzione del senso d'identità e di appartenenza è infatti uno dei compiti fondamentali dello sviluppo dei *teen-ager*. D'altra parte, è anche vero che i ragazzi della scuola superiore stanno imparando a distinguere tra comportamenti appropriati e inadatti: hanno quindi la necessità di una qualche supervisione, di un modello sul quale costruire il proprio ruolo e della guida degli adulti, senza i quali l'iniziazione può prendere una via distorta. Quando alcuni gruppi utilizzano l'umiliazione e la minaccia per iniziare i nuovi membri, siamo allora di fronte a un fenomeno di pressioni indebite. Abbiamo riscontrato che il 91% degli studenti delle scuole superiori fanno parte di almeno un gruppo. La quasi totalità (98%)

3. Hoover, Nadine C. *et al.*, *Initiation Rites in American High Schools: a National Survey*, Albert 2000. Su concessione di Sue Goetschius, Director of Communications, Alfred University, Alfred, New York, USA.

ha tratto dall'appartenenza al gruppo alcune esperienze positive e la metà ha avuto solo esperienze positive. Tuttavia abbiamo anche scoperto che:

- le pressioni indebite, dovute all'imposizione di comportamenti coercitivi, sono prevalenti tra gli studenti americani delle scuole superiori;
- il 48% degli studenti membri di gruppi ha riferito di essere stato sottoposto ad attività di questo genere;
- il 43% ha riferito di essere stato sottoposto ad attività umilianti;
- il 30% ha riferito di avere compiuto azioni potenzialmente illegali come parte della loro iniziazione.

Tutti gli studenti della scuola media superiore, che entrano a far parte di gruppi, sono a rischio di essere sottoposti a questo genere di pratiche.
Studenti di entrambi i sessi riferiscono di essere stati sottoposti a elevati livelli di pressioni, anche se gli studenti maschi sono ad altissimo rischio, in particolare di ricevere incarichi pericolosi.
Quanto è minore la media del punteggio degli allievi tanto è maggiore il rischio di essere sottoposti a questo genere di pratiche.
Quasi ogni tipo di gruppo di scuola media superiore ha elevati livelli di pressioni indebite.
Anche gruppi, considerati solitamente sicuri, esercitano pressioni sui nuovi membri. Per esempio, il 24% degli studenti membri di gruppi ecclesiali è stato sottoposto a pressioni indebite.
Questo genere di pressioni comportano un danno per i ragazzi, dal punto di vista emozionale e fisico.
Il 71% dei ragazzi sottoposti a queste pratiche riportano conseguenze negative, come combattimenti, ferite, tensioni con i genitori, scarso rendimento scolastico, lesioni ad altre persone, difficoltà a nutrirsi, dormire, concentrarsi, o senso di rabbia, confusione, imbarazzo, colpa.
Le pressioni cominciano nella media inferiore e continuano per tutto il periodo della scuola media superiore e dell'università [...]".

Iniziazione sciamanica di un bambino in contatto con l'altra dimensione

Vorremmo concludere con un ritorno alla tradizione. È ancora possibile, oggi, assistere a una iniziazione sciamanica diretta (quindi a una vera e propria vocazione sciamanica)? Raccogliamo il seguente racconto da un giovane che ricorda con dovizia di particolari una situazione che non sapeva spiegare e che corrisponde a una vera e propria iniziazione sciamanica, con intervento di un'entità dell'altra dimensione, che cerca di imporre il proprio controllo sulla persona. Nella nostra cultura giudaico-cristiana, questa situazione corrisponderebbe a un tentativo di possessione diabolica.

"Avevo all'incirca sette anni, quando mi svegliai, nel mezzo della notte, con la sensazione che qualcuno dormisse accanto a me. Sentivo chiaramente un respiro profondo, rantolante, sgradevole, che rammentava più quello di un animale ferito che quello di un essere umano. Percepivo chiaramente qualcosa di assai negativo, malvagio, ostile. Questo mi capitò diverse volte, sempre di notte. Poi, una sera, dopo essermi coricato, mi sono sentito come afferrato, e mi sono visto scagliato a terra, schiacciato sul pavimento, mentre una voce m'intimava: 'Accettami, diventa mio, sottomettiti'. Io, per quanto paralizzato dal terrore, non volevo soccombere, e cominciai a urlare: 'No, non voglio, non voglio diventare tuo. Lasciami!'. La lotta continuò per un po', finché mi ritrovai solo, spossato, madido di sudore, terrorizzato ma convinto di aver vinto una battaglia. A partire da quel momento non ho più vissuto situazioni simili e l'entità mi ha lasciato in pace...".

In questo caso assistiamo a una forma di reclutamento forzato del futuro sciamano, basato sul tentativo di ridurre la persona a uno strumento succube dell'altra dimensione. Per quanto inquietante, si tratta di un racconto estremamente interessante, su come ancora oggi si possa assistere a forme di intervento violento dell'altra dimensione nella nostra. Un tema, questo, che varrebbe la pena di sottoporre ad attenta indagine.

Conclusioni

Siamo giunti al termine del nostro viaggio. Dopo aver analizzato il comportamento rituale (o simil-rituale) degli animali, riscontrando come la ritualità non sia una prerogativa solo umana, sono stati

posti alcuni punti fermi, definendo il concetto di rito e le caratteristiche dei riti di iniziazione.
Abbiamo quindi notato come elementi iniziatici siano presenti ovunque nel mondo, fin dalle epoche più antiche: presso i Sumeri e gli Egizi, nel mondo antico greco-romano, in Europa durante il Medioevo, il Rinascimento e oltre. Di particolare importanza sono poi i riti di iniziazione nelle società tradizionali di livello etnologico: lo abbiamo notato tre le tribù siberiane, quelle della Nuova Guinea, tra i nativi delle Americhe e dell'Australia, fin nelle sofisticate civiltà della Cina e del Giappone.
Abbiamo anche visto come la tendenza all'iniziazione e alla sua ritualità sia presente ancora oggi nelle nostre società cosiddette avanzate, dove alcune modalità particolarmente violente di iniziazione, ben lungi dall'essere scomparse, riappaiono in forme non controllate. Sono proprio queste che risultano pericolose per il tessuto sociale, proprio perché lasciate all'istinto di individui non guidati o non sufficientemente istruiti dal pensiero tradizionale. Ciò che traspare è, infatti, spesso solo la parte violenta dell'iniziazione, quella che nelle società tradizionali viene rigidamente controllata e incanalata perché abbia una funzione educatrice e non diventi eccessivamente distruttiva.
L'impressione che abbiamo raccolto è che l'uomo, in quanto inserito in un gruppo sociale, debba passare necessariamente attraverso riti di iniziazione; basti riassumere qui, a titolo di esempio, i numerosi riti di iniziazione, ufficialmente accettati, presenti nella nostra società contemporanea di tradizione occidentale: dal momento della nascita, l'individuo passa attraverso il battesimo, la comunione, la cresima, il primo giorno di scuola, la fine della scuola dell'obbligo, il diploma di maturità, il servizio militare con le sue ritualità, il primo lavoro (si pensi all'espressione: "cancellare la macchia del primo lavoro"), il fidanzamento, il diploma di laurea, il matrimonio, la prima maternità/paternità e così via. Per non parlare, poi, di altre forme di iniziazione, come l'adesione a società iniziatiche, filantropiche, club sportivi, enti culturali, ordini religiosi...

Per questi motivi non è possibile ritenere che l'iniziazione e la sua ritualità siano solo un retaggio inutile del passato: siamo di fronte a un forte bisogno spirituale dell'individuo che vuole, da parte sua, partecipare a qualcosa (sia essa l'attività di un gruppo o la comunanza con il mondo degli spiriti, nel caso dell'iniziazione sciamanica), e all'esigenza del gruppo di valutare il candidato per capire se è adatto a entrare a far parte del gruppo stesso, quindi per prepararlo e inserirlo nel migliore dei modi, attraverso una gradualità di passaggi. Per questi motivi è importante studiare ancora oggi caratteristiche e modalità dei riti iniziatici, per una comprensione sia del passato, sia del presente, dove la forza della tradizione è, forse, nascosta, ma sempre operante.

Bibliografia

AA.VV., *Introduzione alla Magia* (3 vol.), Mediterranee, Roma 1987

Alexandrian, *Storia della Filosofia Occulta*, Mondadori, Milano 1984

Al-Kindi, *De radiis*, Mimesis, Milano 2001

Alleau, René, *Aspetti dell'Alchimia Tradizionale*, Atanòr, Roma 1989

Ambesi, A.C., *L'Enigma dei Rosacroce*, Mediterranee, Roma 1990

Andreae, J.V., *Le Nozze Chimiche di Christian Rosenkreutz*, SE, Milano 1997

Archarion/Helmond, *L'Alchimia dei Rosa+Croce d'Oro*, Mediterranee, Roma 1994

Aromatico, Andrea, *Alchimia, l'oro della conoscenza*, Electa, Milano 1996

Avril, A.C., Lenhardt, P., *La lettura ebraica della scrittura*, Qiqajon, 1984

Bacon, Roger, *I Segreti dell'Arte e della Natura e Confutazione della Magia*, Archè, Milano 1999

Baggio, A.M., *Cristo o l'Acquario*, in Città Nova n. 5, 2003

Bailey, Alice A., *Trattato di Magia Bianca*, Editrice Nuova Era, Roma 1993

Baldini, Franco, vedi nota a fine bibliografia

Balducci, Corrado, *Il Diavolo*, Mondadori, Milano 1994

Bayard, Jean-Pierre, *I Rosacroce* (2 voll.), Mediterranee, Roma 1990

Berger, Klaus, *I salmi di Qumran*, Piemme, 1995

Bernus, Alexander von, *Alchimia e Medicina*, Mediterranee, Roma 1998

Bianca, M., Di Luca, N.M., *Le radici esoteriche della Massoneria*, Atanòr, Roma, 2001

Blavatsky, H.P., *Iside svelata*, Armenia, Milano 2000

Bly, R., *La società degli eterni adolescenti*, Red, 2000

Boehme, J., *Sex puncta theosophica*, Spano, reprint

Bonvicini, E., *Rosacroce. La storia di un pensiero*, Bastogi, Foggia 1996

Boucher, J., *La Simbologia Massonica*, Atanòr, Roma 1997

Boulenger, Jacques (a cura di), *I Romanzi della tavola Rotonda*, Oscar Classici Mondadori, Milano 1988

Bruno, Giordano, *La magia e le ligature*, Mimesis, Milano 2000

Bruno, Giordano, *Opere Magiche*, Adelphi, 2001

Burkhardt, Titus, *Introduzione alle dottrine esoteriche dell'Islam*, Mediterranee, Roma 1987

Burkhardt, Titus, *Alchimia, significato e visione del mondo*, Guanda, Parma 1986

Busi, G., Loewenthal, E. (a cura di), *Mistica Ebraica*, Einaudi, 1999

Calvesi, M., *Arte e alchimia*, Art Dossier, Giunti, Firenze

Carratelli, G.P., *Le lamine d'oro orfiche*, Adelphi, Milano 2001

Canseliet, Eugène, *L'Alchimia spiegata sui suoi testi classici* (Vol. I), Mediterranee, Roma 1996

Canseliet, Eugène, *L'alchimia, simbolismo ermetico e pratica filosofale* (Vol. II), Mediterranee, Roma 1996

Charpentier, Louis, *I misteri della cattedrale di Chartres*, Arcana, Torino 1972

Chrétien de Troyes, *Perceval*, Oscar Mondadori, Milano 1983

Chrysopeia, Tome VI (1997-1999), *Cinq traités alchimique médiévaux*, Archè, Milano 2000

Cicerone, *Della divinazione*, Garzanti, Milano 1999

Cicerone, *Sulla natura degli dèi*, Oscar Mondadori, Milano 1997

Cohen, Abraham, *Il Talmud*, Laterza, Roma 1999

Comba, Enrico, *Riti e misteri degli Indiani d'America*, Torino 2001

Corbin, Henry, *Storia della filosofia islamica*, Adelphi, Milano 1991

Cracco Ruggini, L., *Le associazioni professionali nel mondo romano-bizantino*, in *Artigianato e tecnica nella società dell'alto Medioevo occidentale* (CISAM, XVIII), Spoleto 1971, pp. 58-193

Crassellame, *Lux Obnubilata*, Mediterranee, Roma 1998

Dal Lago (a cura di), *Giovani senza tempo*, Ombre corte, 2001

Dal Lago, *I nostri riti quotidiani*, Costa e Nolan, 1995

D'Amore, Francesco, *La Spagyria del vegetale*, Erga, Genova 1999

Davidson, H. R. Ellis, *Gods and Myths of Northern Europe*, Penguin Books, 1979

D'Azevedo, W.L., Massignan, Marco, *La strada del Peyote*, Xenia Edizioni, Milano 1998

De Pascalis, A., *L'Arte Dorata*, L'Airone, Roma 1995

De Saint Martin, Louis Claude, *Ecce Homo*, Bastogi, Foggia 1998

De Saint Martin, Louis Claude, *Il Ministero dell'Uomo Spirito*, MIR Edizioni, 2000

Demurger, Alain, *Vita e morte dell'Ordine dei Templari*, Garzanti, 1996

D'Espagnet, Jean, *Opera Arcana della Filosofia Ermetica*, Phoenix, Genova 1984

D'Espagnet, Jean, *Trattato Ermetico della Fisica Reintegrata*, Phoenix, Genova 1983

Diamond, Jared, *Armi, acciaio e malattie*, Einaudi, Torino 1998

Doore, Gary, *Shaman's path*, 1988

Eisenman, R.H., Wise, Michael, *Manoscritti segreti di Qumran*, Piemme, 1994

Eliade, Mircea, *From Primitives to Zen*, Collins fount Paperbacks, GB 1979

Eliade, Mircea, *Le mythe de l'éternel retour*, Serthe, 1996

Eliade, Mircea, *Lo Sciamanismo*, Mediterranee, Roma 1999

Eliade, Mircea, *The Sacred and the Profane*, Harvest/HJB, New York 1959

Epopea di Gilgamešh, Adelphi, Milano 1986

Ermete Trismegisto, *Corpo Ermetico e Asclepio*, SE, Milano 1997

Ermete Trismegisto, *Corpus Hermeticum*, BUR, Milano 2001

Ermete Trismegisto, *La pupilla del mondo*, Marsilio, Venezia 1994

Eschenbach, Wolfram von, *Parzival*, TEA, Milano 1997

Esiodo, *Teogonia*, Rizzoli, Milano 1996

Evola, Julius, *Il mistero del Graal*, Mediterranee, Roma 1994

Evola, Julius, *La tradizione ermetica*, Mediterranee, Roma 1996

Fiorentino, Maria Pia, *Tarocchi e cammino iniziatico*, Mediterranee, Roma 1997

Flamel, Nicolas, *Il Libro delle Figure Geroglifiche/Il Sommario Filosofico/Il Desiderio Desiderato*, Mediterranee, Roma 1998

Fouts, Roger, *La scuola delle scimmie*, Mondadori, Milano 1999

Frater Albertus, *Manuale dell'Alchimista*, Roma 1978

Frietsch, Wolfram, *Die Geheimnisse der Rosenkreuzer*, Hamburg 1999

Fulcanelli, *Il Mistero delle Cattedrali*, Mediterranee, Roma 1996

Fulcanelli, *Le Dimore Filosofali* (Voll. I e II), Mediterranee, Roma 1996

Furth, Hans G., *Pensiero senza linguaggio*, Armando Editore, Roma 1971

Giamblico, *La vita pitagorica*, BUR, Milano 1991

Giglioli, Enrico Hillyer, *Giappone perduto*, Luni Editrice, Milano 2005

Goethe, J.W., *Il serpente verde*, Bastogi, Foggia 1995

Goodall, Jane, vedi nota a fine bibliografia

Grimmelshausen von, Hans Jakob C., *Das abenteurliche Simplicissimus Teutsch*, 1668

Guénon, René, *Simboli della Scienza sacra*, Adelphi, Milano 2000

Guénon, René, *Iniziazione e realizzazione spirituale*, Luni Editrice Editrice, Milano 2003

Guénon, René, *Considerazioni sull'iniziazione*, Luni Editrice Editrice, Milano 2003

Guilmot, M., *Les initiés et les rites initiatiques en Egypte ancienne*, Parigi 1997

Hartmann, F., *Il mondo magico di Jacob Boehme*, Mediterranee, Roma, 1982

Hartmann, F., *Il Mondo Magico di Paracelso*, Mediterranee, Roma 1982

Heptameron (Pietro d'Abano), *Rituale Mithriaco*, Hermes, Roma 1984

Jacq, Christian, *La Massoneria*, Mursia, Milano 1998

Jollivet-Castellot, F., *Storia dell'Alchimia*, Bastogi, Foggia 1992

Jung, C.G., *L'uomo e i suoi simboli*, Mondadori, 1984

Kerény, K., *Gli Dèi e gli Eroi della Grecia*, Garzanti, 1976

Koehler, Wolfgang, *La psicologia della Gestalt*, Feltrinelli, Milano 1989

Koehler, Wolfgang, *L'intelligenza nelle scimmie antropoidi*, Giunti, Firenze 1961

Kremmerz, G., *La Porta Ermetica*, Mediterranee, Roma 1981

La Pera, Ovidio, *Conoscere L.C. De Saint Martin*, MIR Edizioni, 2000

Le Breton, D., *Passione del rischio*, Gruppo Abele, 1995

Leicht, P.S., *Corporazioni romane e arti medievali*, Einaudi, Torino 1937

Lindsay, Jack, *Le origini dell'alchimia nell'Egitto greco-romano*, Mediterranee, Roma 2001

Luck, Georg, *Il magico nella cultura antica*, Mursia, Milano 1994

Luck, Georg (a cura di), *Arcana Mundi*, Fondazione Lorenzo Valla/Mondadori, 1997

Lullo, Raimondo, *Il Trattato della Quinta Essenza*, Atanòr, Roma

MacGregor Mathers (a cura di), *Magia della Cabala*, Mediterranee, Roma 1981

Mahdihassan, S., *Alchimia Indiana*, Mediterranee, Roma 1998

Maier, M., *Atalanta Fugiens*, Mediterranee, Roma 1999

Mandel, W. (a cura di), *Jim Morrison, La danza dello Sciamano*, Ed. Blues Brothers, Milano 1995

Maraini, Fosco, *L'Àgape celeste. I riti di consacrazione del sovrano giapponese*, Luni Editrice, Milano 2003

Martone, Corrado, *La Regola della Comunità* (edizione critica), Quaderni di Enoch, Zamorani, Torino 1995

Massignan, Marco, *I Sioux*, Milano 1996

Mead, Margaret, *Sesso e temperamento in tre società primitive*, Milano 1967

Miller, H. Patricia, *Teorie dello sviluppo psicologico*, Il Mulino, Bologna 1987

Miscioscia, O., *Miti affettivi e cultura giovanile*, Franco Angeli, 2003

Mohrmann, Ch. (a cura di), *Vita di Antonio*, Fondazione Lorenzo Valla / Mondadori, 1974

Molle, J. Vincenzo (a cura di), *I Templari, La regola e gli statuti dell'Ordine*, ECIG, Genova 2000

Moraldi, Luigi (a cura di), *I Manoscritti di Qumran*, TEA, Milano 1994

Nitobe, Inazo, *Bushido. L'anima del Giappone*, Luni Editrice Editrice, Milano 2003

Pancaldi Augusto, *Alchimia pratica*, Atanòr, Roma 1997

Papus, *La scienza dei numeri*, Brancato, Catania 1991

Papus, *Trattato Elementare di Scienza Occulta*, Phoenix, Genova 1980

Platone, *Timeo*, Bompiani, Milano 2000

Poemetti mitologici babilonesi e assiri, Sansoni, Firenze 1991

Poisson, Albert, *Teorie e simboli dell'alchimia*, Moizzi

Polia, Mario, *Gli Indios dell'Amazzonia*, Milano 1997

Polia, Mario, *Gli Incas*, Milano 1999

Polia, Mario, *Il sangue del condor. Sciamani delle Ande*, Milano 1997

Popp, F.A., *Nuovi orizzonti della medicina*, IPSA, Palermo 1985

Porfirio, *Vita di Pitagora*, Rusconi, Milano 1998

Ranque, Georges, *La pietra filosofale*, Mediterranee, Roma 1989

Reale, Giovanni, *Per una nuova interpretazione di Platone*, Vita e Pensiero, Milano 1997

Rendhell, F., *Alta Magia pratica evocativa,* Hermes Edizioni, Roma 1987

Rendhell, F., *Trattato di Alta Magia*, Hermes Edizioni, Roma 1996

Ricciardelli, G. (a cura di), *Inni Orfici*, Fondazione Lorenzo Valla/ Mondadori, 2000

Riese Berthold, *I Maya*, Il Mulino, Bologna 2000

Ripel, F. G., *Il Segreto della Pietra Filosofale*, Sarva, Imola 1991

Rivière Patrick, *Alchimia e spagiria*, Mediterranee, Roma 2000

Rupescissa, *Trattato sulla Quintessenza*, Mediterranee, Roma 1998

Sacchi Paolo, *Storia del Secondo Tempio*, SEI, Torino 1994

Safran, Alexandre, *Saggezza della Cabala*, Mondadori, Milano 1990

Salvini, A., *Il rito aggressivo*, Giunti 1988

Scaparro, F., e altri, *Ritmi e rituali dello sviluppo*, Cortina, 1991

Scarduelli, P., *Antropologia del rito*, Bollati Boringhieri, 2000

Scarduelli, P., *Il Rito*, Laterza, 1983

Scarpi, Paolo, *Le Religioni dei misteri*, Vol. I, Fondazione Lorenzo Valla/Arnoldo Mondadori Editore, Milano 2002

Scholem, Gershom, *La Cabala*, Mediterranee, Roma 1992

Schwaller De Lubicz, R.A., *Il Tempio nell'Uomo*

Segalen, M., *Riti e rituali contemporanei*, Il Mulino, 2002

Sendivogius, Michele, *Lettera filosofica*, Phoenix, Genova 1989

Shah Idries, *La strada del Sufi*, Ubaldini, Roma 1971

Simonetti, Manlio (a cura di), *Testi Gnostici in lingua latina e greca*, Fondazione Lorenzo Valla/Mondadori, 1993

Snorri Storluson, *Edda*, Adelphi, Milano 1982

Steiner Rudolf, *Teosofia*, Antroposofica, Milano 1999

Swedenborg, E., *La Vera Religione Cristiana*, Sear, 1988

Swedenborg, E., *Cielo e Inferno*, Mediterranee, Roma 1994

Tallard Johnson, J., *Gli anni del tuono*, Il Punto d'Incontro, 2003

Tanzini, Pasquale, vedi nota a fine bibliografia

Tentori, Tullio (a cura di), *Popol Vuh. Il Libro Sacro dei Quiché*, TEA, Milano 1988

Testi, Gino, *Dizionario di Alchimia e Chimica Antiquaria*, Mediterranee, Roma

Thornton, S., *Dai club ai rave*, Feltrinelli, 1998

Tresoldi, R., *Il mondo magico dell'antico Egitto*, DVE, Milano 2000

Tresoldi, R., *Alchimia*, De Vecchi, Firenze-Milano 2021

Upanishad, Boringhieri, Torino 1968

Valentino, Basilio, *Azoth*, Mediterranee, Roma 1988

Valentino, Basilio, *Cocchio Trionfale dell'Antimonio*, Mediterranee, Roma 1998

Valentino, Basilio, *Le Dodici Chiavi de la Filosofia*, Mediterranee, Roma 1998

Valsan, Michel, *Sufismo e Esicasmo*, Mediterranee, Roma 2000

Ventura, Gastone, *Tutti gli uomini del Martinismo*, Atanòr, Roma 1978

Villanova, Arnaldo da, *La Scorciatoia del Sentiero*, Phoenix, Genova 1979

Vygotskij, Lev. S., *Pensiero e linguaggio*, Laterza, Bari 2000

Waltzing, Jean Pierre, *Étude historique sur les corporations professionnelles chez les Romains depuis les origines jusqu'à la chute de l'Empire d'Occident*, Bruxelles-Louvain 1895-1900

Wehr, Gerhard, *Novecento Occulto*, Neri Pozza, Vicenza 2002

Wilhelm, Richard (a cura di), *I Ching*, Adelphi, 1995

Wirth, Oswald, *I Tarocchi*, Mediterranee, Roma 1973

Yeats, W.B., *Rosa alchemica,* Adea Edizioni, Cremona 1993

Yeats, W.B., *Una visione*, Adelphi, Milano 1973

Per la parte relativa alla massoneria, a cura di P. Tanzini, gli interessati possono chiedere la consultazione completa dell'opera inoltrando richiesta a: p.tanzini@libero.it

Per ulteriori informazioni è possibile consultare il sito Internet dell'Istituto Jane Goodall Italia: www.janegoodall.it

Indice

Introduzione ... 5
Il comportamento rituale ... 6
Il rito di iniziazione alla base della cultura umana ... 7

Le forme del rito ... 9
Il rito iniziatico ... 9
Ritualità religiosa e ritualità magica ... 10
Ritualità come imitazione degli dèi o degli eroi mitologici ... 12
La morte rituale ... 13
Storia e caratteristiche dei Misteri ... 15
La terminologia ... 16

Le indicazioni dell'etologia ... 18
Bill, cenerino grande parlatore ... 19
Sottomissione ... 19
Ricostruzione della punizione ... 20
Timore dell'abbandono ... 20
Identificazione con l'interlocutore ... 21
Le scimmie antropomorfe ... 22
Jane Goodall e l'osservazione degli scimpanzé ... 25
La danza della pioggia degli scimpanzé ... 26

Il comportamento rituale degli elefanti........................ 27
La ritualità funeraria 29
Conclusioni 30

Le indicazioni dell'etnologia 31
Il pensiero di Durkheim 31
Dimensione sacra e profana in Mircea Eliade................ 34
Iniziazione e reclutamento sciamanico 36
Interpretazione moderna dello sciamanesimo 38
Il significato dei riti di passaggio.......................... 39

I riti di iniziazione nel Vicino Oriente antico e in Egitto 42
I Sumeri 42
Gli antichi Egizi 45
Il mito di Iside e Osiride.................................. 48
Misteri isiaci.. 49
L'iniziazione ai Misteri da parte di Apuleio 50
La descrizione di una cerimonia isiaca 51

Misteri e iniziazione nel mondo greco-romano 58
I Misteri dionisiaci...................................... 59
L'originalità di Dioniso nell'iconografia 61
I circoli dionisiaci 62
Culto di Dioniso e riti di passaggio 64
L'Orfismo 65
L'iniziazione orfica 65
Concetti fondamentali dell'Orfismo.......................... 66
Valenza iniziatica dei testi delle Lamine orfiche............. 69
La via iniziatica di Pitagora............................. 70
Un approccio iniziatico 72

I Misteri di Eleusi........73
I Misteri cristiani........75
La dimensione esoterica........76
Rito del battesimo........76
Rito del catecumenato........77
I Misteri di Mitra........78
La Gnosi........79
Fonti letterarie e storiche........79
L'insegnamento gnostico........80

L'iniziazione nel giudaismo: gli Esseni........83
La nascita degli Esseni........83
La vita degli Esseni........85
La Regola della Comunità........86
Il patto iniziale........87
I "figli della luce" e i "figli delle tenebre"........88
La valutazione del candidato........90
L'assemblea........91
Il Consiglio dei Quindici........91

Il Graal, ovvero l'iniziazione alla regalità........94
Tradizione e leggenda del Graal........95
Fonti letterarie........97

Templari e templarismo........104
Nascita e storia dell'Ordine Templare........105
Il ritiro dalla Terra Santa........106
Il processo........107
Riti iniziatici dei Templari........109
Dai Templari al templarismo........111
La Regola templare........112

Dalle corporazioni greco-romane alla Libera Muratoria 118
Struttura e caratteristiche dei *collegia* romani.......... 118
Elementi iniziatici nelle Corporazioni 120
La trasformazione delle Corporazioni.......... 122
Le corporazioni (gilde) medievali 123
Le Accademie neoplatoniche e la tradizione ermetica.......... 126
Dalle Accademie neoplatoniche alla Libera Muratoria.......... 128
La ritualità massonica *(Intervista a un Maestro Venerabile)* 130
Storia, riti e iniziazione in una delle prime logge massoniche d'Italia.......... 135

I Rosacroce.......... 144
Una via iniziatica collegata alla tradizione.......... 146
I Rosacroce oggi 146
Il percorso iniziatico rosacrociano.......... 147
La Fama Fraternitatis 147
La Confessio Fraternitatis.......... 153

La formazione iniziatica in Estremo Oriente.......... 157
Lo Zen.......... 157
L'esperienza iniziatica del buddismo Zen.......... 158
Caratteristiche rituali dello Zen 161
L'iniziazione nel buddismo esoterico 161
L'iniziazione alla regalità imperiale in Giappone.......... 163
Il rituale della successione dinastica 165

I riti di Nuova Guinea e Australia 169
L'iniziazione all'età adulta nella tribù degli Arapesh.......... 169
Riti di iniziazione all'età adulta in Australia.......... 172
La tribù dei Kurnai 172

I nativi americani 174
Le tribù del Nord 174
Gli "strumenti" dello sciamano 178
L'iniziazione 178
Il viaggio iniziatico 179
Importanza del movimento rituale 181
America centrale e del Sud 183
La ritualità dei Maya 183
L'iniziazione presso gli Incas 188
Riti incaici 189

La ritualità iniziatica oggi 191
Jim Morrison e i Doors *(di Christian Baldari)* 192
Un approccio psicologico al tema 193
I riti non muoiono *(di Mirna Guerzoni)* 194
Una panoramica storica 195
Tempo libero e riti familiari 198
Giovani e ritualità 199
Il perdurare della ritualità 201
Una ricerca americana nelle scuole 204
Conclusioni 207

Bibliografia 210

Ringraziamenti

Quest'opera trae spunto da una serie di studi compiuti nel corso di oltre trent'anni sul tema del comportamento animale e umano e non sarebbe stata possibile senza i lavori di molti autori del passato e di personaggi di oggi. Ricordo in primo luogo Konrad Lorenz che, con le sue ricerche sugli animali e il loro comportamento, mi ha entusiasmato fin da ragazzo; Mircea Eliade, dal quale ho ricavato numerose informazioni e l'amore per l'indagine comparata delle religioni; i miei insegnanti universitari di etnologia, storia, linguistica, per l'impostazione scientifica che hanno saputo comunicarmi e che ho trasfuso nel mio approccio alla storia del pensiero, anche a quello cosiddetto alternativo; i medici con i quali ho avuto numerose discussioni sullo stato attuale della scienza medica e farmaceutica; gli amici radiestesisti e pranoterapeuti, per il loro significativo contributo alla comprensione di come funziona l'universo.
Devo quindi ringraziare molti conoscenti e amici attivi in altri settori, come il professor Emilio Del Giudice, docente di fisica teorica, Alberto Tedeschi, inventore della tecnologia White®, la dottoressa Maddalena Galliani, per le informazioni sulle nuove teorie fisiche e mediche, la dottoressa Marina Ricci, per le numerose discussioni chiarificatrici su molti temi del pensiero scientifico ed esoterico, la dottoressa Alessandra Previdi, mia maestra nell'impegnativa disciplina della Radionica.
Un ringraziamento particolare a chi ha scritto parti di questo libro: la dottoressa Mirna Guerzoni, psicosociologa e psicoterapeuta, per il capitolo sulla permanenza dei riti in epoca contemporanea; Christian Baldari, appassionato di musica contemporanea, autore del paragrafo sulla ritualità dionisiaca in "Jim Morrison e i Doors"; il Maestro Venerabile, Avvocato Giorgio Padovani, P. Master della Loggia Sir Horace Mann 1732 di Firenze, della Gran Loggia Regolare d'Italia, per l'intervista sulla ritualità massonica; Pasquale Tanzini, Master della stessa Loggia Sir Horace Mann, per l'importante contributo sulla storia massonica; il giovane illustratore Fabio Severino, per il contributo alla parte iconografica (presente nella prima edizione del libro, ndr). Ultimi, ma non per importanza, i miei familiari, per il costante sostegno nelle traversie della vita: a loro tutto il mio affetto e la mia stima.